Culture générale et expression

Français
1re et 2e années
BTS

Sous la direction de Corinne Abensour

Valérie Monfort
Christel Pommier

Avec la contribution de Claire Beilin-Bourgeois
et Marie-Hélène Dumaître

Les pages 192-193, 212-213 et 246-247 sont extraites de la revue DADA
Auteurs : Sandrine Andrews (p. 212) et Émilie Martin-Neute (p. 192 et 246).

Nathan
TECHNIQUE

Direction éditoriale : Christine Asin
Édition : Doriane Giuili
Conception graphique et mise en pages : Courant d'idées, Aude Paradis
Couverture : David Bart
Iconographie : Laëtitia Jannin et Maryse Hubert
Fabrication : Maria Pauliat
Coordination artistique : Evelyn Audureau
Relecture : Isabelle Dugon, Catherine Lainé

Nathan, 21 avenue Pierre de Courbertin 75211 Paris Cedex 13
ISBN 978-2-09-161999-6

L'examen du BTS

DÉFINITION DE L'ÉPREUVE DE CULTURE GÉNÉRALE ET EXPRESSION POUR L'EXAMEN DU BTS (JO DU 28-1-2005)
ÉPREUVES PONCTUELLES ET SITUATIONS D'ÉVALUATION EN COURS DE FORMATION

Objectifs

L'objectif visé est de certifier l'aptitude des candidats à communiquer avec efficacité dans la vie courante et dans la vie professionnelle. L'évaluation sert donc à vérifier les capacités du candidat à :

- tirer parti des documents lus dans l'année et de la réflexion menée en cours ;
- rendre compte d'une culture acquise en cours de formation ;
- apprécier un message ou une situation ;
- communiquer par écrit ou oralement ;
- appréhender un message ;
- réaliser un message.

Formes de l'évaluation

Ponctuelle (écrite, durée : 4 h)

On propose trois à quatre documents de nature différente (textes littéraires, textes non littéraires, documents iconographiques, tableaux statistiques, etc.) choisis en référence à l'un des deux thèmes inscrits au programme de la deuxième année de STS. Chacun d'eux est daté et situé dans son contexte.

Première partie : synthèse (notée sur 40). Le candidat rédige une synthèse objective en confrontant les documents fournis.

Deuxième partie : écriture personnelle (notée sur 20). Le candidat répond de façon argumentée à une question relative aux documents proposés. La question posée invite à confronter les documents proposés en synthèse et les études de documents menée dans l'année en cours de "culture générale et expression". La note globale est ramenée à une note sur 20 points.

Contrôle en cours de formation

L'unité de français est constituée de trois situations d'évaluation de poids identiques :

- deux situations relatives à l'évaluation de la capacité du candidat à appréhender et à réaliser un message écrit ;
- une situation relative à la capacité du candidat à communiquer oralement évaluée lors de la soutenance du rapport de stage.

1. Première situation d'évaluation
(durée indicative : 2 heures)

a) Objectif général : évaluation de la capacité du candidat à appréhender et réaliser un message écrit.

b) Compétences à évaluer :

- respecter les contraintes de la langue écrite ;
- **synthétiser des informations :** fidélité à la signification des documents, exactitude et précision dans leur compréhension et leur mise en relation, pertinence des choix opérés en fonction du problème posé et de la problématique, cohérence de la production (classement et enchaînement des éléments, équilibre des parties, densité du propos, efficacité du message).

c) Exemple de situation : réalisation d'une synthèse de documents à partir de 2 à 3 documents de nature différente (textes littéraires, textes non littéraires, documents iconographiques, tableaux statistiques, etc.) dont chacun est daté et situé dans son contexte. Ces documents font référence au deuxième thème du programme de la deuxième année de STS.

2. Deuxième situation d'évaluation
(durée indicative : 2 heures)

a) Objectif général : évaluation de la capacité du candidat à appréhender et réaliser un message écrit.

b) Compétences à évaluer :

- respecter les contraintes de la langue écrite ;
- répondre de façon argumentée à une question posée en relation avec les documents proposés en lecture.

c) Exemple de situation : à partir d'un dossier donné à lire dans les jours qui précèdent la situation d'évaluation et composé de 2 à 3 documents de nature différente (textes littéraires, textes non littéraires, documents iconographiques, tableaux statistiques, etc.), reliés par une problématique explicite en référence à un des deux thèmes inscrits au programme de la deuxième année de STS, et dont chaque document est daté et situé dans son contexte, rédaction d'une réponse argumentée à une question portant sur la problématique du dossier.

3. Troisième situation d'évaluation

a) Objectif général : évaluation de la capacité du candidat à communiquer oralement.

b) Compétences à évaluer :

- s'adapter à la situation (maîtrise des contraintes de temps, de lieu, d'objectifs et d'adaptation au destinataire, choix des moyens d'expression appropriés, prise en compte de l'attitude et des questions du ou des interlocuteurs) ;
- organiser un message oral : respect du sujet, structure interne du message (intelligibilité, précision et pertinence des idées, valeur de l'argumentation, netteté de la conclusion, pertinence des réponses...).

c) Exemple de situation : la capacité du candidat à communiquer oralement est évaluée au moment de la soutenance du rapport de stage.

Chaque situation est notée sur 20 points. La note globale est ramenée à une note sur 20.

Mode d'emploi

Ce manuel cherche à aider l'étudiant à construire sa culture générale tout en lui proposant une aide méthodologique pour aborder les deux exercices de l'examen : la synthèse de documents et l'écriture personnelle.

Le manuel a aussi pour objectif d'aider les étudiants à améliorer leur expression écrite et orale par des exercices présentés dans chaque chapitre.

Le travail se fait sur les deux années du BTS, selon une progression annuelle, chaque chapitre comportant des supports à destination des étudiants de première année, et d'autres pour ceux de seconde année.

Dans la partie synthèse de documents, chaque chapitre s'articule autour de six étapes. La partie expression personnelle n'en propose que quatre (sans corpus d'approfondissement).

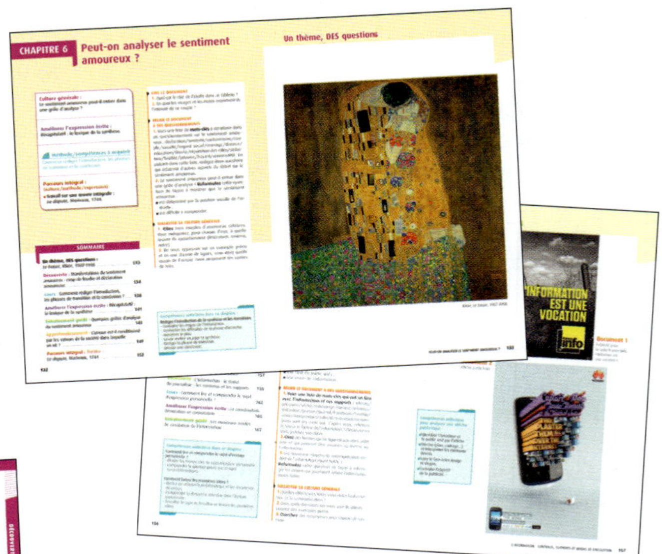

1. **Un document iconographique introduit le thème** afin que l'étudiant formule des questionnements à partir de sa propre culture, de sa curiosité et du contexte de réflexion actuel.

2. **La réflexion s'organise autour d'un corpus de découverte en deux temps.** Une « lecture en écho » permet de tisser des liens entre le travail effectué en cours de français en secondaire et le travail du cours de Culture générale et Expression du BTS : deux textes dialoguent. Ce dialogue posé, on formule un problème d'ordre méthodologique en le définissant et en le situant dans l'apprentissage des exercices du BTS. Le corpus est complété par l'étude de deux documents qui permet d'expliciter d'autres aspects de la question de méthode abordée et de comprendre les compétences qu'elle met en œuvre.

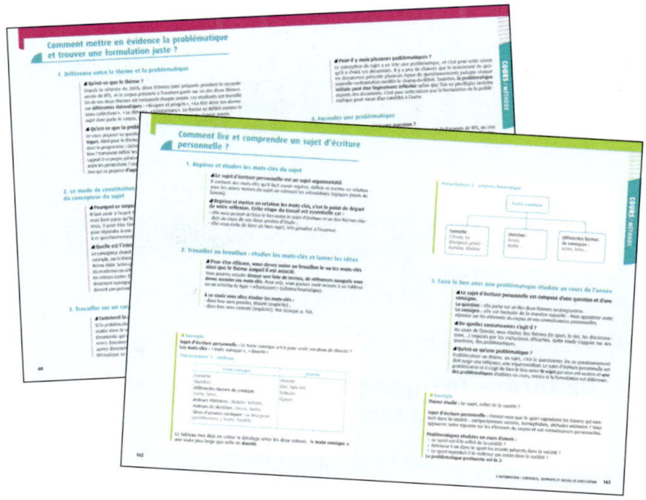

3. La troisième étape débute par un topo méthodologique, conçu comme un dialogue question/réponse avec l'étudiant. Cette partie « cours » est enrichie par un point de langue (expression écrite ou orale) et des exercices de mise en pratique.

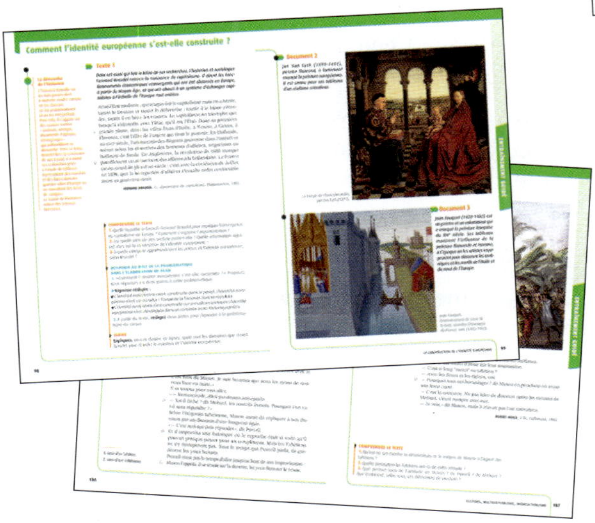

4. À ce cours s'enchaîne un « corpus d'entraînement » dont les questionnements sont centrés sur le problème méthodologique abordé et cible l'acquisition de compétences définies. Ce corpus propose des réponses rédigées pour que l'étudiant travaille non seulement la rédaction mais qu'il ait également à sa disposition des supports variés lors d'un travail en autonomie. Des écritures brèves sont proposées et peuvent être mises en œuvre pendant la séance.

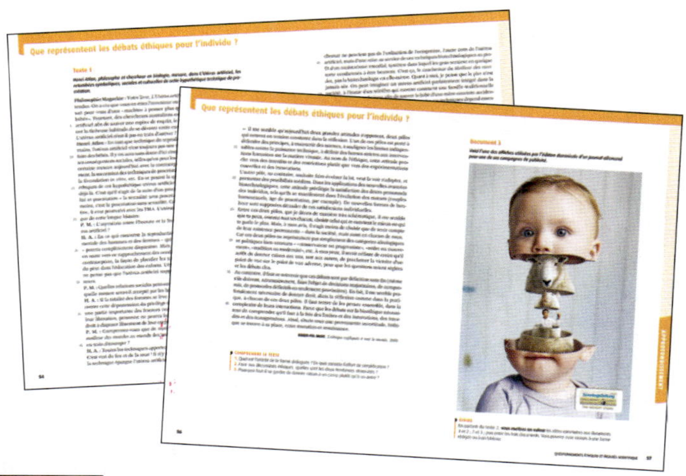

5. Un corpus d'approfondissement (seulement pour les chapitres de la partie Synthèse), plutôt réservé aux étudiants de seconde année, requiert un travail de lecture, de réflexion et de rédaction plus approfondi. Il comporte des textes plus longs ou plus difficiles.

6. La conclusion du chapitre de la partie synthèse prend la forme d'un travail sur une œuvre intégrale : film, essai, nouvelle ou roman. Elle cherche à réexploiter les points abordés dans le chapitre : compétences abordées, amélioration de l'expression, construction d'une culture générale. Elle est l'occasion d'un travail de synthèse à partir de supports variés.

Synthèse

CHAPITRE 1

Nouvelles technologies, nouveaux liens sociaux ?

CHAPITRE 2

Questionnements éthiques et progrès scientifique

CHAPITRE 3

L'homme et la terre

CHAPITRE 4

La construction de l'identité européenne

SOMMAIRE

CHAPITRE 1

CHAPITRE 2

CHAPITRE 3

CHAPITRE 4

CHAPITRE 5

CHAPITRE 6

Écriture personnelle

SOMMAIRE

CHAPITRE 7

CHAPITRE 8

CHAPITRE 9

CHAPITRE 10

CHAPITRE 11

CHAPITRE 12

CHAPITRE 1 Nouvelles technologies, nouveaux liens sociaux ?

Culture générale Quel est l'impact des nouvelles technologies sur les relations humaines aujourd'hui ?	**Méthode/Compétences à acquérir** Comment lire les documents pour développer l'exercice de synthèse ?
Améliorer l'expression écrite Adopter une rédaction efficace.	**Parcours intégral (culture/méthode/expression)** ▪ **Travail sur un film :** *The Social Network*, David Fincher, 2010

SOMMAIRE

Compétences sollicitées dans ce chapitre

Comment lire les documents pour développer l'exercice de synthèse ?
- Identifier les types de textes.
- Identifier les genres de textes.
- Situer le texte dans son contexte.
- Distinguer les idées et les mots-clés.
- Repérer thèse/arguments/exemples.
- Connaître quelques types de raisonnements.

Un thème, DES questions

Photographie illustrant un article du *Dauphiné Libéré*, paru le 4 juin 2011, sous le titre « Facebook : 500 millions d'inscrits, pour le meilleur ou pour le pire ».

LIRE ET COMPRENDRE LE DOCUMENT

1. Décrivez la photographie en insistant sur la place occupée respectivement par l'ordinateur et par les personnages.

2. Quelle représentation des réseaux sociaux cette photographie donne-t-elle à voir ?

3. Quels sont les éléments de la photographie qui sont en rapport avec la formulation « pour le meilleur ou pour le pire » dans le titre ? Rédigez une réponse en une dizaine de lignes.

RELIER LE DOCUMENT À DES QUESTIONNEMENTS

1. Voici une liste de mots-clés à introduire dans un questionnement sur les conséquences de l'usage des nouvelles technologies sur les liens sociaux : génération/culture/isolement/liberté/diversité/lien social/risques/progrès/superficialité/narcissisme. En puisant dans cette liste, **rédigez** des questions qui soulignent deux aspects du débat sur la place des nouvelles technologies aujourd'hui.

2. Quel est l'impact des nouvelles technologies sur les relations humaines aujourd'hui ? **Reformulez** cette question de façon à mettre en valeur les idées suivantes :

- montrer que l'impact est positif ;
- insister sur la nature de l'impact.

SOLLICITER SA CULTURE GÉNÉRALE

1. Rédigez un court paragraphe pour dire ce que vous entendez par « nouvelles technologies ».

2. Connaissez-vous des récits d'anticipation (romans, nouvelles) ou des films qui mettent en garde contre l'évolution des relations entre les hommes à cause du progrès ? qui incitent à se méfier des ordinateurs ou de la technologie ? **Développez** en racontant succinctement l'intrigue.

Une redéfinition de l'amitié

Raphaël, *Portrait de l'artiste avec un ami*, (XVIe siècle).

Texte 1

Montaigne (1533-1592) est l'auteur d'un seul livre, les* Essais*, considéré comme l'une des premières autobiographies. Dans cet extrait du chapitre « De l'Amitié », il exprime son attachement pour Étienne de La Boétie et décrit les spécificités du lien qui les unissait.

Au demeurant, ce que nous appelons ordinairement amis et amitiés, ce ne sont qu'accointances et familiarités nouées par quelque occasion ou commodité, par le moyen de laquelle nos âmes s'entretiennent. En l'amitié de quoi je parle, elles se mêlent et confondent l'une en l'autre, d'un mélange si universel qu'elles effacent et ne retrouvent plus la couture qui les a jointes. Si on me presse de dire pourquoi je l'aimais, je sens que cela ne se peut exprimer qu'en répondant : « Parce que c'était lui, parce que c'était moi. »

Il y a, au-delà de tout mon discours, et de ce que j'en puis dire particulièrement, ne sais quelle force inexplicable et fatale, médiatrice de cette union. Nous nous cherchions avant que de nous être vus, et par des rapports que nous oyions l'un de l'autre, qui faisaient en notre affection plus d'effort que ne porte la raison des rapports, je crois par quelque ordonnance du ciel ; nous nous embrassions par nos noms. Et à notre première rencontre, qui fut par hasard en une grande fête et compagnie de ville, nous nous trouvâmes si pris, si connus, si obligés entre nous, que rien dès lors ne nous fut si proche que l'un à l'autre. Il écrivit une satire latine excellente, qui est publiée, par laquelle il excuse et explique la précipitation de notre intelligence, si promptement parvenue à sa perfection. Ayant si peu à durer, et ayant si tard commencé, car nous étions tous deux hommes faits, et lui plus de quelques années, elle n'avait point à perdre de temps et à se régler au patron des amitiés molles et régulières, auxquelles il faut tant de précautions de longue et préalable conversation. Celle-ci n'a point d'autre idée que d'elle-même, et ne se peut rapporter qu'à soi. Ce n'est pas une spéciale considération, ni deux, ni trois, ni quatre, ni mille : c'est je ne sais quelle quintessence de tout ce mélange, qui ayant saisi toute ma volonté, l'amena se plonger et se perdre dans la sienne ; qui, ayant saisi toute sa volonté, l'amena se plonger et se perdre en la mienne, d'une faim, d'une concurrence pareille. Je dis perdre, à la vérité, ne nous réservant rien qui nous fût propre, ni qui fût ou sien, ou mien.

MONTAIGNE, *Essais*, livre Ier, chapitre XXVIII, 1580.

Les repérages stylistiques

Les *Essais* de Montaigne sont souvent étudiés en classe de Première au lycée. On vous a demandé de réaliser un commentaire composé (ou, pour les bacheliers technologiques et professionnels, de réaliser une étude du texte, à partir de procédés stylistiques), c'est-à-dire de montrer, à l'aide de l'analyse de procédés stylistiques, que vos hypothèses de lecture sont pertinentes. En BTS, étudier un texte ne demande pas une analyse stylistique (questions sur les champs lexicaux ou sur les procédés de symétrie pour le texte de Montaigne), mais des repérages stylistiques peuvent aider à bien comprendre un texte.

COMPRENDRE LE TEXTE

1. Quel mot important du texte nous informe sur sa thématique ? **Relevez** d'autres mots qui lui sont associés.

2. On relève une construction symétrique dans cet extrait : « Parce que c'était lui, parce que c'était moi » ; **expliquez** quelle caractéristique des relations humaines Montaigne cherche à mettre en valeur à travers ce procédé d'écriture.

3. Quelles sont les caractéristiques de la véritable amitié selon Montaigne ? **Rédigez** votre réponse en une dizaine de lignes.

DÉCOUVERTE

Texte 2

Une équipe de chercheurs s'est intéressée à l'aspect quantitatif des liens sociaux qu'un individu peut entretenir.

Au début des années 1990, alors qu'il étudiait l'organisation sociale chez les primates, Robin Dunbar avait théorisé que la taille de leur néocortex induisait une limite au nombre d'individus composant un groupe « efficace ». En extrapolant ses données pour les appliquer aux humains, il était parvenu à la conclusion qu'au-delà de 150 individus, le temps et les capacités intellectuelles mobilisés pour entretenir des relations sociales devenaient trop importants pour maintenir la cohésion du groupe.

Mais les conclusions d'une étude menée par une équipe d'informaticiens et de mathématiciens de l'université de l'Indiana tendent à donner raison à M. Dunbar. En croisant les données mises à disposition par le réseau social Twitter, l'équipe est parvenue à la conclusion que la limite du réseau d'une personne se situait entre 100 et 200 relations. Pour parvenir à ce résultat, l'équipe a modélisé le nombre d'échanges entre les membres du réseau social et leur réciprocité pour tenter d'isoler l'existence de liens privilégiés entre deux personnes.

Sur Twitter, un utilisateur voit typiquement son nombre de « followers », ou personnes qui le suivent, croître avec le temps. Mais le nombre de relations réciproques – avec échanges de messages dans les deux sens – « sature entre 200 et 300, même lorsque le nombre de connexions entrantes [les « followers » auxquels l'utilisateur ne répond pas] continue d'augmenter », note l'équipe. « Au-delà de ce point, l'utilisateur peut répondre à de nouvelles sollicitations, mais à un rythme beaucoup plus faible. »

Mais avant même d'atteindre ce point de saturation, le modèle de l'université de l'Indiana montre l'existence d'un plateau, entre 150 et 200 contacts, au-delà duquel « l'augmentation du nombre de contacts fait qu'un individu ne peut plus accorder autant d'attention à chaque contact qu'auparavant ».

Faute de temps, et de capacité à accorder son attention à un trop grand nombre de sollicitations, un utilisateur de réseau social ne peut donc maintenir des relations « de qualité » qu'avec un nombre de personnes inférieur à 200. Ces résultats « tendent à confirmer l'hypothèse de Dunbar, selon laquelle il existe une limite biologique au nombre de relations sociales », notent les chercheurs, pour qui les réseaux sociaux facilitent certes les rapports humains, mais ne changent pas fondamentalement les limites inscrites en chacun de nous.

DAMIEN LELOUP, « Sur les réseaux sociaux, difficile d'avoir plus de 200 amis », Le Monde.fr, 4 juin 2011.

COMPRENDRE LE TEXTE

1. Quelles nouvelles technologies sont citées dans ce texte ?

2. En vous appuyant sur le découpage du texte affiché en italique, donnez un titre à chaque partie.

3. Lexique : « Amis », « contacts », « followers », quelle différence faites-vous entre ces termes ? Rédigez votre réponse en une dizaine de lignes.

Textes en écho

LIRE

1. Relevez une phrase dans le texte 2 qui montre que la situation décrite est très différente de celle que Montaigne expose.

ÉCRIRE

2. En un paragraphe d'une dizaine de lignes, commentez la dernière phrase du texte 2. Vous veillerez à insérer une référence au texte de Montaigne.

Une redéfinition de l'amitié ?

Image du jeu *Egypt 3*, produit par Anuman.

Texte 3

Les travaux les plus récents du psychiatre et psychologue Serge Tisseron portent notamment sur les mondes virtuels – jeux vidéo, réseaux sociaux et leurs conséquences sur les relations sociales. Sur son blog, il rédige de courts commentaires en réaction à l'actualité ou en lien avec ses travaux de recherche.

Si les nouveaux réseaux permettent de satisfaire des désirs qui ont toujours existé, ils en satisfont aussi de nouveaux.

1. Immédiateté

Internet correspond – tout comme le téléphone mobile – au désir de pouvoir joindre nos interlocuteurs et d'être joint par eux en tous lieux et à tout moment. C'est parfois une vraie forme d'avidité relationnelle ! Beaucoup de nos contemporains manifestent des signes d'intolérance à ne pas pouvoir joindre leur interlocuteur aussi vite qu'ils le voudraient… Cette avidité produit d'ailleurs des messages de plus en plus brefs. On connaît les nombreuses abréviations des SMS. Le nouveau réseau Twitter, qui impose que le message fasse moins de cent quarante et un caractères, renforce encore cette tendance à l'abréviation.

2. Universalité

Avec Internet tout est adressé à tous, autrement dit à personne précisément. Chaque message ressemble à une multitude de petites bouteilles contenant toutes le même message, jetées à la mer dans l'attente qu'un ou plusieurs interlocuteurs s'en emparent. Mais ce désir d'élargir ses relations à la planète entière s'accompagne souvent d'un paradoxe : *après être allé explorer le plus lointain et le plus différent de soi, l'internaute se retrouve souvent à se rapprocher finalement de gens qui partagent les mêmes goûts et les mêmes préoccupations que lui !*

3. Intéresser plutôt que communiquer

La plupart des échanges engagés dans les espaces virtuels répondent à la règle qui est celle de Google. Cette règle consiste à faire apparaître en premier les espaces ou les productions qui recueillent le plus grand nombre de consultations. Que celles-ci se soient accompagnées de plaisir, de dégoût ou de colère n'a aucune importance. Seul compte le nombre de visites. Appliquée aux nouveaux réseaux sociaux, la règle de Google consiste à vouloir se faire remarquer à tout prix. Le nombre d'interlocuteurs attirés importe bien plus que le jugement de chacun d'entre eux.

4. Identités simultanées

L'usage des pseudonymes sur Internet facilite incontestablement la possibilité d'avoir plusieurs identités – voire plusieurs vies en parallèle. D'une certaine façon, cela a toujours existé. Un homme pouvait par exemple avoir un rôle de leader dans son club de sport, être un employé soumis à son travail, un humoriste avec ses amis, et un mari passif dans sa vie de couple. Mais ces diverses identités étaient successives et cantonnées chacune à un espace différent. Ce qui est nouveau, c'est que toutes ces existences peuvent apparaître en même temps sur l'espace d'Internet, et fonctionner de manière simultanée.

Extrait du blog de **SERGE TISSERON**, 24 octobre 2010.

COMPRENDRE LE TEXTE

1. Qu'est-ce qu'un blog ? D'après la page qui vous est présentée, quelle est la fonction du blog de Serge Tisseron ?

2. Quelles nouvelles technologies Serge Tisseron passe-t-il en revue ?

3. Pour chaque nouveau désir, **citez** une des conséquences des nouvelles technologies sur les relations humaines.

ÉCRIRE

En une dizaine de lignes, **expliquez** le paradoxe dont parle l'auteur dans le passage en italique.

Texte 4

Dans cet article, Pascal Lardellier, spécialiste de communication, souligne la diversité et la subtilité des messages échangés par SMS **(Short Message Service).** ***Il va jusqu'à parler de l'invention d'une langue nouvelle.***

Les télémessages induisent réellement de nouveaux types de relations interpersonnelles, tout en rappelant surtout que les modes de réception de l'écrit et de l'oral – donc du texte et de la voix – sont fondamentalement différents.

Bien sûr, le contenu d'un petit pourcentage de textos amène à les considérer comme des aide-mémoire, de simples « Post-it téléphoniques ». La plupart d'entre eux, cependant, sont échangés entre copains, amis, et surtout amoureux. Là, ils permettent de cristalliser *via* ce canal une complicité implicite mais puissante, qui peut exister parallèlement aux rapports des personnes.

En ce sens, les SMS instaurent souvent une paradoxale distance intime, ainsi qu'une véritable intimité virtuelle. Désengagés et impliquants à la fois, ils se fondent sur une philosophie relationnelle du retrait et du respect (beaucoup sont envoyés afin de « ne pas déranger son interlocuteur par téléphone »). Ces petits haïkus numériques recentrent le message sur l'essentiel, en période d'opulence communicationnelle et technologique. La timidité et la pudeur interdisent de dire par mail (asynchrone et impersonnel) ou par téléphone (trop direct) certaines choses, qui « passent » sur les textos, même exprimées par euphémisme. L'elliptique petite bouteille à la mer (quelques mots ou quelques lignes) sera lue, à charge pour le récepteur d'y répondre à son rythme, s'il le désire. Un mot d'amour, un remerciement, un compliment, une excuse ou un reproche envoyés par télémessage jugulent les réactions impulsives ou la gêne, sans pour autant évincer – loin s'en faut – l'émotion. Surtout, le message est passé, quoi qu'on en fasse ensuite, qu'on en reparle ou pas ; là est l'essentiel.

Les SMS œuvrent en ce sens à l'avènement d'un nouveau romantisme relationnel, qui affleure, espiègle, de technologies qui devaient communiquer autre chose. Fonctionnant selon une temporalité qui peut être frénétique ou distanciée (à un texto, on réagit dans les vingt secondes ou les trois jours), les SMS assurent le primat d'autrui dans la relation, en recentrant chacun sur l'interaction. Pendant quelques secondes, on est tout à cet autre, absent et très présent pourtant, par le temps et l'attention qu'on lui consacre. On téléphone désormais en vaquant à mille activités ; écrire un texto nécessite au contraire de se « centrer », réhabilitant une forme d'osmose communicationnelle. À l'ère et à l'heure du tout-virtuel, les SMS vont aussi dans le sens d'une incorporation (*via* le vibreur) et d'une matérialisation de la relation : les fans de télémessages gardent leurs messages préférés longtemps en mémoire, petits mots intimes lus et relus pour pallier l'absence et raviver l'émotion.

Nouveau romantisme ? Alors que le sexe inonde le Net, l'amour « avec un grand A » submerge les petits écrans des textos. Un nombre de

COMPRENDRE LE TEXTE

1. Quelles sont les nouvelles technologies citées dans ce texte ?

2. Relevez les différents intérêts que l'auteur trouve dans les télémessages.

3. Quelle est la thèse du texte ? Quel argument propose l'auteur pour la défendre ?

ORAL

Partagez-vous le point de vue de l'auteur sur l'usage du télémessage ? **Défendez** votre opinion à l'aide de deux arguments.

RECHERCHE

Proposez un document iconographique qui donne une vision positive des nouvelles technologies et qui pourrait venir compléter ce corpus de documents. **Rédigez** une légende en trois phrases.

Une redéfinition de l'amitié

plus en plus important de ruptures, mais aussi de réconciliations, d'invitations intimes, de promesses transies et de déclarations enflammées empruntent la voie des télémessages, à défaut des voix téléphoniques. Tour à tour loquace et muet, le cœur a ses réseaux, décidément que la raison ignorera encore longtemps.

PASCAL LARDELLIER, professeur de communication à l'université de Bourgogne, «Textos : la novlang du cœur», *Libération*, 1er mars 2002.

Comment lire les documents pour développer l'exercice de synthèse ?

De quoi s'agit-il ?

Le premier exercice à l'examen est une synthèse de documents. Il s'agit de lire un corpus de quatre documents et de dégager les points de convergence ou d'opposition entre eux.
Le premier travail consiste donc à lire les quatre documents proposés, à les comprendre et à les analyser.

Quand ?

Le travail de lecture du corpus est le premier à mener lorsque l'on reçoit le corpus. On va lire tout d'abord l'ensemble des documents proposés puis on va analyser en détail chaque texte avant de commencer à tisser des liens entre eux.

À cette étape du travail, il est important de noter les informations suivantes pour chacun des textes lus :

- les types de textes ;
- les genres des documents ;
- le circuit argumentatif d'un texte ;
- les étapes de la progression du texte ;
- le lien du document avec un contexte historique donné ;
- qui s'exprime dans le document ? À qui est destiné le message ?

TRAVAIL SUR LE CORPUS

QUESTIONS SUR LES TEXTES 1 À 4

1. Les textes du corpus sont-ils plutôt narratifs, descriptifs, informatifs ou argumentatifs ? Sur quels indices pouvez-vous vous appuyer pour répondre ?
2. Dans le texte 1, qui parle ? à qui ? Quelle est la place attribuée au lecteur ?
3. Quel texte a la construction la plus simple à comprendre ? Pourquoi ?
4. Dans quel contexte (où ? quand ?) chaque texte s'inscrit-il ?

Comment lire les documents pour développer l'exercice de synthèse ?

1. Identifier les types de textes

Qu'est-ce que c'est ?

Il existe quatre types de textes. Le texte **narratif** permet de raconter une histoire : il comporte des personnages qui vivent une aventure, comme dans le roman ou la nouvelle. Le texte **informatif** ou **explicatif** donne des renseignements sur un phénomène, un mot ou un événement ; on peut lire ces textes dans une encyclopédie par exemple. Le texte **argumentatif** fait entendre une prise de position, il présente un point de vue ; les articles d'opinion dans un journal appartiennent à cette catégorie. Enfin, le texte **descriptif** donne à voir un lieu, une personne, un objet, cela peut être un portrait dans un roman.

Sur quels indices peut-on s'appuyer pour les distinguer ?

- **Texte narratif** : verbes d'action, de mouvement ; passé simple, imparfait ; présence d'un narrateur, de personnages, etc.
- **Texte informatif** : organisation logique, présent de vérité générale, troisième personne, verbes d'analyse, objectivité, vocabulaire spécialisé, etc.
- **Texte argumentatif** : connecteurs logiques, présent de vérité générale, première personne, implication du destinataire, vocabulaire subjectif, etc.
- **Texte descriptif** : verbes d'état ou de description ; imparfait ; repères spatiaux ; expansions nominales, etc.

Qu'est-ce que cela peut apporter lors de la lecture du corpus ?

Identifier le type de texte vous permet de déclencher des **réflexes de lecture** différents, et d'avoir une lecture plus efficace. Vous avez compris quelle est l'intention de l'auteur et vous allez observer quelle stratégie il adopte pour satisfaire cet objectif. Par exemple, un texte informatif revendique une certaine neutralité, alors qu'un texte argumentatif rend compte d'un point de vue.

2. Identifier les genres et les registres des documents

Qu'est-ce que c'est ?

Les textes littéraires sont classés en **genre** : roman, nouvelle, conte, théâtre, poésie, littérature d'idées. On classe également ces textes – et les images en fonction du **registre** auquel ils appartiennent, c'est-à-dire en fonction de l'émotion ou de la réaction qu'ils suscitent chez le lecteur.

Quels sont les genres que l'on rencontre dans la synthèse de documents ?

On rencontre des extraits d'essais qui expriment le point de vue d'un auteur sur des questions actuelles. On rencontre aussi des extraits de romans où des personnages vivent une situation qui entre en écho avec la thématique proposée à la réflexion. Exemple : des personnages ridicules dans un corpus sur le rôle social du rire.

Quels sont les registres qu'il est intéressant d'identifier dans le cadre de la synthèse ?

- **Le registre polémique** : le document prend position dans un débat en critiquant avec virulence le point de vue adverse.
- **Le registre ironique** : le document laisse voir la position qu'il défend, tout en soutenant en apparence le point de vue opposé.
- **Le registre didactique** : le document cherche à transmettre un enseignement.

- **Le registre pathétique** : le document cherche à susciter la pitié, la tristesse du lecteur.

Qu'est-ce que cela peut apporter lors de la lecture du corpus ?

Avoir repéré le **registre d'un texte** permet d'identifier l'intention de l'auteur et la façon dont il considère son lecteur en cherchant à le choquer, à l'émouvoir, à le rendre perplexe. Cela permet également de mettre au jour le **point de vue** de l'auteur ainsi que certaines difficultés du texte, comme des doubles sens liés, par exemple, à la présence de marques d'ironie.

3. Situer le texte dans son contexte

Qu'entend-on par contexte ?

Le contexte désigne tout ce qui apporte un éclairage sur le sens du texte. Le paratexte est important : on va s'intéresser au titre qui exprime parfois le point de vue de l'auteur. Les notes de bas de page doivent aussi être étudiées. Enfin, la connaissance de la date de publication permet d'inscrire l'œuvre dans une situation historique particulière et de comprendre sa résonance à une époque donnée. Les textes eux-mêmes contiennent parfois des références à un contexte particulier. Ils peuvent mentionner des évènements historiques ou politiques, citer des dates, nommer des lieux.

Qu'est-ce que cela peut apporter lors de la lecture du corpus ?

La prise en compte du contexte permet **d'approfondir la lecture du texte** en rappelant le débat auquel il fait écho. Par exemple, un texte sur le rire dans un pays ou une époque où sévit la censure n'a pas le même sens que dans un contexte de liberté d'expression.

4. Repérer thème/thèse/arguments/exemples

Qu'est-ce que c'est ?

Le « thème » est le sujet du document, ce à quoi il s'intéresse. **La « thèse »** est l'opinion que le document défend sur le sujet en question. **Les « arguments »** sont les raisons pour lesquelles le document soutient ce point de vue. **Les « exemples »** sont des illustrations sur lesquelles l'auteur appuie son argumentation.

Qu'est-ce que cela peut apporter lors de la lecture du corpus ?

Les corpus proposent des **textes d'idées**. Analyser l'argumentation en faisant apparaître ces **quatre aspects** permet de dégager l'essentiel du texte. On se posera les quatre questions suivantes :

- Sur quoi le document porte-t-il ?
- Quelle position défend-il ?
- Pour quelles raisons ?
- Quels exemples propose-t-il ?

Cela va permettre de disposer d'une première grille de lecture d'un texte. Si le thème et la thèse sont uniques pour un document donné, on veillera à expliciter plusieurs arguments défendus par les textes.

5. Connaître quelques types de raisonnements

Quels sont les types de raisonnements fréquents ?

On nomme raisonnement le mode de réflexion qui conduit vers une conclusion explicitée ou non. Certains types de raisonnements sont fréquemment utilisés.

- **Raisonnement par induction** : il part d'un cas particulier et cherche à généraliser la conclusion obtenue sur ce cas.

- **Raisonnement par déduction** : il part d'une règle générale pour analyser un cas particulier.
- **Raisonnement par analogie** : il établit une comparaison entre deux situations. Si une conclusion est tenue pour vraie dans l'une, elle le sera aussi dans l'autre.
- **Raisonnement hypothétique** : il pose une hypothèse et examine ce que serait la situation si cette hypothèse se vérifiait.

Qu'est-ce que cela peut apporter lors de la lecture du corpus ?

La connaissance de ces **types de raisonnements** permet de comprendre plus rapidement le fonctionnement d'un texte, la logique qui le sous-tend. Dans les textes argumentatifs, le raisonnement permet de comprendre comment s'organise l'argumentation.

6. Observer la construction du texte

Sur quoi s'appuyer ?

On parle de « construction » d'un texte pour désigner son plan ou les étapes de sa progression. On repère la construction d'un texte en étudiant :

- **Les axes de l'argumentation** : thèse/arguments/exemples.
- **Les liens logiques** : ils établissent des liens entre les étapes du texte.
- **La typographie** : le découpage en paragraphes peut guider la lecture du texte dans un premier temps.
- **La chronologie** : les indices temporels sont souvent aussi des repères dans un texte qui présente les faits de façon chronologique.

Qu'est-ce que cela peut apporter lors de la lecture du corpus ?

Cette lecture permet d'avoir « **une vue d'ensemble du texte** ». Ceci peut favoriser la compréhension globale d'un texte qui peut nous paraître compliqué dans le détail. La prise en compte de la construction du texte permet aussi de ne pas laisser de côté certains aspects du texte.

7. Qui s'exprime ? vers qui ?

Quelles questions se poser ?

Face à un document, il est intéressant de se demander qui partage le point de vue dont il est porteur. En effet, certains textes peuvent relayer des idées de personnes distinctes de celui qui écrit le texte. Parfois, des textes présentent des témoignages, des résultats d'enquêtes. Dans ce cas, il faut repérer qui est porteur du point de vue exprimé. De même, il peut être important de se demander si le document s'adresse à une cible particulière, s'il a été écrit pour un public bien précis.

Qu'est-ce que cela peut apporter lors de la lecture du corpus ?

On parvient ainsi à distinguer le point de vue de l'auteur et ceux qu'il présente, qu'il les partage ou non. Par ailleurs, la prise en compte du destinataire dans la lecture permet de mieux comprendre la **stratégie argumentative** suivie.

Exemple détaillé d'analyse d'un document

Lecture et analyse du TEXTE 2, p.13

LECTURE ET ANALYSE DU TEXTE 2 p. 13

1. **Dans les années 1990**, le chercheur Robin Dunbar établit à 150 le nombre d'individus maximal avec lequel le cerveau humain est capable d'entretenir des relations sociales.
2. Au-delà, on manque de temps et de disponibilité intellectuelle, **et par conséquent**, le groupe est moins cohérent.
3. **Aujourd'hui**, une enquête sur les réseaux sociaux confirme ce résultat.
4. Sur Twitter, la limite du réseau se situerait entre 100 et 200 personnes.
5. Les chercheurs s'intéressent aux relations réciproques avec échanges.
6. Le nombre de connaissances peut croître au-delà de ce seuil, mais il n'y a pas d'échanges véritables, par manque de temps.
7. Le nombre de « followers » sature entre 200 et 300.
8. De même, sur Facebook, le nombre d'amis moyen se situe autour de 150.
9. En intégrant à la réflexion les réseaux sociaux, il semble donc qu'il existe une limite biologique aux relations sociales.
10. **En conclusion : pour les chercheurs, les réseaux sociaux facilitent les relations mais celles-ci s'inscrivent aussi dans des limites.**

Conseils de méthode

Pourquoi ne pas recopier certaines parties du texte ?

Dans la mesure du possible, on essaie de reformuler le texte car c'est une façon de se l'approprier et de vérifier qu'on l'a bien compris.

Pourquoi rédiger ses notes ?

On conseille de rédiger les notes avec précision. En effet, ce « résumé » en abrégé va remplacer la lecture du texte lors de la recherche de la problématique et du plan de la synthèse. S'il est clair et précis, sa lecture va permettre de gagner du temps et d'éviter de se replonger dans la lecture du corpus.

Pourquoi faire apparaître la structure du texte ?

On essaie de conserver les liens logiques, les rapports de chronologie, les enchaînements pour garder la logique du texte et rester au plus près du sens.

Faut-il écrire sur les textes ?

Le texte du corpus nous appartient : le corpus n'est pas relevé et il est considéré comme un outil de travail. Il faut essayer de s'approprier les textes et un passage par l'écrit semble inévitable. Certains étudiants n'aiment pas griffonner sur les textes mais il peut s'avérer utile de dépasser cette réticence.

D'autres techniques

- On peut souligner les passages importants et hachurer les exemples pour aller plus rapidement à l'essentiel lors de la relecture des textes.
- On peut noter dans la marge les grandes idées du texte au fur et à mesure de la lecture.
- On peut entourer les liens logiques pour faire apparaître la progression du texte.
- On peut utiliser de la couleur.

Améliorer l'expression écrite

Adopter une rédaction efficace

Pourquoi ?

L'exercice de synthèse est long, il faut rédiger une copie et demie au moins. La phase de rédaction est réduite tant la lecture des textes, la recherche de points de confrontation, l'élaboration de la problématique et du plan nécessitent une préparation approfondie. Vous devez donc adopter **une expression efficace**, préférer **des formulations faciles** à comprendre. Cet exercice n'exige pas des effets de style mais l'analyse précise des documents dans **une langue maîtrisée et simple**.

Quelles sont les difficultés ?

▶ **Ponctuer un texte : la ponctuation** est indispensable à la bonne compréhension d'un texte. Il convient de rédiger des phrases courtes (une ou deux lignes maximum). Il s'agit aussi d'employer tous les signes de ponctuation en exploitant leur spécificité :

1. **La virgule** sépare les groupes de mots coordonnés ou juxtaposés.
2. **Le point-virgule** sépare des propositions et marque la fin d'un enchaînement.
3. **Les deux-points** introduisent une énumération, une citation, du discours direct, une égalité, une explication, un lien de causalité ou de conséquence.
4. **Les points de suspension** montrent que la phrase est interrompue, ou suggèrent une suite.
5. **Le point** indique que la phrase est terminée.
6. **Les guillemets** isolent une citation, un dialogue, ou signalent une expression que l'on emploie dans un sens particulier.

▶ **Appliquer les règles de la coordination et de la juxtaposition :** une phrase simple comporte une seule proposition, un seul verbe conjugué. Lorsque deux phrases simples sont liées par **une conjonction de coordination**, on dit qu'elles sont **coordonnées**. On n'utilise donc pas ces mots (mais, ou, et, donc, or, ni, car) en début de phrase. Si les phrases sont reliées par un point-virgule ou une virgule, on dit que les propositions sont juxtaposées.

▶ **Maîtriser le fonctionnement de la phrase complexe :** outre les relations de coordination et de juxtaposition, les propositions d'une phrase complexe peuvent être **subordonnées**. Il doit y avoir un verbe principal qui commande la subordonnée.

▶ **Le cas de « dont » :** certaines erreurs peuvent être commises dans l'usage de ce terme.

1. « dont » signifie « de qui, du quel, de laquelle » : *L'élève dont vous me parlez a progressé.*
2. « dont » signifie « de quoi » : *Voilà ce dont il s'agit.*

Certaines phases de la synthèse méritent une attention particulière : **les introductions**, notamment, dont les phrases sont souvent trop longues ou inachevées. Pour la synthèse, une bonne utilisation de la ponctuation permet d'éviter le recours trop fréquent à la subordination et permet de gagner en simplicité. De même, de nombreuses propositions relatives (qui..., que...) peuvent être transformées en groupes adjectivaux.

EXERCICES

1. COMPRENDRE

• **Rétablissez la ponctuation du texte.**

Au Sénégal l'entreprise Manobi offre des services géolocalisés aux producteurs de cacao aussi bien que des services liés à l'approvisionnement en eau il est presque impossible d'accéder à Internet en zone rurale explique Emannuel Bocquet responsable technique de la société mais les SMS passent partout il suffit pour cela d'assurer l'interface entre les téléphones et les bases de données une fois le système mis en place il permet l'échange d'informations si une pompe à eau fournie par l'Unicef est en panne, quelqu'un envoie un SMS à la base de données de Manobi qui avertit aussitôt un spécialiste indique M. Bocquet.

FRANCIS PISANI, « En Afrique, les SMS ont des ressources insoupçonnées », *Le Monde*, 22 octobre 2011.

2. S'ENTRAÎNER : employer des constructions efficaces

• **Voici trois phrases simples :**

Certains pays africains n'ont pas accès aux nouvelles technologies de communication les plus avancées. Des sociétés proposent de s'appuyer sur les services offerts par les SMS. Elles innovent plus par le service qu'elles offrent que par la technologie.

• **Reliez ces phrases simples dans les phrases complexes reposant sur la coordination, la juxtaposition puis la subordination. Quelle structure vous paraît la plus efficace ? Pourquoi ?**

3. PROGRESSER : écrire et réécrire

• **À partir de la version corrigée du texte de l'exercice 1, faites apparaître l'intérêt des services rendus par la société Manobi.**

- Commencez par faire apparaître trois intérêts de cette démarche en trois phrases simples.
- Comment pourriez-vous faire apparaître ces trois intérêts en une seule phrase ?
- Réécrivez la première version en essayant d'être plus précis. Sur quelle structure syntaxique allez-vous vous appuyer ?

4. Vers la synthèse : travail sur l'image

• **Reprenez la photographie qui ouvre le chapitre. Décrivez-la en utilisant les mots subordonnants suivants : *que, parce que, ou, ainsi, dont* et *duquel*.**

Lexique

La simplicité de l'expression repose aussi sur la concision qui s'obtient par un travail sur le lexique.

• **Trouvez un mot pour remplacer les expressions suivantes :**

l'homme qui utilise - rendre clair - un film documentaire - d'une façon complète - qui satisfait tout le monde - plein d'avenir - qui se préoccupe de lui-même - ouvert à tous - qui comporte de bons et de mauvais côtés - mettre en évidence.

Les inquiétudes que peuvent faire surgir les nouvelles technologies

Texte 1

Sciforma, entreprise spécialisée dans l'informatique, a réalisé une étude sur le temps de travail des Français. Voici les principales conclusions de cette enquête.

« La conclusion de notre étude est simple mais d'une portée étonnante : l'entreprise est de moins en moins un lieu de production au sens classique du terme. Le travail devient une interaction, un échange, un dialogue permanent. L'entreprise favorise et exige cette interactivité dont elle fournit les outils. Cette évolution est profonde et pourrait bien changer fondamentalement notre relation au travail, son organisation et ses valeurs », commente Jérôme Anrès, P-DG de Sciforma.

93,3 % des Français passent plus de 4 heures par jour devant leur écran d'ordinateur.
L'ordinateur est aujourd'hui l'outil de travail généralisé et indispensable. 70 % des répondants déclarent l'utiliser au moins 6 heures durant leur journée de travail. Au total, 93,3 % des collaborateurs passent plus de 4 heures sur leur ordinateur chaque jour.

Il est impossible de travailler plus de 12 minutes sans être interrompu.
La messagerie électronique est omniprésente. Les sources de déconcentration sont multiples. En moyenne, un collaborateur reçoit 34 courriels par jour. 15,5 % des personnes interrogées déclarent même recevoir plus de 60 courriels quotidiens. En y ajoutant les SMS, chacun déclare recevoir en moyenne 40 messages par jour soit en moyenne un message toutes les 12 minutes. Il est important de noter que parmi ces messages, près d'un sur trois revêt un caractère personnel.
Les personnes interrogées disent être informées en temps réel de l'arrivée d'un nouveau message. 93 % sont en effet alertées immédiatement de l'arrivée d'un nouveau courriel, 68 % de la réception d'un nouveau SMS, mais surtout 75 % des personnes sondées avouent interrompre leurs tâches en cours pour regarder le contenu de ce nouveau message entrant. Rester concentré sur une seule et même mission sans être interrompu s'apparente ainsi à une gageure.

S'informer, se divertir et se cultiver au travail.
38,3 % des répondants déclarent passer plus d'une heure par jour sur leur ordinateur pour s'informer. Ils sont même 15 % à y consacrer plus de deux heures. Ils sont 33,9 % à déclarer utiliser régulièrement leur ordinateur au bureau pour se cultiver. Ensuite, 57 % avouent s'en servir occasionnellement pour se distraire et 70 % déclarent l'utiliser pour gérer leurs

Texte informatif/ texte argumentatif

Le texte informatif présente une situation, il cherche à faire comprendre des faits. Pour l'étudier, il convient de repérer ces faits, la façon dont ils s'articulent et la conclusion à laquelle conduit l'explication. En revanche, un texte argumentatif a pour objectif de conduire le destinataire à partager la thèse de l'auteur. Il faut donc reformuler la thèse et les arguments sur lesquels elle s'appuie. Si la thèse adverse est évoquée, il faut la repérer. Enfin, les exemples doivent aussi être mis en évidence.

Les inquiétudes que peuvent faire surgir les nouvelles technologies

affaires personnelles (banque, factures, impôts, etc.). Enfin, plus d'une personne sondée sur deux avoue se connecter à des réseaux sociaux à partir de son lieu de travail.

Communiqué de presse de Sciforma, 8 septembre 2010.

COMPRENDRE LE TEXTE

1. Quel est le rôle du premier paragraphe ?

2. Dans quel contexte ce document s'inscrit-il ?

3. **Relevez** des informations pouvant alimenter un débat sur les conséquences des nouvelles technologies au travail et sur les nouvelles formes de relations qu'elles produisent.

S'APPUYER SUR LES TYPES DE TEXTES/SAISIR LA CONSTRUCTION D'UN TEXTE

1. Ce texte cherche-t-il à informer ou à argumenter ? À quoi le voyez-vous ?

▶ **Réponse rédigée :** *Il s'agit d'un texte informatif dont l'objectif est de fournir des renseignements sur la place des nouvelles technologies dans la vie professionnelle des Français. On observe de nombreuses données chiffrées, organisées de façon à proposer des conclusions sur un thème précis : le temps passé devant l'ordinateur, puis le nombre d'interruptions, puis les usages de l'ordinateur.*

Le temps utilisé est le présent de vérité générale, ce qui traduit le fait que le texte nous donne des informations objectives.

2. Comment ce texte est-il construit ?

ÉCRIRE

Présentez les informations de ce texte de façon à mettre en évidence ce qui vous paraît inquiétant dans la place occupée par les nouvelles technologies dans le travail des Français.

Texte 2

Dans ce roman, Jean-Philippe Blondel traite des relations familiales à l'heure des nouvelles technologies. Le livre débute par le constat d'un « viol virtuel », comme le définit le jeune narrateur qui vient de découvrir que son père lit son blog. Il décide d'arrêter de l'alimenter.

Avant de geler mon blog, je suis quand même allé vérifier ce qu'il y avait dessus. Ce que j'y avais écrit, depuis le tout début, il y a trois ans. C'est-à-dire ce qu'il savait exactement de moi maintenant, le vieux. C'est là que je me suis rendu compte de l'étendue des dégâts – et de l'ampleur de ma naïveté. Bien sûr, je ne suis pas assez crétin pour faire figurer les photos de ma première cuite chez Alex (il y a six mois), ni aucune référence aux quelques pétards que j'ai pu fumer (merci Antoine !) – j'avais toujours quelque part dans la

Étudier un texte littéraire
Le texte littéraire peut être un extrait de roman, d'essai, de nouvelle, de théâtre ou de poésie. En général, l'extrait littéraire fournit une illustration (en montrant un exemple particulier) de ce qui est dit de manière plus théorique dans un autre document. Les idées peuvent être directement exprimées par le dialogue des personnages, par le narrateur ou l'auteur. Si ce n'est pas le cas, il faut se demander ce qu'illustre l'extrait proposé, s'il n'a pas une dimension symbolique ou une morale implicite.

tête que la police avait sûrement les moyens de violer les mots de passe électroniques et pouvait lire mes articles si, un jour, ils me soupçonnaient de quoi que ce soit.
Quand j'ai commencé mon blog, j'avais douze ans, j'étais en cinquième. Je l'ai fait pour rester dans la course. Pour imiter. Les addictions, ça commence toujours comme ça. Et puis, je me souviens que je voulais épater une fille de la classe – Éléonore Rézy, je me demande bien ce qu'elle est devenue, elle a déménagé à Bordeaux l'année d'après. Je voulais lui montrer tous mes exploits [...]. Je postais des vidéos de groupes merdiques qui ont disparu maintenant. Des photos que je croyais marrantes et qui étaient juste débiles. C'est souvent comme ça, les blogs de garçons. Des photos, des vidéos, des commentaires salaces dans une orthographe MSN [...]. Je me suis pris au jeu. Mon blog s'est étoffé. Du coup, à ma grande surprise, il a fidélisé mes amis, féminines surtout, bien sûr, mais pas seulement. Ils sont une petite quinzaine à commenter régulièrement. Mais le plus âgé a dix-sept ans, point barre. Et aucun d'entre eux n'est de ma famille.

JEAN-PHILIPPE BLONDEL, *Blog*, 2010.

ENTRAÎNEMENT GUIDÉ

COMPRENDRE LE TEXTE

1. À quel moment de l'intrigue se situe-t-on ?
2. Quelles ont été les motivations du personnage pour créer son blog ?
3. Quel est le regard porté par le narrateur sur son blog ?

CONNAÎTRE LE GENRE DES DOCUMENTS ET LA PLACE PARTICULIÈRE DU TEXTE LITTÉRAIRE DANS LE CORPUS

1. Montrez que ce texte est un roman à la première personne. Qui donne son point de vue ?
2. Dans quel contexte l'action se déroule-t-elle ? Quel type de comportement le personnage illustre-t-il ?
3. Le texte condamne-t-il totalement l'usage des blogs ?

▶ **Réponse rédigée :** *Le narrateur critique avec sévérité l'absence de contrôle de celui qui tient un blog sur ceux qui y ont accès. Il souligne aussi le caractère addictif de cette pratique qui se développe au départ par simple conformisme. Toutefois, il met en évidence le plaisir que lui a apporté ce blog et la possibilité de communiquer qu'offre cet espace d'échanges.*

ÉCRIRE

Pourquoi ce texte est-il intéressant pour développer une argumentation sur la menace que font peser les nouvelles technologies sur les relations dans une famille ? **Rédigez** une dizaine de lignes.

Les inquiétudes que peuvent faire surgir les nouvelles technologies

Document 3

En 2009, la société de sondages Esomar a enquêté sur les données que les Français laissent sur le Web et qui pourraient être utilisées à leur insu. Cette enquête a été menée auprès de Français, utilisateurs de réseaux sociaux notamment.

Les Français ont pris conscience que les données personnelles qu'ils laissent sur le Web peuvent ensuite être utilisées sans leur consentement, selon un sondage en ligne de Esomar Research. 90 % estiment qu'il s'agit d'un risque certain ou probable. Les membres de réseaux sociaux et les jeunes en ont encore davantage conscience.

Les données des internautes utilisées à leur insu

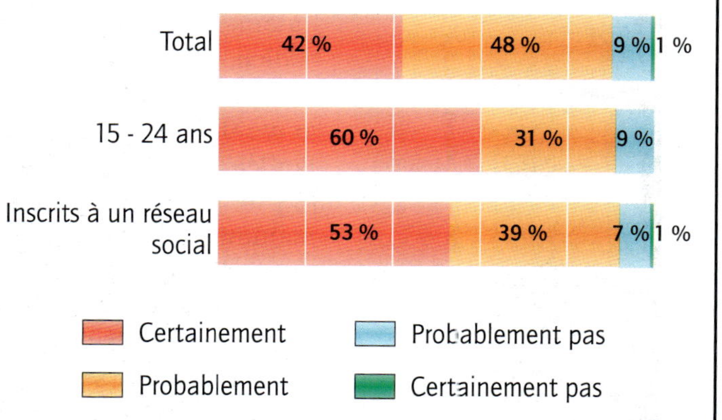

Source : Esomar, mars 2009

Étudier un schéma, un graphique

Il s'agit de représentations simplifiées d'une réalité. En apparence, le graphique revendique une parfaite objectivité puisque les données chiffrées ne sont pas accompagnées de commentaires. Il faut cependant s'interroger sur la source, la façon dont l'enquête a été construite. On dégage ensuite les grandes tendances du schéma et on peut formuler des hypothèses pour expliquer les résultats. Le tableau se prête à une comparaison des résultats : on cherche donc des ressemblances, des oppositions. On peut le lire à la fois de façon horizontale et de façon verticale. Le titre de l'étude sert de problématique et permet de mettre en évidence les chiffres importants.

COMPRENDRE LE DOCUMENT

1. Reformulez en une phrase les résultats de la première ligne du graphique.

2. Quelle fraction de la population est la plus consciente du risque ?

CONNAÎTRE LES TYPES DE DOCUMENTS. SAVOIR EXPLOITER UN GRAPHIQUE

1. Quel présupposé la question posée aux sondés comporte-t-elle ?

▶ **Réponse rédigée :** *La formulation « à leur insu » est dévalorisante pour le fonctionnement du Web mais aussi pour l'internaute lui-même, qui est présenté comme quelqu'un qui pourrait se laisser piéger. On peut montrer que le choix de la question dans un sondage induit parfois une partie de la réponse. Ici, les internautes, en particulier ceux qui utilisent le plus cet outil, peuvent chercher à sauvegarder leur image en montrant qu'ils ne sont pas dupes et qu'ils savent que les données peuvent être utilisées.*

2. Quelle hypothèse l'institut de sondage a-t-il voulu tester en choisissant cette population ?

ÉCRIRE

Préférez-vous lire les résultats d'une enquête sur un graphique ou dans un texte ? **Rédigez** votre réponse en une dizaine de lignes.

Document 4

Cette image vante les mérites d'une marque de téléphone.

Étudier une publicité

Le document publicitaire est composé d'une image et d'un texte. Les deux composantes visent à persuader le lecteur d'acheter un produit ou d'adopter un comportement. On cherche la problématique du corpus dans la publicité et on met en évidence les arguments de vente, les valeurs exprimées, la vision de la société proposée. On prend en compte également la cible visée par la publicité.

COMPRENDRE LE DOCUMENT

1. **Montrez** que cette photographie est construite en trois parties qui dialoguent.
2. **Commentez** le choix des personnes retenues pour figurer sur la photo.
3. **Formulez** la thèse de ce document.

REPÉRER LA VISÉE ARGUMENTATIVE D'UNE IMAGE. DÉFINIR LE DESTINATAIRE D'UN MESSAGE

1. Pourquoi le concepteur de la publicité a-t-il choisi de montrer les visages en gros plan ? Quel est l'effet produit ?
2. **Commentez** la place occupée par le téléphone.
3. Quelle est la cible de cette publicité ?

▶ **Réponse rédigée :** La publicité ne vise pas une clientèle spécifique. Au contraire, elle s'applique à faire figurer un panel élargi de clients potentiels : des hommes et des femmes, des jeunes et des personnes plus âgées, des Noirs comme des Blancs. Toutefois, on peut remarquer l'insistance du slogan sur « l'intelligence » du téléphone et non sur sa dimension ludique. La marque vise une cible qui a plutôt un usage « sérieux » du téléphone, et qui l'utilise, notamment, dans sa vie professionnelle.

ÉCRIRE

Donnez deux critères qui vous permettent de dire qu'une publicité est efficace. **Rédigez** un texte d'une dizaine de lignes. Vous veillerez à vous appuyer sur des exemples précis.

Vers une dénaturation des relations humaines ?

Libération

La blog génération

De plus en plus d'internautes tiennent leur journal sur la Toile. Ils contestent et complètent les médias traditionnels, eux aussi séduits par le phénomène. Page 4

Texte 1

Dans cet article, le journaliste relate un fait divers qui montre la façon dont l'usage des nouvelles technologies peut manipuler les journalistes et l'opinion publique.

En ce 6 juin, la blogosphère est en émoi. La veille au soir, la blogueuse syrienne Amina Abdallah Arraf, héroïne de la grande rébellion populaire contre la dictature, a été arrêtée à Damas, en pleine rue, par trois hommes armés, qui l'ont emmenée vers une destination inconnue. La nouvelle est publiée sur le blog d'Amina par sa cousine, Rania Ismail, qui décrit la scène en détail, et affirme qu'Amina était sur le point de rencontrer un « membre du Comité local de coordination » de la rébellion.

Amina est doublement en danger, car elle milite sur deux fronts : contre la répression du mouvement démocratique, mais aussi pour affirmer au grand jour son homosexualité dans une société peu tolérante en ce domaine. Son blog s'appelle « Gay Girl in Damascus » : qui sait ce que ses geôliers vont lui faire subir ? Seule note d'espoir : elle est née aux États-Unis de père syrien et de mère américaine, et possède la double nationalité – avec un peu de chance, elle sera seulement expulsée.

Entre février et juin, Amina a publié 146 articles sur Blogspot.com, la plate-forme de blogs de Google, hébergée en Californie. Elle mêle avec talent les chroniques d'actualité politique et les réflexions sur la vie compliquée d'une professeur d'anglais lesbienne de 36 ans, qui veut aussi être une bonne musulmane.

Son blog est lu par de nombreux journalistes occidentaux, avides d'informations en provenance de Syrie, où ils n'ont plus le droit d'aller depuis le déclenchement de la révolte. En avril, les sites des grands médias anglo-saxons rendent Amina célèbre, en republiant une anecdote extraordinaire trouvée sur son blog : en pleine nuit, deux policiers sont venus dans la maison familiale pour l'arrêter, mais son père a réussi à les refouler. Des internautes syriens se demandent comment un vieil homme en pyjama a réussi à intimider la police politique, mais leurs remarques sont noyées sous le flot de louanges célébrant le courage de cette famille.

Début mai, malgré les risques, Amina accepte de donner une interview au quotidien britannique *The Guardian*. Une rencontre est organisée avec une journaliste anglophone basée à Damas, qui signe ses articles sous le pseudo de Katherine Marsh, pour éviter d'être repérée et expulsée. Malheureusement, au dernier moment, Amina est obligée d'annuler le rendez-vous, pour des raisons de sécurité. Qu'importe, l'interview se fera par e-mail. Dans son article élogieux, publié le 6 mai, Katherine Marsh ne mentionne pas ce détail. Le texte est illustré par une photo d'Amina – une jolie brune au teint pâle – également envoyée *via* Internet.

Peu après, le site de CNN publie à son tour une interview d'Amina réalisée par e-mail, dans un article consacré aux communautés gays du Moyen-Orient. Entretemps, les médias français ont découvert Amina Abdallah Arraf. Dès le 5 mai, le blog « Printemps arabe » du site Internet du *Monde* lui consacre un article basé sur des citations extraites de « Gay Girl in Damascus ».

Par ailleurs, Amina entretient *via* Internet des relations très suivies avec des femmes occidentales. Parmi elles, Sandra Bagaria, une professionnelle de l'Internet habitant Montréal. Au fil du temps, la Syrienne et la Canadienne développent une relation intime : en cinq mois, Sandra Bagaria reçoit près de 500 e-mails et un millier de photos de Damas. À son tour, Sandra Bagaria est contactée par les médias, car elle est le seul lien tangible avec l'inaccessible héroïne. Elle se présente partout comme la « girlfriend » d'Amina, sans préciser qu'elles ne se sont jamais rencontrées, ni même parlé au téléphone.

Dans le même temps, Amina s'est fait une autre amie : Paula Brooks, célèbre lesbienne militante américaine, qui dirige depuis 2008 le webmagazine engagé Lezgetreal.com. Paula Brooks s'est imposée sur le Net comme une femme charismatique et autoritaire, exerçant une forte influence sur ses collaboratrices et ses lectrices. Grâce à l'entremise de Lezgetreal, Amina devient à partir d'avril une VIP de la mouvance lesbienne anglophone.

Dès l'annonce de son arrestation le 5 juin, ses amis se mobilisent, entraînant dans leur sillage une armée d'internautes de bonne volonté. Des dizaines de sites de soutien apparaissent, des pétitions circulent pour exiger sa libération : sur Facebook, Twitter, des blogs consacrés au Moyen-Orient, des magazines lesbiens, des forums féministes, et même des sites consacrés à la mode et à la diététique. Puis des dizaines de médias américains et européens viennent renforcer la campagne « Free Amina ». BBC Radio diffuse même une interview très émouvante de la « girlfriend canadienne », qui fait bonne figure malgré l'angoisse. Des médias arabes se lancent à leur tour, notamment le quotidien *L'Orient-Le Jour de Beyrouth* dont un article est repris par *Courrier international*.

Pourtant, dès le lendemain de l'arrestation, l'ambiance change. Le buzz autour du blog d'Amina attire de nouveaux lecteurs, plus sceptiques. Ceux qui connaissent la Syrie relèvent des invraisemblances, d'autres remarquent que dans les derniers articles, la vie de la blogueuse, pleine de dangers, de coïncidences et de rebondissements, ressemble de plus en plus aux aventures d'une héroïne de bande dessinée. Des blogueurs et des journalistes américains lancent une enquête.

À Londres, une femme appelle le *Guardian* pour protester : elle s'est reconnue sur la photo illustrant un article sur Amina. Dans un premier temps, on refuse de la croire – cette nouvelle venue, qui dit s'appeler Jelena Lecic, fait peut-être partie d'un complot visant à détruire la réputation d'Amina. Puis le site du quotidien retire la photo et la remplace par une autre, également envoyée par Amina. Nouvel appel : la deuxième photo est aussi celle de Jelena Lecic. En fait, toutes les photos d'Amina circulant sur le Net font partie d'un album que Jelena Lecic avait publié sur Facebook, et que quelqu'un avait détourné, en 2010, pour créer un compte au nom d'Amina Abdallah Arraf.

Déjà, à l'époque, Jelena Lecic avait protesté auprès de Facebook, qui avait fermé le faux compte. Mais l'affaire était passée inaperçue des médias.

Le coup de grâce est porté par Paula Brooks. Dans un premier temps, la patronne de Lezgetreal avait farouchement défendu la réputation de son amie, Amina, contre les sceptiques. Puis, cédant à ses tendances inquisitrices, elle avait pisté l'origine des e-mails privés envoyés par la blogueuse syrienne : le numéro IP était celui d'un ordinateur situé à Edimbourg, en Écosse. Plus personne ne comprend le rôle de Paula Brooks dans cette affaire. Des blogueurs, intrigués par son revirement soudain, décident d'enquêter aussi sur son cas.

Le 12 juin, se sentant prise au piège, Amina craque : « Gay Girl in Damascus » publie un court article expliquant qu'il s'agit en fait d'une œuvre de fiction. Son auteur dit s'appeler Tom McMaster, un Américain de 40 ans vivant à Edimbourg, dont l'épouse mène des recherches universitaires sur la Syrie – d'où ses connaissances sur le sujet. Tom McMaster s'excuse brièvement, tout en se félicitant d'avoir sensibilisé un nouveau public à la situation en Syrie. [...]

À peine 24 heures après la confession de Tom McMaster, le scandale est éclipsé par un nouveau coup de théâtre. Les journalistes et blogueurs enquêtant sur les liens entre Paula Brooks et Amina Abdallah Arraf en arrivent à se demander s'il ne s'agit pas d'une seule et même personne. Sollicitée par le *Washington Post*, Paula Brooks explique qu'elle ne peut pas donner d'interview par téléphone car elle est sourde, mais que son père s'exprimera à sa place. Après deux entretiens, le père avoue soudain : « Je suis Paula Brooks. » Amina Abdallah Arraf et Paula Brooks, les deux lesbiennes les plus célèbres de la blogosphère anglophone, étaient des hommes, chacun croyant duper l'autre.

Selon le site du *Washington Post*, Paula Brooks s'appelle en réalité Bill Graber. Il a 58 ans, il vit dans l'Ohio, il est marié et père de famille. Ce serait un ancien pilote de l'US Air Force devenu ouvrier de chantier. Paula Brooks serait le nom de sa femme.

Une seule chose semble sûre : les lesbiennes américaines et les rebelles syriens, un temps réunis, vont continuer leurs combats respectifs séparément.

YVES EUDES, « Un blogueur peut en cacher un autre », *Le Monde*, 24 juin 2011.

COMPRENDRE LE TEXTE

1. Qui écrit ce texte ? De quel type de texte s'agit-il ?
2. Quelle progression suit ce texte ?
3. Quel est le rôle et la place des médias dans cette manipulation de l'opinion ?

ORAL

Manipulation/blog/information/relations humaines.

Vous prendrez la parole pour exprimer ce que vous inspire l'histoire relatée dans cet article. Vous veillerez à faire intervenir deux des termes proposés ci-dessus.

EXPOSÉ

Faites une recherche sur le rôle des réseaux sociaux ou des blogs dans :

- les mobilisations que l'on a appelées « le printemps arabe » de 2011 ;
- la force de résistance à l'absence de liberté d'expression, en Chine par exemple.

Vers une dénaturation des relations humaines ?

Texte 2

Dans son essai datant de 1970,* La société de consommation, *le sociologue Jean Baudrillard analyse la façon dont la consommation établit son emprise sur l'ensemble du fonctionnement de notre société. À la fin de cet essai critique, il montre que les relations sociales elles-mêmes seront également structurées par la consommation de masse.

La société de consommation est en même temps une société de production de biens et de production accélérée de relations. C'est même ce dernier aspect qui la caractérise. Cette production de relations, encore artisanale au niveau intersubjectif ou des groupes primaires, tend pourtant à s'aligner progressivement sur le mode de production des biens matériels, c'est-à-dire sur le mode industriel généralisé. Elle devient alors, selon la même logique, le fait, sinon le monopole, d'entreprises spécialisées (privées ou nationales) dont c'est la raison sociale et commerciale. Les conséquences de cette évolution sont encore difficiles à entrevoir : il est difficile d'admettre qu'on produise de la relation (humaine, sociale, politique) comme on produit des objets, et que, à partir du moment où elle est produite de la même façon, elle soit au même titre un objet de consommation. C'est pourtant la vérité, mais nous ne sommes qu'au début d'un long processus.

JEAN BAUDRILLARD, *La société de consommation*, Paris, 1970.

COMPRENDRE LE TEXTE

1. Quelles nouvelles technologies existaient en 1970 ?

2. **Relevez** trois indices qui montrent que Jean Baudrillard analyse un phénomène qui n'est pas encore arrivé.

3. En vous appuyant sur les liens logiques, **montrez** la progression du texte dans les trois dernières phrases.

4. Qui est le « nous » ? À qui s'adresse ce texte ?

ÉCRIRE

En partant de votre expérience, **rédigez** un témoignage d'une vingtaine de lignes sur la façon dont les marques vous envahissent. **Expliquez** comment elles cherchent à vous séduire par le biais des nouvelles technologies. **Vous présenterez** deux cas précis et **décrirez** la façon dont vous réagissez à ces sollicitations commerciales.

Parcours intégral

Étude d'une œuvre intégrale : *The social Network,* David Fincher, 2010

1

Synopsis

The social Network retrace l'itinéraire de Mark Zuckerberg, créateur de Facebook. Simple étudiant doué en informatique, Mark invente un système d'échanges par Internet entre les étudiants de son université. Son invention, Facebook, va connaître un succès planétaire. Cependant, le jeune Mark, devenu riche patron de sa société, semble peu enclin aux relations sociales.

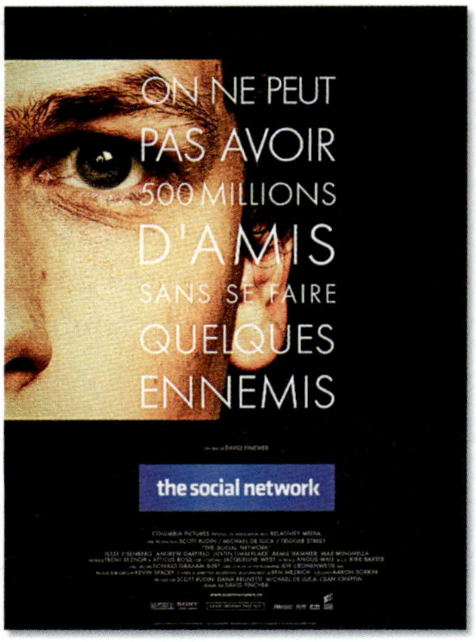

2

L'affiche

1. Comment-est elle construite ? Étudiez la place du cadre, du texte et de l'image.

2. Étudiez le texte. Quelle figure de style met en place le paradoxe ?

3. Comment expliquez-vous le choix de mettre le personnage dans l'ombre et de montrer son visage en gros plan ?

4. Quelle hypothèse sur le film le spectateur peut-il formuler à partir de la lecture de cette affiche ?

3

Face à face

Observez l'image 1.

1. Comment les personnages communiquent-ils ?

2. Décrivez l'attitude du garçon ?

3. Où se trouve la caméra ? Quel regard la caméra invite-t-elle à porter sur ce face à face ?

Observez l'image 2.

4. Quel est le rôle de l'écran dans la relation entre les deux personnages ?

5. Où se trouve la caméra ? Quel aspect de la relation sociale montre-t-elle ?

6. À quoi voit-on que Mark est à l'aise ?

IMAGE 1

Au début du film, Mark ne parvient pas à dialoguer avec sa petite amie qui le quitte.

IMAGE 2

Sous le regard d'un autre étudiant passionné d'informatique, Mark imagine les subtilités qui feront le succès de Facebook.

4

Écrans et espaces : récit d'une trajectoire

IMAGE 3

Les voisins de chambre de Mark à l'université assistent aux premiers essais du réseau.

IMAGE 4

Facebook est devenue une véritable entreprise qui accueille ses salariés dans un *open space* gigantesque.

Observez les images 3 et 4.

1. Où se passe la scène sur chacun de ces photogrammes ?

2. Montrez que l'écran occupe une place centrale, dans les deux cas, mais que la signification est différente.

3. Montrez que ce film insiste sur le phénomène générationnel qu'est le réseau social.

5

Confrontation avec les documents du chapitre

Mots-clés : génération/tension dans les relations/révolution.

Confrontez votre lecture du film à un autre document du chapitre. Puis, à l'aide des mots-clés, rédigez un paragraphe permettant de montrer le lien entre les nouvelles technologies et les relations humaines.

6

Écrire

Quel est l'impact des nouvelles technologies sur les relations humaines aujourd'hui ? Quelle réponse propose le film à cette question ?

- Votre réponse commencera par un compte-rendu du film s'appuyant sur les passages liés à la question.
- Votre développerez trois idées différentes.
- Vous veillerez à rédiger de façon efficace.

POUR ALLER PLUS LOIN

LIVRES

- Jean-Philippe Blondel, *Blog*, Actes Sud junior, 2010.
- Serge Tisseron, *Virtuel mon amour, Penser, aimer, souffrir à l'ère des nouvelles technologies*, Éditions Albin Michel. 2008.

FILMS

- Nora Ephron, *Vous avez un message*, 1998.

CHAPITRE 2 Questionnements éthiques et progrès scientifique

Culture générale
Pourquoi est-il nécessaire d'encadrer le progrès scientifique par une réflexion éthique ?

Améliorer l'expression écrite
Améliorer l'orthographe grammaticale.

Méthode/Compétences à acquérir
Comment confronter les documents pour mettre en évidence les idées de la synthèse.

Parcours intégral
(culture/méthode/expression)
- **Lecture intégrale d'un roman :** *Des Fleurs pour Algernon* de Daniel Keyes, 2007.

SOMMAIRE

LIRE LE DOCUMENT

1. Qu'est-ce qui fait référence au progrès scientifique dans cette affiche ?

2. Par quels moyens cette affiche communique-t-elle un sentiment d'angoisse ?

RELIER LE DOCUMENT À DES QUESTIONNEMENTS

1. Voici une liste de mots-clés à introduire dans un questionnement sur le progrès technologique et sur l'encadrement éthique aujourd'hui : risques/clonage/eugénisme/soigner/maladies/morale/recherche/argent/génétique/biotechnologie/déshumanisation/commission/lois.
En puisant dans cette liste, **rédigez** deux questions qui éclairent d'autres aspects du débat sur la place de la réflexion éthique aujourd'hui.

2. Pourquoi est-il nécessaire d'encadrer le progrès scientifique par une réflexion éthique ? **Reformulez cette question de façon à montrer :**
- que le progrès scientifique fait peser un risque ;
- le rôle (positif ou négatif) de la réflexion éthique dans la marche du progrès.

SOLLICITER SA CULTURE GÉNÉRALE

1. Rédigez un court paragraphe pour dire ce que vous entendez par « réflexion éthique. »

2. Citez trois avancées scientifiques qui, selon vous, ont posé un problème éthique.

3. Connaissez-vous des récits d'anticipation ou des films qui mettent en garde contre l'évolution de la société humaine lorsqu'elle suit les impératifs du progrès, sans se préoccuper de morale ?

Compétences sollicitées dans ce chapitre

Comment confronter les documents pour mettre en évidence les idées de la synthèse ?
- Lire plusieurs textes et faire apparaître des liens entre eux.
- Se servir du paratexte pour organiser la confrontation : par quel texte commencer ?
- Utiliser un texte comme grille de lecture pour comprendre un autre texte.
- Comprendre comment un document peut se positionner face à un autre : accord, opposition, nuance, réécriture.
- Appréhender le rôle du document littéraire dans la synthèse.
- Savoir exploiter le document iconographique dans un corpus.

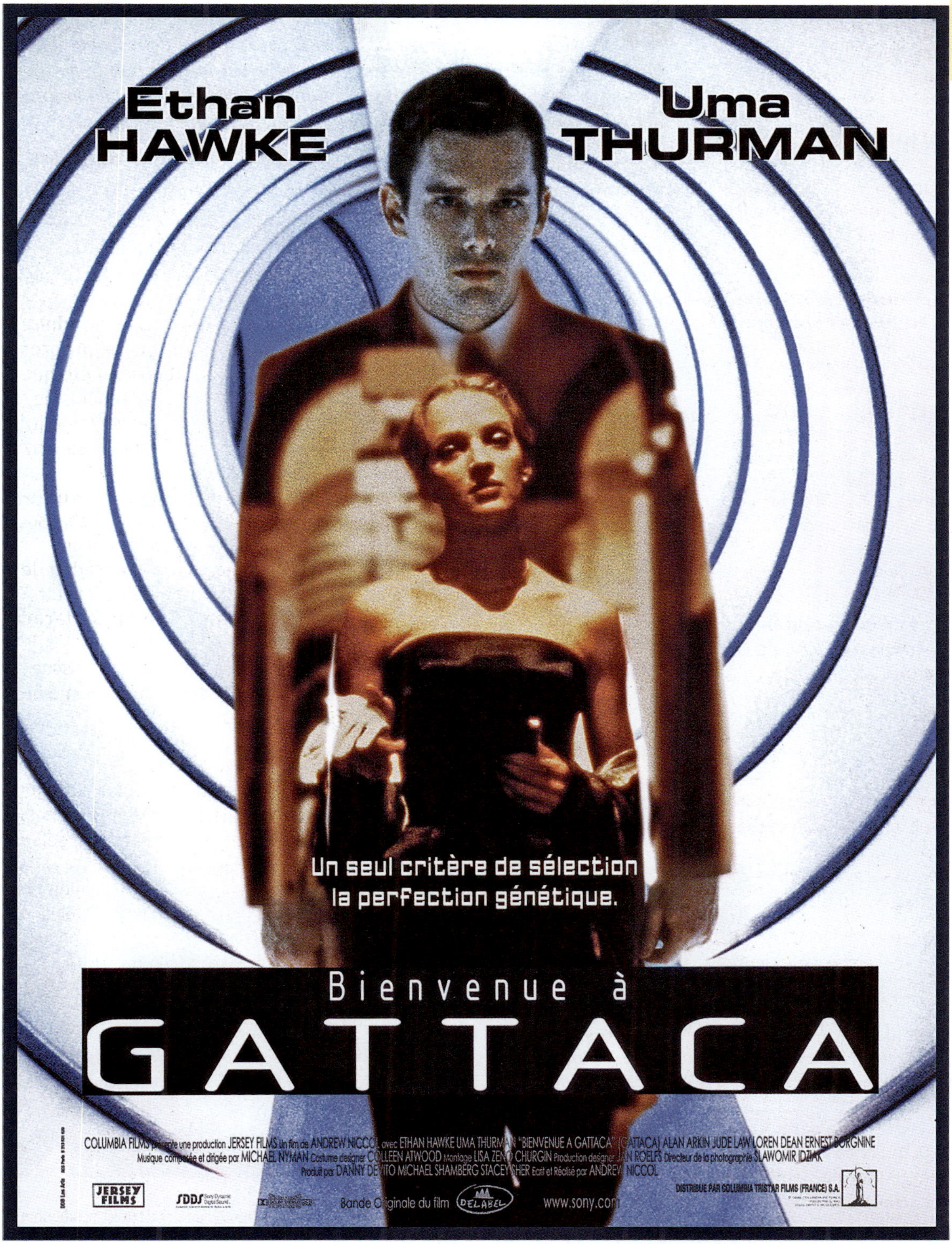

Affiche du film *Bienvenue à Gattaca*, réalisé par Andrew Niccol en 1997.

Doit-on fixer des limites à la recherche scientifique ?

Qu'est-ce que la Science-fiction ?

Les récits de science-fiction décrivent ce que pourrait être le futur ou des univers inconnus en partant des connaissances scientifiques et technologiques actuelles. *Frankenstein* (1817) de Mary Shelley, est considéré comme le premier ouvrage de Science-fiction. En France, on peut citer *L'Ève future* de Villiers de L'Isle-Adam (1885) et les récits de Jules Verne qui ont assuré la prospérité de ce genre à la fin du XIXe siècle. On désigne souvent ce genre littéraire par les initiales S.F. En anglais, on parle de roman d'anticipation.

Texte 1

En 1932, Aldous Huxley publie* Le Meilleur des mondes*, dans lequel il imagine ce que pourrait être une société fondée sur la sélection génétique. La portée critique de ce livre de science-fiction est virulente : il dénonce les dérives d'un progrès qui ne suffit pas à rendre les hommes heureux.

À ce moment, l'œuf primitif avait de fortes chances de se transformer en un nombre quelconque d'embryons compris entre huit et quatre-vingt-seize, « ce qui est, vous en conviendrez, un perfectionnement prodigieux par rapport à la nature. Des jumeaux identiques, mais non pas en maigres groupes de deux ou trois, comme aux jours anciens de reproduction vivipare, alors qu'un œuf se divisait parfois accidentellement ; mais bien par douzaines, par vingtaines, d'un coup. »

— Par vingtaines, répéta le Directeur, et il écarta les bras, comme s'il faisait des libéralités à une foule. Par vingtaines.

Mais l'un des étudiants fut assez sot pour demander en quoi résidait l'avantage.

— Mon bon ami ! Le Directeur se tourna vivement vers lui, vous ne voyez donc pas ? Vous ne voyez pas ? Il leva la main ; il prit une expression solennelle. Le procédé Bokanovsky est l'un des instruments majeurs de la stabilité sociale !

Instruments majeurs de la stabilité sociale.

Des hommes et des femmes conformes au type normal ; en groupes uniformes. Tout le personnel d'une petite usine constitué par les produits d'un seul œuf bokanovskifié.

— Quatre-vingt-seize jumeaux identiques faisant marcher quatre-vingt-seize machines identiques ! – sa voix était presque vibrante d'enthousiasme. – On sait vraiment où l'on va. Pour la première fois dans l'histoire. »

ALDOUS HUXLEY, *Le Meilleur des mondes*, trad. J. Les Castier, 1932.

Le thème de la gémellité est réccurent dans les œuvres de science-fiction. Ici dans *Star Wars*, épisode II, *L'attaque des clones* de Georges Lucas.

COMPRENDRE LE TEXTE

1. À quoi peut-on voir l'enthousiasme du Directeur ?

2. Quels indices prouvent que l'on se trouve dans un roman de science-fiction ?

3. Quelles menaces fait peser sur la société le procédé « Bokanovsky » ?

Texte 2

Bernard Debré est chef de service d'urologie à l'hôpital Cochin à Paris. Il est également député. Dans cet article, il prend position sur les récentes avancées qu'ont permis les progrès en génétique.

Qu'entendez-vous par « eugénisme de liberté » ?

Dans l'imaginaire collectif, « eugénisme » est un mot épouvantable qui évoque les atrocités commises par les nazis ou bien celles réalisées par la social-démocratie suédoise qui, dans les années 1970, a stérilisé des femmes qui présentaient des troubles mentaux, avaient trop d'enfants ou étaient considérées comme asociales. Aux antipodes de ces eugénismes d'État, il existe un eugénisme de liberté, que je défends. À ce titre, le diagnostic préimplantatoire, qui permet de sélectionner les embryons non porteurs d'une maladie génétique. La liste des maladies pour lesquelles on pourra y recourir ne va cesser de s'allonger, car on sait maintenant lire dans le livre de la vie. Récemment, à l'hôpital, un jeune couple a demandé un tri d'embryons parce que chacun avait un parent atteint d'un Alzheimer précoce. Ils souhaitaient que leur enfant à venir soit préservé de cette maladie. Quoi de plus légitime ? Au nom de quoi leur interdire cette possibilité ?

Vous défendez également le clonage thérapeutique, pourtant toujours interdit en France...

Le clonage reproductif doit évidemment être interdit, c'est une injure faite à l'homme. C'est un mensonge de dire que le clonage humain n'aura pas lieu. On clone déjà les animaux domestiques aux USA. Mais pour quoi faire ? Obtenir la vie éternelle par le clonage est un pur fantasme. C'est oublier que le vécu, le contexte historique et émotionnel fondent la personnalité autant que le patrimoine génétique. Quant à l'idée de fabriquer une armée de clones, comme l'avait décrit Aldous Huxley dans *Le meilleur des mondes*, c'est encore plus absurde. L'Histoire montre qu'il est bien plus facile de se constituer des troupes dociles en lavant le cerveau des jeunes gens. Fabriquer un clone n'a aucun intérêt, ni scientifique ni moral. Ça ne sert à rien.

En revanche, le clonage thérapeutique est l'une des plus grandes inventions du XXe siècle ! Cette technique permettra un jour à chacun de réparer ses organes défaillants. Quel principe supérieur nous permettrait d'interdire l'autoréparation, qui pourrait sauver un nombre considérable de malades? Il y a quelques décennies, il se trouvait des censeurs pour s'y opposer. D'ailleurs, on effectue déjà des réparations qui sauvent des vies. Cela s'appelle la greffe d'organes. L'avantage énorme, avec le clonage thérapeutique, c'est que l'on ne sera plus confronté au risque de rejet : Non à la frilosité !

Justement, vous pointez du doigt la frilosité de la France, sur la question de la recherche sur les embryons...

Les barrières législatives érigées contre la recherche en France lui ont déjà fait perdre au moins six précieuses années. La loi bioéthique autorise l'étude sur les embryons congelés surnuméraires, mais seulement à titre exploratoire, pour une durée de cinq ans et dans

Doit-on fixer des limites à la recherche scientifique ?

COMPRENDRE LE DOCUMENT

1. À quoi voit-on que Bernard Debré est un scientifique ?

2. Quelles significations Bernard Debré donne-t-il au mot « eugénisme » ?

3. Quels sont les deux types de clonage dont parle le texte ?

4. Pourquoi parle-t-il de « la frilosité de la France » ?

un contexte expérimental encadré. C'est totalement insuffisant ! Nos chercheurs sont obligés de s'exiler. Et la Chine est en passe de devenir la référence mondiale en matière de clonage. L'embryon, qui n'est rien d'autre qu'un tas de cellules, ne doit pas être déifié. Pourquoi ne pourrait-on pas utiliser des embryons destinés à être détruits ? Ce sont pourtant des milliers de vies humaines qui pourraient être sauvées dans un délai très bref.

Le clonage reproductif est contre l'homme. Le clonage thérapeutique et l'eugénisme de liberté sont faits pour l'homme.

BERNARD DEBRÉ, « Non à la frilosité », propos recueillis par Alix Leduc, *Valeurs actuelles*, 8 septembre 2006.

Textes en écho

LIRE

1. Quel rôle la référence à l'œuvre de Huxley joue-t-elle dans l'argumentation de Bernard Debré ?

ÉCRIRE

2. En quoi une œuvre de science-fiction est-elle intéressante pour réfléchir sur les avancées scientifiques et les risques qu'elles comportent ? Répondez en une dizaine de lignes.

Texte 3

Ce décret est le texte de loi qui fonde le Comité consultatif national d'éthique en 1983. Voulu par le président François Mitterand, c'est le premier comité de la sorte : national et indépendant.

Article premier. - Il est créé auprès du ministre chargé de la recherche et du ministre chargé de la santé un Comité consultatif national d'éthique pour les sciences de la vie et de la santé.

Le comité a pour mission de donner son avis sur les problèmes moraux qui sont soulevés par la recherche dans les domaines de la biologie, de la médecine et de la santé, que ces problèmes concernent l'homme, des groupes sociaux ou la société tout entière.

Art. 2. - Le comité peut être saisi par le président de l'Assemblée nationale, le président du Sénat, un membre du gouvernement, un établissement public ou une fondation reconnue d'utilité publique ayant pour activité principale la recherche ou le développement technologique, un établissement d'enseignement supérieur.

Il peut également se saisir de questions posées par des personnes ou groupements autres que ceux qui sont visés à l'alinéa ci-dessus.

Art. 3. - Le président du comité est nommé par décret du président de la République pour une durée de deux ans. Ce mandat est renouvelable.

(L. n° 92-501 du 9 juin 1992, art.1er) Le président du comité peut à l'expiration de son mandat être nommé président d'honneur par décret du président de la République.

Art. 4. - Le Comité comprend, outre son président :

1° (D. n°83-740 du 9 août 1983) « Cinq » personnalités désignées par le président de la République et appartenant aux principales familles philosophiques et spirituelles.

2° (D. n°83-174 du 6 février 1986 ; D. n°92-501 du 9 juin 1992, art. 2-I ; D. n°93-134 du 1er février 1993, art. 1er-I) « Dix-neuf » personnalités qualifiées choisies en raison de leur compétence et de leur intérêt pour les problèmes d'éthique, soit :

- un membre de l'Assemblée nationale et un membre du Sénat, désignés par les présidents de ces assemblées ;
- un membre du Conseil d'État, désigné par son vice-président ;
- un magistrat de la Cour de cassation, désigné par son premier président ;
- (D. n°92-501 du 9 juin 1992, art.2-II) une personnalité désignée par le Premier ministre ;
- une personnalité désignée par le garde des Sceaux, ministre de la Justice ;
- (D. n°93-134 du 1er février 1993, art. 1er-II) deux personnalités désignées par le ministre chargé de la recherche ;
- une personnalité désignée par le ministre chargé de l'industrie ;
- une personnalité du secteur social désignée par le ministre chargé des affaires sociales et de la solidarité nationale ;
- une personnalité du secteur éducatif désignée par le ministre de l'Éducation nationale ;
- une personnalité désignée par le ministre chargé du travail ;
- (D. n°83-740 du 9 août 1983 ; D. n°92-501 du 9 juin 1992, art. 2-III) « quatre » personnalités appartenant aux professions de santé désignées par le ministre chargé de la santé ;
- une personnalité désignée par le ministre chargé de la communication ;
- une personnalité désignée par le ministre chargé de la famille ;
- (D. n°86-174 du 6 février 1986) « une personnalité désignée par le ministre des Droits de la femme ».

3° (D. n°83-740 du 9 août 1983) « Quinze » personnalités appartenant au secteur de la recherche, soit :

- un membre de l'Académie des sciences désigné par son président ;
- (D. n°83-740 du 9 août 1983) « un membre de l'Académie nationale de médecine désigné par son président » ;
- un représentant du Collège de France désigné par son administrateur ;
- un représentant de l'institut Pasteur désigné par son directeur ;
- quatre chercheurs appartenant au corps des chercheurs titulaires de l'Institut national de la santé et de la recherche médicale ou du Centre national de la recherche scientifique, et deux ingénieurs, techniciens ou administratifs de l'Institut national de la santé et de la recherche médicale ou du Centre national de la recherche scientifique, relevant des statuts de personnels de ces établissements,

désignés par moitié par le directeur général de l'Institut national de la santé et de la recherche médicale et par moitié par le directeur général du Centre national de la recherche scientifique ;
- deux universitaires ou hospitalo-universitaires figurant sur les listes électorales de l'Institut national de la santé et de la recherche médicale et désignés par le directeur général de cet institut ;
- deux universitaires ou hospitalo-universitaires désignés par la conférence des présidents d'université ;
- un chercheur appartenant aux corps des chercheurs titulaires de l'Institut national de la recherche agronomique désigné par le président directeur général de cet établissement. [...]

Art. 7. - Dans le cadre de sa mission, définie à l'article 1er du présent décret, le comité est chargé d'organiser une conférence annuelle sur les problèmes d'éthique dans le domaine des sciences de la vie et de la santé, au cours de laquelle les questions importantes qui s'y rapportent sont abordées publiquement.

COMPRENDRE LE TEXTE

1. À quoi voit-on qu'il s'agit d'un texte de loi ?
2. Quelle est la mission du CCNE ?
3. Que pensez-vous de la façon dont les membres du CCNE sont choisis ?
4. Décrivez le fonctionnement du CCNE : quelles sont ses attributions ?

ÉCRIRE

Dans un développement d'une dizaine de lignes, **vous justifierez** l'article 7, c'est-à-dire la décision de mener une réflexion éthique en séance publique.

Texte 4

En 2011, les lois éthiques font l'objet en France d'une relecture pouvant conduire, pour certaines d'entre elles, à une révision. À l'issue des décisions législatives, le journaliste du journal* Le Monde, *rend compte du peu de changements survenus.

Aucune avancée sur la levée de l'anonymat des donneurs de gamètes, pas la moindre ouverture vers la légalisation de la gestation pour autrui, un refus résolu de l'homoparentalité, beaucoup de frilosité en matière de recherche sur l'embryon : toutes les questions qui avaient agité pendant des mois les états généraux de bioéthique ont finalement abouti... au statu quo.

Depuis leur première version, en 1994, les lois de bioéthique tentent d'encadrer les progrès de la médecine en élaborant peu à peu une « morale du vivant ». Quels sont les critères acceptables en matière de sélection des embryons dans l'assistance médicale à la procréation ? Faut-il autoriser la recherche sur les cellules souches embryonnaires ? Comment réglementer l'utilisation des tests génétiques ? Voilà autant de questions auxquelles les lois de bioéthique tentent de répon-

dre en encadrant les pratiques qui apparaissent au fur et à mesure des avancées médicales et scientifiques.

Les premières lois ont inscrit dans le code civil de grands principes : respect de la dignité de la personne humaine, inviolabilité du corps humain – toute atteinte suppose ainsi le consentement de la personne –, non-patrimonialité des éléments et produits du corps (sang, sperme, ovocytes, organes...).

Ces textes, qui ont également organisé l'assistance médicale à la procréation, réglementé les greffes d'organes et encadré les empreintes génétiques, avaient vocation à être remis régulièrement sur le métier : en 2004, une nouvelle version des lois de bioéthique a donc été adoptée. En 2011, pour la seconde révision, les grandes questions ne manquaient pas : fallait-il autoriser la gestation pour autrui (les « mères porteuses »), comme l'ont fait la Grande-Bretagne, les Pays-Bas, le Canada ou certains États américains ? Ouvrir la procréation médicalement assistée aux couples de femmes ou aux célibataires, comme le font beaucoup de pays du nord de l'Europe mais aussi la Belgique et l'Espagne ? Autoriser la recherche sur les cellules souches embryonnaires, qui ne sont aujourd'hui possibles qu'à titre dérogatoire ? [...] Au terme de ce marathon législatif, l'Assemblée nationale a fini par faire prévaloir son point de vue : les lois de bioéthique resteront donc quasiment inchangées. Les seules modifications introduites

COMPRENDRE LE TEXTE

1. **Reformulez** les changements attendus lors de cette révision de 2011.
2. Pourquoi l'exemple d'autres pays est-il évoqué ?
3. Sur quel aspect du modèle bioéthique français cet article insiste-t-il ?

ORAL

Étudiez la position des sénateurs et des députés sur la question de la recherche sur l'embryon et des cellules souches. **Présentez** oralement trois arguments qu'ont pu proposer ces deux institutions.

EXPOSÉ

Après une recherche sur le site du CCNE, www.ccne-ethique.fr, vous **présenterez** la mission de ce comité et son travail depuis sa création. Votre exposé portera sur un problème éthique clairement délimité.

par la révision des lois de bioéthique de 2011 concernent l'encadrement des tests proposés aux femmes enceintes pendant la grossesse, l'autorisation de la congélation ultrarapide des ovocytes et la réglementation de l'information des proches en cas de maladie génétique.

Et la prochaine révision n'est pas pour demain : le nouveau texte de loi précise qu'elle aura lieu dans « un délai maximum de sept ans ».

ANNE CHEMIN, « Les grands débats de la bioéthique », *Le Monde*, 29 juin 2011.

Comment confronter les documents pour mettre en évidence les idées de la synthèse ?

De quoi s'agit-il ?

Faire la synthèse des documents signifie extraire les idées qui constituent des points de discussion (accord/opposition) entre les textes et les images du corpus. Il convient donc de confronter les documents, c'est-à-dire de les mettre en regard pour faire apparaître les échos qui existent entre eux.

Quand ?

On lit le corpus dans son ensemble, puis on analyse un premier document dont on met en évidence les idées importantes. Puis, le deuxième document est lu dans un souci de confrontation avec le premier. Cette phase de confrontation est mise en œuvre au début du travail de préparation de la synthèse.

À cette étape de la réflexion, il est important de s'interroger sur :

- le choix du premier texte ;
- la façon dont un texte peut servir de grille de lecture à un autre ;
- les liens qui peuvent exister entre les documents : accord, opposition, nuance, réécriture ;
- la place du document littéraire dans la confrontation ;
- l'exploitation du document iconographique dans la confrontation.

TRAVAIL SUR LE CORPUS

QUESTIONS SUR LES TEXTES 1 À 4

1. Formulez le thème commun aux textes 1 et 2 et aux textes 3 et 4.
2. Quels sont les textes argumentatifs parmi ces quatre textes ?
3. Quel est le texte par lequel il faudrait commencer la confrontation, selon vous ?
4. Mettez en évidence une idée sur laquelle s'accordent deux au moins de ces textes.

Comment confronter les documents pour mettre en évidence les idées de la synthèse ?

1. Quel texte étudier en premier ?

Faut-il se laisser guider par l'ordre du sujet ?

On commence par lire **la totalité du corpus** en suivant l'ordre proposé par le concepteur du sujet. Or, le premier texte qui va être analysé en détail va permettre de dégager un certain nombre d'idées pour la synthèse. Il faut donc commencer par **analyser un texte d'idées** et non un document illustratif. Il faut donc choisir le texte que l'on analyse en premier et non se laisser guider de façon systématique par l'ordre du corpus.

Quel ordre choisir ?

On choisira, pour commencer, **un texte argumentatif** et, si l'on veut s'appuyer sur le paratexte, on sera aidé par le fait qu'il s'agit d'un extrait d'essai ou d'un article de journal. Le titre peut aussi être un bon indicateur : il peut souligner le fait que l'auteur s'inscrit dans un débat d'idées ou adopte une démarche polémique. Si le corpus comporte deux textes argumentatifs, on commencera par **le plus long**, puis on prendra le second et, ensuite le document iconographique et le texte littéraire, qui sont plus illustratifs.

2. Qu'est ce que confronter deux textes ?

Comment passer de la lecture d'un texte à la lecture de deux textes ?

On a vu ce qu'on attend de la lecture d'un texte : on cherche à dégager les idées en se servant d'**un certain nombre d'outils** – construction du texte, stratégie argumentative, registre. Cependant, confronter un second texte à celui-ci signifie : chercher à établir des liens entre les textes et lire le second texte en ayant en tête les idées trouvées dans le premier. Il s'agit de retrouver ces idées à l'identique ou avec des différences. La lecture et l'analyse du premier texte vont nous faire gagner du temps pour l'analyse du second texte. On laissera de côté les thématiques non traitées dans le premier texte. Confronter deux textes, c'est donc **délimiter une thématique commune** puis chercher les liens qui existent entre les idées des deux textes.

Quels liens peuvent relier deux textes ?

On a tendance à rechercher **des points de convergence** entre les textes, la confirmation d'une idée d'un texte à l'autre par exemple. Deux textes peuvent aussi se contredire et présenter **des thèses opposées**. On trouve aussi des nuances apportées par un texte plus précis. Il est important de se demander si deux textes défendent exactement la même idée ou si la position adoptée ne comporte pas certaines différences. Cette attention portée aux nuances rendra votre synthèse plus approfondie. Enfin, deux textes peuvent s'accorder mais dans des contextes différents (historique, géographique, social).

3. Peut-on se servir d'un texte comme d'une grille de lecture d'un autre texte ?

Comment se servir du texte qu'on a choisi d'étudier en premier ?

Après la lecture du texte qu'on étudie en premier, on aboutit à un plan détaillé mettant en évidence un certain nombre d'idées. Pour ce premier texte, on peut se fixer entre six et dix idées : on laissera de côté les aspects mineurs, mais on travaille le détail du texte jusqu'à ce qu'on obtienne au moins six idées au départ.

Ces idées sont présentées de façon très aérée sur notre feuille de travail ; on peut même tracer une grille pour les séparer. Le deuxième texte est lu en fonction du premier. Tout d'abord, on cherche si les idées relevées dans la première « grille » de lecture se trouvent dans le second texte et on note la façon dont elles sont exprimées (opposition, nuance...).

Est-ce que cela suffit ?

Non, cela ne suffit pas. Il faut lire ensuite le second texte en se demandant s'il ne comporte pas des idées qui apportent **un éclairage nouveau** sur la thématique définie. Ces idées sont alors notées en plus. Elles feront l'objet de la confrontation avec le document 3 qui pourra faire écho aux idées propres au document 2 (qui ne figuraient pas dans le document 1).

4. Quelle est la place du texte littéraire dans cette confrontation ?

On l'utilise dans un second temps.

Le texte littéraire peut énoncer une thèse directement exprimée par le narrateur ou par un personnage. Dans ce cas, si les idées sont nombreuses et toutes explicites, le texte littéraire peut être abordé au début de l'analyse des textes. Le plus souvent, il semble plutôt être **une illustration d'une thèse défendue** dans un autre texte : il montre alors par l'expérience le résultat de la mise en œuvre de cette thèse. De plus, il peut avoir une dimension symbolique qu'il faut interpréter. Cette recherche d'un sens implicite vient dans un second temps.

Il est très riche.

On peut avoir l'impression que le texte littéraire n'est qu'un exemple à mettre en relation avec des textes plus théoriques. Cependant, on doit précisément tenir compte de sa dimension littéraire, c'est-à-dire de **sa composition en plusieurs niveaux de sens** qui fonctionnent ensemble et qui lui confèrent une grande richesse. Quelles sont les émotions suscitées ? Quels sens sont sollicités ? Quelle vision de la société est proposée ? L'action est-elle héroïque ou banale ? Le narrateur condamne-t-il l'action ou la justifie-t-il ? Le texte littéraire exige de notre part des questionnements particuliers qui vont permettre de dégager sa richesse.

5. Comment confronte-t-on un document iconographique avec les textes ?

Est-ce facile ?

L'image se lit de façon immédiate et globale, et l'on a souvent l'impression qu'elle est facile à analyser. Cependant, comme son contenu n'est pas explicite, elle nécessite toujours **une interprétation**. Même si on a l'impression d'avoir tout vu du premier coup d'œil, il est nécessaire de mener une démarche systématique d'interprétation.

Quelle démarche adopter ?

On commence par **une étape de description de l'image** : que voit-on au premier plan ? au second plan ? Quel cadrage a été choisi ? Comment l'image est-elle éclairée ? Y a-t-il des contrastes ? Quelles couleurs ont été choisies ? Y a-t-il une pose ou est-ce un instantané ? On analyse aussi le texte, la légende, le slogan. Vient ensuite l'étape de l'interprétation. On regroupe les éléments relevés dans la description pour proposer **une ou plusieurs hypothèses de lecture** : on prête attention aux oppositions, aux effets de parallélisme, de symétrie, à la dimension symbolique, à ce qui est exagéré.

◢ Et le lien avec le corpus ?

Si l'on veut faire parler l'image, il faut faire ce travail préalable. Ensuite, il est nécessaire de faire entrer l'image dans **les grilles de lecture** que l'on aura construites à partir des lectures successives des documents. Ainsi, on découvre dans le document iconographique un éclairage nouveau sur la thématique abordée.

6. À quoi sert le tableau synoptique ?

◢ Qu'est-ce que c'est ?

Certains étudiants choisissent de **construire un tableau** au fur et à mesure de la lecture des documents. Sur la première ligne figurent les titres et les auteurs des documents inscrits dans l'ordre de lecture choisi, en commençant par le texte d'idées le plus long. **La première colonne** est composée des idées relevées dans le premier texte : s'il y en a six, elle est composée de six cases. **La deuxième colonne** est la lecture du deuxième texte faite à l'aide de la première colonne. On inscrit dans chaque case la façon dont l'idée est présentée ; on laisse la case vide si l'idée ne figure pas. On construit des cases supplémentaires pour noter les idées nouvelles. On procède de même pour la troisième et la quatrième colonne. Dès que c'est possible, on remplit la dernière colonne du tableau, qui est une formulation de l'idée envisagée dans chaque ligne. On obtient ainsi la liste des idées étudiées dans l'ensemble des documents de la synthèse.

« non à la frilosité ! », Debré	Les grands débats de la bioéthique, *Le Monde*.	*Le meilleur des mondes*, Huxley	*Bienvenue à Gattaca*, affiche.	Pistes de réflexion

◢ Est-ce utile ?

Oui, c'est un bon outil qui permet d'avoir **une vision d'ensemble des idées du corpus et une représentation très organisée de la synthèse**. Il permet de gagner du temps pour construire le plan. Toutefois, certains étudiants n'optent pas pour cette solution visuelle car ils mettent trop de temps à la construire.

7. Finalement, à quoi ressemble le brouillon ?

- À un **tableau synoptique**.
- À un **plan détaillé** pour chaque texte, avec les idées numérotées si on les retrouve dans les différents textes.
- À un **plan détaillé avec des couleurs** pour établir des liens entre les idées communes aux documents.

Cette étape du travail est longue, elle peut occuper une heure trente sur les quatre de l'examen. Il faut parvenir à rédiger des notes précises pour chaque document car ce brouillon va remplacer les textes eux-mêmes, qui ne seront plus relus (ou alors en cas de difficultés) une fois ces deux étapes de lecture – lecture d'ensemble, lecture de confrontation – réalisées.

8. Doit-on revenir en arrière ?

Oui, **la découverte d'une nouvelle idée** peut conduire à reconsidérer une idée qui avait été laissée de côté dans un document précédent. Il faut bien vérifier que le texte littéraire et le document iconographique ont été correctement exploités. Il n'y a pas de raison pour qu'un document soit « pauvre », il faut le relire et trouver d'autres entrées.

Exemple détaillé

Confrontation des textes 2 p. 37 et 4 p. 40

PREMIÈRE ÉTAPE

Lecture des textes 2 p. 37 et 4 p. 40 avec prise de notes, griffonnage sur le corpus.

DEUXIÈME ÉTAPE

Quel texte va servir de grille de lecture à l'autre ? Il s'agit de deux textes argumentatifs, d'une longueur comparable. On va choisir de commencer par le texte de Bernard Debré car il adopte un point de vue général sur le débat bioéthique alors que l'article du *Monde* dresse un bilan plus ponctuel d'un vote à l'assemblée.

TROISIÈME ÉTAPE
LECTURE/ANALYSE DU TEXTE 2

1. Le mot « eugénisme » a un lourd passif : ex : Allemagne nazie, Suède des années 1970.
2. Il existe, en opposition, un eugénisme de liberté que l'auteur défend. Ex : en faveur du diagnostic préimplantatoire qui permet d'éviter la transmission de maladies génétiques.
3. En faveur du clonage thérapeutique : pas de clonage reproductif, mais cela existe ailleurs, aux États-Unis, sur les animaux. Cela n'a aucune justification morale ni scientifique.
4. En revanche, le clonage thérapeutique est utile pour réparer les organes défaillants, par autoréparation, sans risque de rejet.
5. On ne doit pas s'y opposer.
6. En France, le problème de la frilosité législative gêne la recherche sur les embryons. Conséquences : exil des chercheurs, retard, avance de certains pays (ex : Chine).
7. On ne doit pas sacraliser les cellules des embryons destinés à être détruits, qui peuvent sauver des vies.

QUATRIÈME ÉTAPE
CONFRONTATION DES TEXTES 2 ET 4

Idées du texte 4 déjà présentes dans le texte 2 :

- En France, la loi empêche les dérives depuis 1994. Les débats sont encadrés. (idée 1 du texte 2)
- Il existe des débats, nombreux, tout le monde n'est pas d'accord. Beaucoup de questions sont posées. (idée 2 du texte 2)
- La France réfléchit aussi en fonction de ce qui se fait dans les autres pays, notamment en Europe. (idée 3 du texte 2)
- La frilosité reste de mise concernant la recherche sur les embryons. (idée 6 du texte 2)

Idées propres au texte 4 :

- Comment se déroule la révision des lois ? Débats citoyens, puis proposition de lois à l'Assemblée et au Sénat. Vote pour finir. Révision tous les 7 ans.
- La France possède de grands principes sur lesquels elle s'appuie : respect de la dignité de la personne humaine, inviolabilité du corps humain, non-patrimonialité des éléments et produits du corps.
- Quelles ont été les modifications ? L'encadrement des tests proposés aux femmes enceintes pendant la grossesse, l'autorisation de la congélation ultrarapide des ovocytes et la réglementation de l'information des proches en cas de maladie génétique.

Conseil de méthode

Est-ce la seule présentation possible ?

Non, on peut se servir du tableau synoptique (voir l'exemple page 45). On peut aussi décider d'un code couleur pour chaque idée commune aux documents. Ce qui compte, c'est de s'obliger à mettre en regard les documents dès cette lecture. Il convient aussi de ne pas oublier des idées du second document, surtout quand elles n'entrent pas dans la grille de lecture réalisée à partir du premier document.

Améliorer l'expression écrite

Améliorer l'orthographe grammaticale

Pourquoi ?

L'orthographe est un code qui permet de communiquer. Une orthographe fautive va gêner la compréhension de votre propos et va rendre fastidieuse la lecture de votre copie. De plus, vous allez donner l'impression au correcteur d'une copie peu soignée, signe que vous n'accordez pas d'importance à sa lecture. C'est pour cette raison que les fautes d'orthographe sont systématiquement sanctionnées à l'examen.

Quelles sont les difficultés ?

▸ **On distingue l'orthographe lexicale** – le fait de savoir comment on écrit un mot – et **l'orthographe grammaticale** qui varie selon le contexte et est régie par des règles que vous avez apprises très tôt. Cette orthographe peut être améliorée par une réflexion sur les relations entre les mots dans vos phrases. Vous pouvez vous reporter à un manuel d'orthographe pour améliorer votre expression. Voici une sélection de points, guidée par les erreurs relevées dans les copies de BTS.

1. Homophones grammaticaux
- **a/à :** « a » est la 3e personne du singulier du verbe « avoir ». Essayez de remplacer « a » par « avait ». « à » est une préposition.
- **et/est :** « est » est la 3e personne du singulier du verbe « être ». Essayez de remplacer « est » par « était ».
- **c'est/s'est :** « c'est » est la forme contractée de « cela est ». « s'est » est la forme auxiliaire d'un verbe pronominal. Essayez de remplacer par l'infinitif : « il s'est penché » - « se pencher ».

2. La terminaison « é »
Elle est source de nombreuses confusions. La plus fréquente est la confusion entre le participe passé et la forme infinitive : « mangé/manger ». On remplace par un verbe du troisième groupe dont l'écart avec le participe passé s'entend : « prendre/pris ».

3. L'accord en genre et en nombre
- **L'accord entre le nom et l'adjectif :** ces deux classes de mots prennent « s » ou « x » au pluriel, et l'adjectif prend le genre et le nombre du nom auquel il se rapporte.
- **L'accord entre le sujet et le verbe :** le verbe s'accorde également en genre et en nombre avec le sujet. « ons, ez, ent » sont les terminaisons des verbes au pluriel.
- **Attention à cette construction :** la construction « S + les + V » : « il les mange » (et non « mangent » que l'on accorde à tort avec « les »).

4. La règle d'accord du participe passé avec les auxiliaires « être » et « avoir » :
- Il y a **toujours accord avec le sujet** lorsque le verbe est employé avec l'auxiliaire être : « Elle est allée à la plage. »
- Il n'y a **jamais accord avec le sujet** lorsque le verbe est employé avec l'auxiliaire avoir : « Elles ont mangé de la pizza. »
- Si un COD précède l'auxiliaire « avoir », alors il y a **accord entre le COD et le participe passé** : « La lettre que j'ai lue. »
- S'il n'y a pas d'auxiliaire, on applique **la règle d'accord avec l'auxiliaire « être »** : « Fatiguée, elle est rentrée plus tôt. »

EXERCICES

1. COMPRENDRE

• **Appliquez la règle de l'accord du participe passé en conjuguant ces verbes au passé composé.**

Nous (suivre) la révision des lois bioéthiques en 2011. Peu de changements (modifier) le texte d'origine. Certaines des propositions que les citoyens (faire) ne pas (retenir) par les assemblées. Pourtant, ils les (discuter) lors de débats très animés.

2. S'ENTRAÎNER
Justifier une orthographe pour se l'approprier

• **Justifiez l'orthographe des mots soulignés**

Quelques pages après l'incipit, le Directeur du Centre d'Incubation fait visiter les laboratoires abritant les manipulations génétiques qui donnent naissance à la population de cette société du futur.

À ce moment, l'œuf primitif avait de fortes chances de se <u>transformer</u> en un nombre quelconque d'embryons <u>compris</u> entre huit et quatre-vingt-seize, « ce qui est, vous en conviendrez, un perfectionnement prodigieux par rapport à la nature. Des jumeaux identiques, mais non pas en maigres groupes de deux <u>ou</u> trois, comme aux jours anciens de reproduction vivipare, alors qu'un œuf se divisait parfois accidentellement ; mais bien par douzaines, par vingtaines, d'un coup. »

— Par vingtaines, répéta le Directeur, et il écarta les bras, comme s'il faisait des <u>libéralités</u> à une foule. Par vingtaines. Mais l'un des étudiants fut assez sot pour demander en quoi <u>résidait</u> l'avantage.

— Mon bon ami ! Le Directeur se tourna vivement vers lui. Vous ne voyez donc pas ? Vous ne voyez pas ? Il leva la main ; il prit une expression solennelle. Le procédé Bokanovsky est l'un des instruments majeurs de la stabilité sociale !

Instruments majeurs de la stabilité sociale.

Des hommes et des femmes conformes au type normal ; en groupes uniformes. <u>Tout</u> le personnel d'une petite usine constitué par les produits d'un seul œuf bokanovskifié.

— Quatre-<u>vingt</u>-seize jumeaux identiques faisant marcher quatre-vingt-seize machines identiques ! – sa voix était presque vibrante d'enthousiasme. – <u>On</u> sait vraiment où l'on va. Pour la première fois dans l'histoire. »

ALDOUS HUXLEY, *Le Meilleur des mondes*, 1932, trad. J. Les Castier, Pocket.

3. PROGRESSER
avoir une relecture efficace

• **Relisez l'un des travaux de rédaction que vous avez menés dans ce chapitre. Commencez par souligner les verbes. Reliez-les ensuite au sujet. Entourez toutes les terminaisons en « é ».**

• **Appuyez-vous aussi sur les corrections de l'enseignant. Repérez quelles sont les erreurs récurrentes dans vos copies :** homophones, conjugaison, confusion infinitif et participe passé. Fixez-vous pour objectif de focaliser votre attention sur l'une d'entre elles lors du prochain contrôle.

4. Vers la synthèse
Travail sur l'image

• **Reprenez l'image qui ouvre le chapitre (affiche du film *Bienvenue à Gattaca*).**

• **Rédigez une courte description de cette image qui comportera les formes suivantes :**
participe passé avec « avoir » ; participe passé avec « être » ; COD devant « avoir » ; ces/ses/c'est/s'est ; dénoncer/dénoncé.

Lexique
Travail sur la synonymie

• **Trouvez deux synonymes aux termes suivants (attention à respecter la classe grammaticale à laquelle ils appartiennent).**
éthique - encadrement - progrès - chercheurs.

Dans quels domaines les questionnements éthiques s'inscrivent-ils ?

Texte 1

En s'appuyant sur les statistiques de l'AFP, Julien Damon analyse chaque mois l'un des mots qui apparaissent dans les débats d'idées et de société. Il s'intéresse ici au mot « bioéthique ».

La « bioéthique » comme domaine de recherches scientifiques, de prises de position morale et d'élaborations juridiques est née dans les années 1970. Le mot est apparu avec force dans le débat public dans les années 1990 en France.

Après une lente et tumultueuse gestation, la première loi de bioéthique a été adoptée en 1994. Révisée en 2004, elle connaît une nouvelle révision en 2009. L'ambition de ces refontes législatives est de tenter d'adapter le droit à la science. Les progrès du génie génétique, les perspectives d'un possible brevetage du vivant, la volonté de faire respecter la dignité humaine sont abordés dans des colloques internationaux, des directives européennes ou encore des débats à l'échelle de l'ONU. Enjeu à la fois économique, technique et moral, la bioéthique permet d'aborder et de tenter d'encadrer les possibilités nouvelles, notamment de thérapies, offertes par les progrès scientifiques, mais aussi de réévaluer les positions autour de sujets récurrents comme l'avortement, l'euthanasie, la contraception. Aux carrefours de la science, de la morale et de la politique, la bioéthique traite des innovations et expérimentations médicales. Objet de controverses passionnées, le questionnement qu'elle induit s'actualise en fonction des possibilités techniques : fécondation in vitro, procréation médicalement assistée, dons et greffes d'organe, clonage, maîtrise grandissante de l'embryon et de l'ADN.

Philosophes, juristes, médecins mais aussi industriels et Églises sont toujours davantage impliqués dans des échanges passionnants, aux enjeux considérables.

JULIEN DAMON, « Les mots qui comptent : Bioéthique », sciences-humaines.com.

S'appuyer sur le paratexte pour savoir par quel texte commencer

Un document n'est jamais donné seul, il est accompagné d'éléments qui permettent de mieux le comprendre et le situer. C'est ce qu'on appelle le paratexte. Avant même la lecture, le titre, le nom de l'auteur, les dates indiquent le type de texte, le genre, la période dans laquelle s'inscrit le document. De même, s'il comporte des notes ou un chapeau, il faut utiliser ces informations supplémentaires. L'ensemble va nous guider pour choisir le premier texte d'idées qui servira de matrice à notre travail.

COMPRENDRE LE TEXTE

1. Comment l'auteur justifie-t-il la fréquence du mot « bioéthique » ?
2. La vision de la bioéthique proposée dans ce texte est-elle méliorative ou dépréciative ?

CHOISIR PAR QUEL TEXTE COMMENCER

1. Montrez que ce texte s'intéresse aux nombreux domaines que touche la bioéthique.
2. Quelle période du débat sur la « bioéthique » le texte évoque-t-il ? Comparez avec les textes du corpus de découverte.

ENTRAÎNEMENT GUIDÉ

Dans quels domaines les questionnements éthiques s'inscrivent-ils ?

▶ **Réponse rédigée :** Trois dates introdu sent ce texte : 1994, 2004, 2009. L'auteur s'intéresse aux premiers débats sur la question et poursuit sa réflexion jusqu'à aujourd'hui. Cet article adopte donc une vision globale du phénomène, contrairement au texte 2 qui parle des évolutions récentes, ou encore au texte 4 qui porte sur l'issue d'un vote.

3. Donnez deux raisons qui justifient le choix de ce texte pour commencer l'analyse des textes d'un corpus de synthèse.

ÉCRIRE

Pourquoi entend-on aussi parler d'éthique dans le domaine du sport ou des « affaires » ? Répondez en une dizaine de lignes.

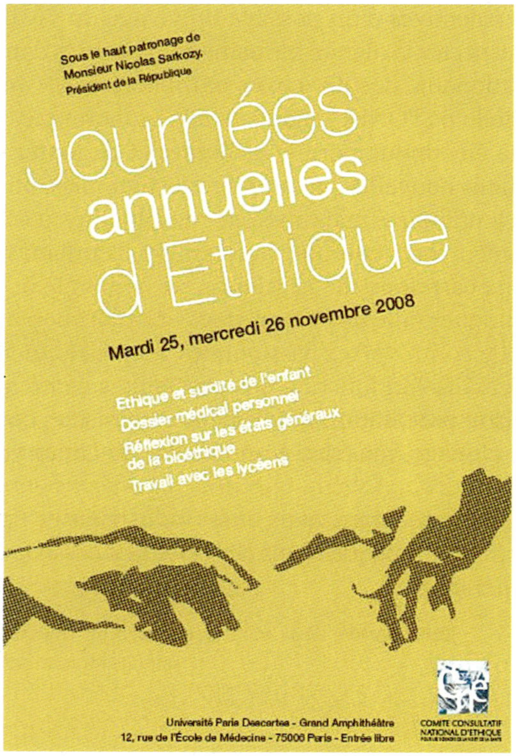

Document 2

Chaque année sont organisées les « Journées annuelles d'Éthique ». Voici l'affiche qui annonce cet évènement en 2008.

Détail de la fresque de la chapelle Sixtine, *La création d'Adam*, Michel-Ange (XVIe siècle).

Étudier une affiche : s'appuyer sur l'intertextualité

Cette affiche relève de la démarche publicitaire même si elle ne cherche pas à vendre un produit. Elle entend tout de même informer le public de l'existence de ce genre de rencontres et souhaite l'inciter à s'y rendre. On va analyser de façon méthodique le dessin, le texte, les logos représentés. La référence au plafond de la Chapelle Sixtine du Vatican, peint par Michel-Ange (1508-1512), permet de saisir la dimension symbolique de cette affiche. Cette intertextualité – citation d'une œuvre dans une œuvre – enrichit l'affiche d'un sens que la culture du candidat peut lui permettre de comprendre. Le détail isolé représente la main de Dieu touchant celle d'Adam pour lui donner vie. Le candidat peut réinvestir cette symbolique dans la réflexion éthique aujourd'hui.

COMPRENDRE LE DOCUMENT

1. Qui organise ces journées ? Qui est concerné ?

2. Comparez cette affiche avec le détail du tableau de Michel-Ange. Que remarquez-vous ?

3. Pourquoi le texte prend-il plus de place que le dessin ?

CONFRONTER LE DOCUMENT ICONOGRAPHIQUE AU CORPUS

1. Quelles idées des textes 1 et 3 cette affiche reprend-elle ?

2. Citez une idée qui n'était pas énoncée dans les autres documents.

▶ **Réponse rédigée :** L'affiche insiste sur la place du CCNE – dont le logo est placé dans le coin droit – comme institution centrale dans la réflexion éthique en France. Elle souligne aussi le rôle de l'État avec la mention « Sous le haut patronage de Monsieur Nicolas Sarkozy, président de la République ». Toutefois, l'affiche se distingue des autres documents étudiés car elle évoque un « travail avec les lycéens ». Elle signale ainsi que la jeunesse a un rôle à tenir dans ces réflexions. La jeunesse représente, en effet, les citoyens de demain.

ÉCRIRE

Rédigez une lettre dans laquelle le concepteur de l'affiche explique son projet.

Texte 3

Cet article commente les débats lors de la révision des lois bioéthiques à l'Assemblée et au Sénat en juin 2011.

Combattue par le gouvernement, dénoncée par les milieux conservateurs religieux, la volonté de modifier les lois de bioéthique avait plusieurs motivations. Tout d'abord, le dispositif était considéré par certains comme inutile. Comme l'a rappelé en commission mixte paritaire le rapporteur du Sénat, Alain Milon : « Sur le plan juridique, l'interdiction de principe n'ajoute rien à la protection de l'embryon. [...] C'est l'encadrement spécifique de la recherche sur l'embryon, encadrement plus contraignant que pour n'importe quel autre type de recherche, qui garantit le respect de la vie, pas l'interdiction assortie de dérogations. »

S'y ajoutait un souci de lisibilité. Comment comprendre qu'on autorise, même à titre dérogatoire, ce que l'on énonce comme un interdit symbolique fort ? La France se singularise par rapport aux autres pays qui ont choisi clairement d'autoriser ou d'interdire ces recherches. « Cela prive la France de toute visibilité sur le plan international, regrette le professeur Philippe Ménasché, l'un des chercheurs français en pointe dans ce domaine. Nos collègues étrangers ne comprennent pas bien et nos post-doctorants en stage à l'étranger s'interrogent sur leur retour s'ils ne savent pas s'ils pourront mener leurs travaux. »

Bien distinguer les différentes voix dans un texte

Dans cet article, le journaliste prête la parole à plusieurs chercheurs ou équipes de chercheurs. Certains de ces points de vue sont directement retranscrits, d'autres le sont de façon indirecte sur le mode de l'allusion. Dans l'analyse, il faut savoir identifier ces différentes voix et les distinguer. L'auteur peut choisir d'adhérer aux points de vue qu'il relaie ou au contraire de prendre ses distances avec ce qui est dit.

Un autre chercheur français très investi dans les recherches sur les cellules souches embryonnaires, Marc Peschanski, a souligné que les circonlocutions de la loi incitaient plutôt les investisseurs dans les sociétés de biotechnologies à se tourner vers des pays comme la Belgique, où la législation n'avait pas ces ambiguïtés.
Plus fondamentalement, des équipes à qui des dérogations ont permis de travailler sur l'embryon ou sur des lignées de cellules souches embryonnaires ne souhaitent pas être à la merci d'un changement à la direction de l'Agence de la biomédecine, structure qui délivre les autorisations. Celle-ci pourrait voir s'installer à sa tête quelqu'un qui aurait une lecture beaucoup plus conservatrice des textes que les deux directrices qui s'y sont succédé.

PAUL BENKIMOUN, « Les craintes des chercheurs français », *Le Monde*, 29 juin 2011.

COMPRENDRE LE TEXTE

1. Quelles sont les quatre voix qui se font entendre ?
2. Quels sont les domaines en rapport avec la bioéthique mis en avant par ce texte ?
3. Quels sont les reproches adressés à la juridiction française ?

CONFRONTER DEUX TEXTES

1. **Relevez** trois idées communes aux textes 1 et 3.
2. **Relevez** deux points d'opposition entre ces deux textes.
3. **Citez** trois idées supplémentaires du texte 3.

▶ **Réponse rédigée :** Le texte 3 réfléchit sur un problème très précis : a recherche sur les embryons alors que le texte 1 propose une réflexion plus générale. L'article du *Monde* montre aussi la situation des chercheurs et des étudiants dans les disciplines liées à la bioéthique. Enfin, il souligne les enjeux financiers sous-jacents aux évolutions des débats sur cette question.

ÉCRIRE

Les propos de Marc Peschanski sont rapportés au discours indirect. Utilisez aussi le discours indirect pour transcrire les propos d'Alain Milon.

Texte 4

Le député Thierry Mariani a proposé un amendement afin que des tests ADN puissent être effectués pour faciliter des regroupements familiaux. Cette démarche a suscité des débats dépassant la seule sphère politique. Cet article pose les données du problème.

À l'origine du texte, un constat : la fraude dans l'élaboration des documents d'acte civil. Elle serait monnaie courante dans de nombreux pays, d'Afrique notamment, et aurait pour conséquence de rallonger les délais d'obtention des visas. Une situation inacceptable pour Thierry Mariani, qui assure que ce sont « les demandeurs de visas honnêtes qui font les frais de cette situation ». Les tests ADN seraient donc un moyen d'accélérer les procédures.

Question de moyens

À condition d'avoir les moyens. Le coût du test (actuellement de 300 euros minimum) incomberait au demandeur d'asile. Thierry Mariani table sur une division par deux du prix d'ici à l'année prochaine. Et surtout, il consi-

Tableaux, couleurs, griffonnages : de l'utilisation du brouillon

L'étape du brouillon est personnelle. Cet écrit n'est destiné à être lu que par le candidat. Ce dernier doit donc apprendre à « rentabiliser » cette étape en réfléchissant à son mode de fonctionnement. Construit-il facilement le tableau synoptique ? Est-il sensible aux couleurs ? Arrive-t-il à se relire facilement ? A-t-il besoin de retourner souvent vers les textes du corpus car son travail préparatoire n'est pas assez clair ? Les deux années de formation sont utiles pour apprendre à construire ses propres outils de travail, ceux qui conviennent le mieux à chacun et qui peuvent donc varier d'un étudiant à un autre.

dère que cette somme d'argent est dérisoire au regard du billet d'avion que les intéressés devront de toute façon débourser pour venir en France.

Question d'éthique

L'amendement a provoqué un tollé. François Hollande dénonce une atteinte au « droit des personnes », la Ligue des droits de l'homme s'indigne devant l'« hypocrisie consistant à prétendre que le test ne sera que proposé et non imposé ». Dans la majorité non plus ce texte ne fait pas l'unanimité. Ainsi, François Goulard, député et ancien ministre de l'Enseignement supérieur et de la Recherche, estime qu'on est face à une « dérive inquiétante », et surtout que ce texte poserait de nombreux problèmes législatifs.

Question légale

En France, le droit de pratiquer des tests ADN est strictement encadré par l'article 16 du code civil, qui prévoit que de tels tests ne peuvent être pratiqués qu'à des fins médicales ou de recherches scientifiques. De plus, le système, qui introduirait une différence d'appréciation entre Français et étrangers, a de fortes chances d'être recalé par le Conseil constitutionnel.

Question européenne

L'argument principal de Thierry Mariani est que de tels tests existent déjà dans onze pays européens.

CHLOÉ DURAND-PARENTI ET CYRIEL MARTIN, « Test ADN et regroupement familial : l'amendement décrypté », Le point.fr, 14 septembre 2007.

COMPRENDRE LE DOCUMENT

1. Quelle est la valeur du conditionnel dans le début du texte ?

2. Citez trois problèmes que pose cet amendement.

3. Pourquoi les autres pays sont-ils mentionnés à la fin du texte ?

CONFRONTER LES TEXTES

1. Remplissez les cases 1, 2 et 3.

TEXTE 1 « Les mots qui comptent : bioéthique »	**TEXTE 4** « Test ADN et regroupement familial : l'amendement décrypté »	**Pistes de réflexion**
Au carrefour de la science, de la morale et de la politique.	**1**	La bioéthique donne lieu à des débats politiques.
Les avancées et possibilités de la science font l'objet de colloques internationaux.	**2**	**3**

2. Quels sont le rôle et l'intérêt de la dernière colonne du tableau synoptique ?

▶ **Réponse rédigée :** *Le tableau synoptique donne une vue « panoramique » des textes qui sont immédiatement mis en regard les uns avec les autres. La dernière colonne constitue un pas vers une problématisation du corpus. Les points de convergence entre les textes sont davantage mis en valeur par ce dispositif.*

ÉCRIRE

Pensez-vous qu'un pays doive aligner sa législation en matière de bioéthique sur celles de ses voisins ? **Vous répondrez en un dizaine de lignes.**

Que représentent les débats éthiques pour l'individu ?

Texte 1

Henri Atlan, philosophe et chercheur en biologie, mesure, dans* L'Utérus artificiel*, les retombées symboliques, sociales et culturelles de cette hypothétique technique de procréation.

Philosophie Magazine : Votre livre, *L'Utérus artificiel*, a suscité bien des malentendus. On a cru que vous en étiez l'inventeur ou le promoteur alors qu'il s'agissait pour vous d'une « machine à penser plus que d'une machine à faire des bébés ». Pourtant, des chercheurs australiens essaient de fabriquer un utérus artificiel afin de sauver une espèce de requin, le requin-taureau, dont les bébés ont la fâcheuse habitude de se dévorer entre eux dans le ventre de leur mère... L'utérus artificiel n'est-il pas en train d'arriver ?

Henri Atlan : En tant que technique de reproduction de mammifères ou d'humains, l'utérus artificiel n'est toujours pas une réalité. Il n'y a pas de machine à faire des bébés. Il y en aura sans doute d'ici cinquante ou cent ans. En revanche, ses conséquences sociales, telles qu'on peut les imaginer, existent déjà dans une certaine mesure aujourd'hui avec la contraception, la libéralisation de l'avortement, la succession des techniques de procréation médicalement assistée (PMA), la fécondation *in vitro*, etc. En se posant la question des retombées sociales et éthiques de cet hypothétique utérus artificiel, on s'aperçoit que ses effets sont déjà là. C'est qu'il s'agit de la suite d'un processus de dissociation entre sexualité et procréation – la sexualité sans procréation est assez banale ; ce qui l'est moins, c'est la procréation sans sexualité. Commencé avec la pilule contraceptive, il s'est poursuivi avec les PMA. L'utérus artificiel ne sera que le point d'orgue de cette longue histoire.

P. M. : L'asymétrie entre l'homme et la femme va-t-elle disparaître avec l'utérus artificiel ?

H. A. : En ce qui concerne la reproduction, c'est certain. L'asymétrie immémoriale des hommes et des femmes – qui étaient obligées de porter les bébés – pourra complètement disparaître. Mais, encore une fois, nous sommes déjà en route vers ce rapprochement des conditions masculine et féminine, avec la contraception, la façon de planifier les naissances et l'association plus grande du père dans l'éducation des enfants. L'égalité biologique est en route, mais je ne pense pas que l'utérus artificiel supprimera pour autant la différence des sexes.

P. M. : Quelles relations sociales peut-on imaginer avec l'utérus artificiel ? Dans quelle mesure sera-t-il accepté par les hommes et les femmes ?

H. A. : Si la totalité des femmes se lève « comme un seul homme », si j'ose dire, contre cette dépossession du privilège de la grossesse, il ne sera pas accepté. Si une partie importante des femmes trouve le moyen de l'accomplissement de leur libération, personne ne pourra les empêcher de l'utiliser au nom de leur droit à disposer librement de leur corps.

P. M. : Comprenez-vous que de nombreux citoyens craignent de passer du *meilleur des mondes* au monde des meilleurs ? Qu'un eugénisme libéral ne soit en train d'émerger ?

H. A. : Toutes les techniques apportent des avantages et des dangers potentiels. C'est vrai du feu et de la roue ! Il n'y a pas de raisons que cette ambivalence de la technique épargne l'utérus artificiel. Dans le roman d'Aldous Huxley, le cauchemar ne provient pas de l'utilisation de l'ectogenèse, l'autre nom de l'utérus artificiel, mais d'une mise au service de ces techniques biotechnologiques au profit d'un totalitarisme mondial, système dans lequel les gens seraient en quelque sorte condamnés à être heureux. C'est ça, le cauchemar du *Meilleur des mondes*, pas la biotechnologie en elle-même. Quant à moi, je pense que le pire n'est jamais sûr. On peut imaginer un utérus artificiel parfaitement intégré dans la société, à l'instar d'un téléfilm qui montre comment une famille traditionnelle a recours à cette technique afin de sauver le bébé d'une mère enceinte accidentée. Le caractère bénéfique ou maléfique de toutes ces techniques dépend essentiellement de leur intégration sociale.

HENRI ATLAN, « Entretien avec Henri Atlan », propos recueillis par N. Truong, *Philosophie Magazine* n° 5, déc. 2006 - janv. 2007.

COMPRENDRE LE DOCUMENT

1. En quoi la démarche de ce chercheur est-elle originale ?
2. **Montrez** qu'Henri Atlan présente la science comme un ensemble d'avancées qui sont toutes liées les unes aux autres.
3. **Reformulez** la dernière question de *Philosophie Magazine* de façon à faire apparaître le problème éthique posé.

ORAL

Organisez un débat dans la classe pour faire émerger les arguments en faveur du recours à l'utérus artificiel et ceux qui s'y opposent.

EXPOSÉ

Rédigez un exposé sur le thème des découvertes scientifiques qui ont entraîné des transformations de la société. **Documentez-vous** sur certaines techniques présentées dans ce texte (contraception, procréation médicale assistée) et sur d'autres. **Montrez** leurs effets sur la société. Lors de votre présentation à la classe, vous pourrez vous appuyer sur un document illustrant un aspect du débat lorsque ces techniques sont entrées en vigueur.

Texte 2

Dans son essai* L'Éthique expliquée à tout le monde*, le philosophe Roger-Pol Droit propose une réflexion sur l'éthique et ses enjeux dans le monde d'aujourd'hui en la présentant sous la forme d'un dialogue et de façon à rendre le contenu abordable même pour les plus jeunes.

— Mais ce sont des questions de spécialistes, des discussions très techniques, trop spécialisées !

— Je ne le crois pas. Ce sont des choix qui nous concernent tous, qui concernent nos enfants et le monde dans lequel nous souhaitons vivre. Dans une démocratie, le travail des experts est d'expliquer quelles sont les options et leurs différentes conséquences, mais c'est au peuple de décider. Tout le monde n'est pas généticien, biologiste, médecin, juriste, ni même philosophe. Mais tout le monde doit pouvoir comprendre quels sont les choix qui s'offrent à nos sociétés, les enjeux de la bioéthique, et les débats de fond qui sont à l'œuvre dans ces questions apparemment techniques.

— Toi, finalement, comment vois-tu les choix qui s'offrent ?

– Il me semble qu'aujourd'hui deux grandes attitudes s'opposent, deux pôles qui entrent en tension constante dans la réflexion. L'un de ces pôles est porté à défendre des principes, à maintenir des normes, à souligner les limites indispensables contre la puissance technique, à définir des bornes strictes aux interventions humaines sur la matière vivante. Au nom de l'éthique, cette attitude penche vers des interdits et des restrictions plutôt que vers des expérimentations nouvelles et des innovations.

L'autre pôle, au contraire, souhaite faire évoluer la loi, veut la voir s'adapter, et permettre des possibilités inédites. Dans les applications des nouvelles avancées biotechnologiques, cette attitude privilégie la satisfaction des désirs personnels des individus, tels qu'ils se manifestent dans l'évolution des mœurs (couples homosexuels, âge de procréation, par exemple). De nouvelles formes de bonheur sont supposées découler de ces satisfactions individuelles.

Entre ces deux pôles, que je décris de manière très schématique, il me semble que tu peux, comme tout un chacun, choisir celui qui te convient le mieux ou qui te parle le plus. Mais, à mon avis, il s'agit moins de choisir que de tenir compte de leur existence permanente – dans la société, mais aussi en chacun de nous. Car ces deux pôles ne représentent pas simplement des catégories idéologiques et politiques bien connues – « conservateur ou progressiste », « ordre ou mouvement », « tradition ou modernité », etc. À mes yeux, il serait néfaste de croire qu'il suffit de donner raison aux uns, tort aux autres, de proclamer la victoire d'un point de vue sur le point de vue adverse, pour que les questions soient réglées et les débats clos.

Au contraire, il faut se souvenir que ces débats sont par définition sans fin (même s'ils doivent, nécessairement, faire l'objet de décisions majoritaires, de compromis, de protocoles définitifs ou seulement provisoires). En fait, il me semble profondément nécessaire de donner droit, dans la réflexion comme dans la pratique, à chacun de ces deux pôles. Il faut tenter de les penser ensemble, dans la complexité de leurs interactions. Parce que les débats sur la bioéthique nécessitent de comprendre qu'il faut à la fois des limites et des innovations, des interdits et des transgressions. Ainsi, située sous une permanente incertitude, l'éthique se trouve à sa place, entre mutation et renaissance.

ROGER-POL DROIT, *L'éthique expliquée à tout le monde*, 2009.

COMPRENDRE LE TEXTE

1. Quel est l'intérêt de la forme dialoguée ? En quoi consiste l'effort de simplification ?
2. Face aux discussions éthiques, quelles sont les deux tendances observées ?
3. Pourquoi faut-il se garder de donner raison à un camp plutôt qu'à un autre ?

Document 3

Voici l'une des affiches utilisées par l'édition dominicale d'un journal allemand pour une de ses campagnes de publicité.

ÉCRIRE

En partant du texte 2, **vous mettrez en valeur** les idées communes aux documents 1 et 2 ; 2 et 3 ; puis entre les trois documents. Vous pourrez avoir recours à une forme rédigée ou à un tableau.

Parcours intégral

Étude d'une œuvre intégrale romanesque :
Des fleurs pour Algernon, Daniel Keyes, 2007

1 Résumé de l'œuvre

Dans le roman de Daniel Keyes, *Des Fleurs pour Algernon,* deux scientifiques opèrent le cerveau de Charlie, un attardé mental, après avoir réalisé avec succès cette même opération sur une souris, Algernon. Charlie progresse, devient de plus en plus intelligent et son cerveau surpasse bientôt celui de son entourage. Le roman analyse aussi ses difficultés à gérer les relations humaines, ses émotions. Alors que son enveloppe corporelle est la même, son cerveau a changé. Charlie s'intéresse aux recherches qui ont permis son opération et observe une faille dans ces théories...

2 Travail sur quatre extraits de l'œuvre

Extrait 1

(incipit) Conte randu n° 1

3 Mars. Le dr Strauss dit que je devrez écrire tout ce que je panse et que je me rapèle et tout ce qui marive à partir de mintenan. Je sait pas pourquoi mais il dit que ces un portan pour qu'il voie si ils peuve mutilisé. J'espaire qu'ils mutiliserons pas que Miss Kinninan dit que'ils peuve peut-être me rendre un télijan. Je m'apèle Charlie Gordon et je travail à la boulangerie Donner. Mr Donner me donne 11 dolar par semène et du pain ou des gâteau si j'en veut. J'ai 32 ans et mon anniversère est le mois prochin. J'ai dit au Dr Strauss et au proféseur Nemur que je sait pas bien écrire mes il dit que sa fait rien il dit que je dois écrir come je parle et come j'écrit les composisions dans la clase de Miss Kinnian au cour d'adultes atardé du Colége Bikman où je vait 3 fois par semène à mes heure de liberté. Le DR Strauss dit d'écrire bocaou tou ce que je panse et tou ce qui m'arrive mes je peux pas pansé plus pasque j'ai plus rien à écrire et je vais m'arété pour ojourdui.

CHARLIE GORDON

Quel type d'énonciation a été choisi ? Quel est l'intérêt de ce choix ? Quel est l'intérêt du journal ? Quel est l'effet produit sur le lecteur par cet incipit ?

Extrait 2

29 mars. J'ai battu Algernon. Je ne savais même pas que je l'avais battue jusqu'à ce que Burt me le dise. Puis la seconde fois j'ai perdu parce que j'étais trop excité. Mais après ça je l'ai battue huit fois de suite. Je dois commencer à devenir intelligent pour battre une

souris aussi intelligente qu'Algernon. Pourtant je me sens pas plus intelligent.

Je voulais encore continuer à faire la course mais Burt a dit que c'était assez pour cette fois. Il m'a laissé tenir Algernon une minute dans ma main. Algernon est une gentille souris. Douce comme du coton. Elle clignote des yeux et quand elle les rouvre, ils sont noirs et roses sur les bords.

J'ai demandé est-ce que je peux lui donner à manger parce que cela me faisait de la peine de l'avoir battue et que je voulais être gentil avec elle et que l'on devienne amis. Burt a dit non Algernon est une souris très spéciale qui a une opération comme la mienne. Elle est le premier de tous les animaux à rester intelligente si longtemps. Burt a dit qu'Algernon est si intelligente qu'elle a à résoudre un problème de serrure qui change chaque fois qu'elle va chercher à manger de façon qu'elle apprenne quelque chose de nouveau pour avoir sa nourriture. Cela m'a rendu triste parce que si elle ne pouvait pas apprendre elle ne pourrait pas avoir à manger et elle aurait faim.

Je ne pense pas que ce soit juste de vous faire passer un test pour manger. Est-ce que Burt aimerait avoir à passer un test chaque fois qu'il voudrait manger. Je pense que je serai ami avec Algernon.

Pourquoi cet événement est-il déterminant ? Quel lien va se tisser entre ces deux personnages ? Expliquez le titre. Quelle image de Charlie cet extrait donne-t-il ? À quoi voyez-vous qu'il a déjà commencé à changer ?

Extrait 3

Quand une jeune et jolie clinicienne du Falmouth College me demanda si je pouvais expliquer les causes de ma propre arriération mentale, je lui dis que le Pr Nemur était le seul homme à pouvoir lui répondre.

C'était l'occasion qu'il attendait de montrer son autorité en la matière, et pour la première fois que nous nous connaissions, il posa sa main sur mon épaule. [...]

— Un instant, professeur Nemur, dis-je en interrompant sa péroraison. Et les travaux de Rahajamanti dans ce domaine ?

Il me regarda, déconcerté.

— De qui ?

— Rahajamanti. Son étude attaque la théorie de la fusion des enzymes de Tanida – l'idée de changer la structure chimique de l'enzyme qui bloque la marche du processus métabolique.

Il fronça les sourcils.

— Où cette étude a-t-elle été traduite ?

— Elle ne l'a pas encore été. Je l'ai lue dans le *Journal of Psychopathology hindou*, il y a quelques jours.

Il regarda son auditoire et essaya d'éluder. [...]

— Oh ! voyons, Charlie. Ce n'est pas parce que quelqu'un est le premier à avancer une théorie que cela lui donne le dernier mot sur son développement expérimental. Je pense que tous ceux qui sont ici conviendront que les recherches effectuées aux États-Unis et en Grande-Bretagne éclipsent de loin les travaux en Inde et au Japon. Nous avons toujours les meilleurs laboratoires et le meilleur équipement qui existent dans le monde.

Quelle image de la recherche scientifique et du milieu des scientifiques ce texte donne-t-il ? Quelle est la relation entre Nemur et Charlie ? Qu'est ce qu'annonce cet échange ? À quoi voit-on que l'objectif du roman est aussi de critiquer les débordements de la science ?

Extrait 4

J'ai des absences de mémoire. Je range des objets sur mon bureau ou dans les tiroirs des tables du labo, et quand je ne peux pas les retrouver, je me mets en colère et je fais des scènes à tout le monde. Seraient-ce les premiers signes ?

Algernon est morte voici deux jours. Je l'ai retrouvée, à 4 heures et demie du matin, en revenant du labo après avoir erré sur les quais. Elle était couchée sur le côté, dans le coin de sa cage, les pattes tendues. Comme si elle courait dans son sommeil. La dissection montre que mes prédictions étaient justes. Comparé à un cerveau normal, celui d'Algernon a diminué de poids et montre un effacement général des circonvolutions cérébrales ainsi qu'un creusement et un élargissement des scissures. C'est épouvantable de penser que la même chose m'arrive peut-être à moi, en ce moment. L'avoir vue se produire chez Algernon rend cette menace réelle. Pour la première fois, je suis effrayé de l'avenir.

J'ai mis le corps d'Algernon dans une petite boîte de métal et je l'ai emporté à la maison avec moi. Je n'allais pas les laisser le jeter dans l'incinérateur. C'est bête et sentimental, mais, tard hier soir, je l'ai enterrée dans la cour de derrière. J'ai pleuré en mettant un bouquet de fleurs sauvages sur la tombe.

Que pensez-vous de l'enchaînement entre le paragraphe 1 et le paragraphe 2 ? Quelles sont les activités de Charlie désormais. Pourquoi ? Quel est l'effet produit sur le lecteur par le dernier paragraphe de cet extrait ?

3

Travail sur la couverture

Quel élément de l'intrigue chaque couverture permet-elle de souligner ?

Quelle couverture auriez-vous retenue ? Pourquoi ?

4

Confrontation avec les documents du chapitre

1. Formulez, sous forme de questions, trois problèmes éthiques posés dans ce livre.

2. Confrontez votre lecture de l'œuvre avec le texte 2 p. 55-56 de Roger-Pol Droit (approfondissement). Relevez cinq points communs entre ces textes.

3. Quelle image de la recherche scientifique ce roman propose-t-il ?

4. Diriez-vous que ce roman est pessimiste ?

5

Écrire

Pourquoi est-il nécessaire d'encadrer le progrès scientifique par une réflexion éthique ? Quelle réponse le roman propose-t-il à cette question ?

- Votre réponse commencera par un compte rendu du livre s'appuyant sur les passages liés à la question.
- Votre réponse développera trois idées différentes.
- Vous veillerez à soigner l'orthographe, et à rédiger des phrases courtes.

POUR ALLER PLUS LOIN

LIVRES

- Mary Shelley, *Frankenstein*, 1818.
- Aldous Huxley, *Le Meilleur des mondes*, 1932.

FILMS

- Andrew Niccol, *Bienvenue à Gattaca*, 1997.
- Michael Bay, *The island*, 2004.

CHAPITRE 3 L'homme et la terre

Culture générale
Assiste-t-on à une prise de conscience des problèmes environnementaux aujourd'hui ?

Améliorer l'expression écrite
Maîtriser les règles de la conjugaison.

Méthode/Compétences à acquérir
Comment mettre en évidence la problématique et trouver une formulation juste ?

Parcours intégral
(culture/méthode/expression)

- **Travail sur un film :** *Le Monde selon Monsanto*, Marie-Monique Robin, 2008.

SOMMAIRE

LIRE LE DOCUMENT

1. Relevez trois points communs entre ces deux images.
2. Quel problème environnemental le document 1 suggère-t-il ?
3. Quel aspect de notre planète le document 2 met-il en évidence ?

RELIER LE DOCUMENT À DES QUESTIONNEMENTS

1. Voici une liste de mots clés à introduire dans un questionnement sur les relations entre l'homme et la terre aujourd'hui : générations futures/réchauffement climatique/pollution/parti écologique/taxe carbone/agriculture biologique/développement durable/déchets/nucléaire/pratiques individuelles/politique européenne.
En puisant dans cette liste, **rédigez** deux questions qui éclairent d'autres aspects du débat sur les liens que l'individu entretient avec la planète aujourd'hui.
2. Assiste-t-on à une prise de conscience des problèmes environnementaux ? **Vous formulerez** une série de questions mettant en valeur deux aspects du problème posé :
- les causes de cette prise de conscience ;
- le caractère positif de la réponse.

SOLLICITER SA CULTURE GÉNÉRALE

1. Rédigez un court paragraphe pour dire ce que vous entendez par « le mouvement écologiste ».
2. Quelles sont les catastrophes environnementales que vous connaissez ? **Documentez-vous** sur les causes de l'une d'entre elles, la réaction des populations et les remèdes apportés par les gouvernements concernés.

Compétences sollicitées dans ce chapitre

Comment mettre en évidence la problématique et trouver une formulation juste ?
- Dégager la problématique du corpus et la formuler.
- Différencier le thème et la problématique.
- Travailler sur un corpus de documents.
- Formuler une problématique.
- Connaître des problématiques types.

Document 1

Document 2

Ces deux images sont extraites du film *Home* de Yann Arthus-Bertrand, 2009.

L'homme est-il une menace pour son espace naturel ?

Les fonctions de la description
On a parfois tendance à considérer que la lecture des descriptions ralentit l'action et n'apporte rien. Cependant, un passage descriptif occupe des fonctions variées qu'il faudra prendre en compte dans la synthèse. Il peut avoir, par exemple, une valeur documentaire et informer le lecteur sur un lieu à une époque donnée. Il peut avoir une fonction esthétique, il est là pour émouvoir le lecteur. La fonction symbolique d'une description s'observe quand l'objectif est de faire comprendre, de transmettre une information. Enfin, une description peut véhiculer un jugement. Face à un texte descriptif, on cherchera à connaître sa fonction.

Texte 1

Dans sa fresque* Les Rougon-Macquart*, Zola veut donner une vue d'ensemble de la société de son époque ; chacun de ses romans se penche sur un milieu social précis. Dans* La Terre*, il donne à voir les conditions d'existence d'une famille de paysans de la Beauce.

Ainsi, la Beauce, devant lui, déroula sa verdure, de novembre à juillet, depuis le moment où les pointes vertes se montrent, jusqu'à celui où les hautes tiges jaunissent. [...] C'était l'époque où la Beauce est belle de sa jeunesse, ainsi vêtue de printemps, unie et fraîche à l'œil, en sa monotonie. Les tiges grandirent encore, et ce fut la mer, la mer des céréales, roulante, profonde, sans bornes. Le matin, par les beaux temps, un brouillard rose s'envolait. À mesure que montait le soleil, dans l'air limpide, une brise soufflait par grandes haleines régulières, creusant les champs d'une houle, qui partait de l'horizon, se prolongeait, allait mourir à l'autre bout. Un vacillement pâlissait les teintes, des moires de vieil or couraient le long des blés, les avoines bleuissaient, tandis que les seigles frémissants avaient des reflets violâtres. Continuellement, une ondulation succédait à une autre, l'éternel flux battait sous le vent du large. Quand le soir tombait, des façades lointaines, vivement éclairées, étaient comme des voiles blanches, des clochers émergeant plantaient des mâts, derrière des plis de terrain. Il faisait froid, les ténèbres élargissaient cette sensation humide et murmurante de pleine mer, un bois lointain s'évanouissait, pareil à la tache perdue d'un continent.

ÉMILE ZOLA, *La Terre*, 1887.

COMPRENDRE LE TEXTE

1. Quelles impressions se dégagent de ce paysage ?
2. Fondez-vous sur sa date de rédaction pour montrer ce que représente la terre pour l'homme à cette époque.
3. Étudiez et **expliquez** la métaphore de la mer.

Adaptation au cinéma par John Hillcoat du roman *La Route*, 2009.

Texte 2

Dans son roman,* La Route*, Cormac Mc Carthy raconte le difficile périple d'un homme et de son fils qui avancent sur la route dans un monde ravagé par on ne sait quelle catastrophe.

De l'autre côté de la vallée, la route passait à travers un brûlis totalement noir. À perte de vue, de chaque côté de la route, des troncs d'arbres carbonisés amputés de leurs branches. La cendre volante se déplaçant au-dessus de la route et dans le vent le grêle gémissement des fils morts tombant comme des mains flasques des poteaux électriques noircis. Une maison incendiée dans une clairière et au-delà une étendue grise et nue d'anciens herbages et un remblai de boue rouge à vif où un chantier routier gisait à l'abandon. [...] Il regardait le petit. Ça va, dit le petit.

COMPRENDRE LE TEXTE
1. Étudiez le vocabulaire du feu. Quelle image de la terre ce vocabulaire propose-t-il ?
2. Qu'est-ce qui donne l'impression qu'une catastrophe vient de se produire ?
3. Quelle est l'attitude de l'homme face au spectacle qu'il découvre ?

L'homme lui posa la main sur l'épaule et d'un signe de tête désigna l'espace découvert qui s'étendait à leurs pieds. Il sortit des jumelles du caddie et resta sur la route à scruter la plaine là où la forme d'une ville apparaissait dans la grisaille comme une esquisse au charbon de bois tracée sur les terres dévastées. Rien à voir. Aucune fumée. Je peux regarder ? dit le petit. Oui. Bien sûr. S'appuyant contre le caddie, le petit ajusta la molette. Qu'est-ce que tu vois ? dit l'homme. Rien. Le petit abaissa les jumelles. Il pleut. Oui, dit l'homme. Je sais.

CORMAC MC CARTHY, *La Route*, 2008.

DÉCOUVERTE

Texte 3

Dans cet extrait, Odile Robert présente des arguments en faveur de l'utilisation des OGM (organismes génétiquement modifiés).

Des OGM, pour quoi faire ?

Accroître la production végétale pour nourrir les hommes.

La malnutrition touche aujourd'hui deux milliards d'individus. On estime que la population aura doublé d'ici à 2050 et que 97 % de cette croissance démographique concernera les pays du Sud. Or, la faible productivité de l'agriculture représente une cause majeure de pauvreté, d'insécurité alimentaire et de malnutrition. Comment assurer une production agricole suffisante pour nourrir les hommes ?

Accroître le rendement des cultures semble la seule solution et le recours aux OGM pourrait contribuer à cette exigence impérieuse. Les OGM offrent en effet la possibilité d'améliorer les conditions de culture [...].

Améliorer la valeur des aliments

Les techniques de production d'OGM offrent la possibilité d'accroître les qualités nutritionnelles des plantes. Ainsi, on cherche à augmenter la proportion d'acides gras insaturés (bénéfiques pour la santé) dans les plantes d'où l'on tire de l'huile. On travaille sur des pommes de terre dont la teneur en amidon permet une absorption réduite des matières grasses [...] la création du riz doré est à ce titre exemplaire : ce riz jaune a été enrichi en bêtacarotène, élément qui peut se transformer en vitamine A. Cette plante modifiée a été mise au point avec la volonté de compenser la carence en vitamine A responsable de graves troubles oculaires dont souffrent, selon l'OMS, de 100 à 200 millions d'enfants.

ODILE ROBERT, *Clonage et OGM, quels risques, quels espoirs ?*, mars 2005.

COMPRENDRE LE TEXTE
1. Reconstituez le raisonnement en trois temps qui conduit l'auteur, dans le premier paragraphe, à placer ses espoirs dans les OGM.
2. Reformulez les bénéfices espérés de l'usage des OGM tels que l'auteur les analyse dans le dernier paragraphe.
3. Quelle est la valeur des exemples du dernier paragraphe ?

ÉCRIRE
Reprenez les arguments en faveur des OGM et **essayez** pour chacun d'eux de leur opposer un argument.

Textes en écho

LIRE
1. Quel texte comporte le plus d'images (métaphores, comparaisons) ? Qu'est-ce que cela reflète dans l'évolution des rapports entre la terre et l'homme ?

ÉCRIRE
2. Dans chaque texte, choisissez un passage où la représentation de la terre comporte des oppositions. Commentez-les.

Texte 4

Dans ce texte, Jean-Claude Guillebaud condamne le recours aux OGM. Il présente une argumentation qui cherche à renouveler les critiques qui leur sont adressées.

Pastèques cubiques obtenues par manipulations génétiques pour permettre un stockage plus simple. Depuis 1997, on compte 34 plantes transgéniques autorisées à la vente.

Ce qui se passe depuis une dizaine d'années dans le domaine des semences agricoles préfigure ce qui, immanquablement, se passera pour le vivant dans son ensemble. Et pour l'homme lui-même... La rapidité avec laquelle les innovations génétiques et leur brevetage ont favorisé d'énormes concentrations de pouvoir est impressionnante. À l'origine, un indéniable progrès : les modifications génétiques de certaines espèces (maïs, soja, colza, pomme de terre...) confèrent à celles-ci le pouvoir de résister à des ennemis naturels, comme la pyrale du maïs ou le virus de la pomme de terre, mais aussi à des herbicides, fameux Round Up de la firme Monsanto. D'autres modifications génétiques pourraient permettre de cultiver des espèces dans des zones arides ou considérées jusqu'à présent comme impropres à l'agriculture. On va créer des céréales miracles ! La promesse scientifique est stimulante. Il serait absurde de la minimiser.

Mais cette promesse récurrente (« nourrir le tiers monde ! »), énoncée avec emphase, sert surtout à justifier, depuis le début, une course au profit et une domination aux effets ravageurs [...]. Une domination d'autant plus implacable que les grandes firmes semencières, appliquant la technique utilisée depuis 1922 avec les hybrides, ont mis au point des variétés stériles. Plus étonnant encore, certaines semences génétiquement modifiées sont désormais dotées d'un gène faisant office de mécanisme autodestructeur, annihilant la semence au bout d'un certain temps. On parle de « gène répresseur » ou de « toxine- suicide ». Leur fonctionnement est analogue à celui d'une carte téléphonique à puce dont le crédit s'épuise. La semence est génétiquement programmée pour mourir après un premier fonctionnement. La plus connue fut celle de la société Monsanto, baptisée avec humour *Terminator*. Ces variétés dites « biocides » obligent les paysans à se réapprovisionner chaque année auprès du semencier. La logique est donc celle d'une confiscation progressive de l'agriculture mondiale par quelques grandes sociétés, rendues de moins en moins nombreuses par le jeu des concentrations.

Le plus étonnant est que cet aspect – à vrai dire crucial – du débat sur les OGM a été relégué à l'arrière-plan au profit d'une querelle de santé publique ou d'une polémique convenue (bien que sérieuse) sur le risque écologique, le principe de précaution, etc. Les médias ont généralement mis en avant la « mal-bouffe » ou l'éventuelle contamination du milieu naturel par les OGM, sans insister sur les formidables enjeux de pouvoir liés à l'appropriation du vivant. Or, paradoxalement, cette focalisation sur les risques a parfois fait le jeu de ceux-là même qu'on prétendait combattre. Les grandes sociétés agro-alimentaires n'ont pas manqué de vanter les mérites écologiques de leurs semences s'autodétruisant à la première génération. N'était-ce pas le meilleur moyen d'éliminer les risques ? Une semence stérile ou programmée pour s'autodétruire ne constituait-elle pas la meilleure protection imaginable pour le milieu naturel ?

JEAN-CLAUDE GUILLEBAUD, *Le principe d'humanité*, 2001.

COMPRENDRE LE TEXTE

1. Montrez que le texte commence par des concessions au camp des défenseurs des OGM.
2. Reformulez la thèse.
3. Quelles sont les cibles des accusations de l'auteur ?

EXPRESSION ORALE

Partagez la classe en deux. Les uns s'emparent des arguments du texte 3 pour les reformuler et les prolonger. Les autres s'opposent à ce point de vue en s'appuyant sur le texte 4.

RECHERCHE

Cherchez dans une encyclopédie ou dans un manuel la définition d'un OGM. Appuyez-vous sur un exemple ou une illustration pour présenter votre explication à la classe.

Comment mettre en évidence la problématique et trouver une formulation juste ?

De quoi s'agit-il ?

La problématique est la question à laquelle la synthèse se propose de répondre. C'est le point vers lequel sont orientées les confrontations de documents. On peut encore la considérer comme l'axe qui oriente la réflexion et vers lequel on revient constamment.

Quand ?

On définit la problématique lors de la lecture des documents. C'est en effet de cette lecture croisée que va émerger une question commune à tous les documents, à laquelle le candidat va devoir répondre.

À cette étape du travail, il est important de s'interroger sur :

- la manière de passer du repérage des thèmes à une problématique ;
- le fait que la formulation de la problématique évolue avec la constitution du corpus ;
- le mode de constitution du corpus et l'intention du concepteur du sujet ;
- la possibilité de s'appuyer sur des « problématiques types ».

TRAVAIL SUR LE CORPUS

QUESTIONS SUR LES TEXTES 1 À 4

1. Quel est le thème commun aux quatre textes ?
2. Quel titre pourrait permettre de présenter les textes 1 et 2 ?
3. À quelle question répondent les textes 3 et 4 : qu'est-ce que les OGM ? Faut-il accepter les OGM ? À qui profitent les OGM ?
4. Rapprochez les textes 3 et 4 d'un des deux autres textes du corpus « Découverte » pour constituer un corpus pertinent.

Comment mettre en évidence la problématique et trouver une formulation juste ?

1. Différence entre le thème et la problématique

Qu'est-ce que le thème ?

Depuis la réforme de 2005, deux thèmes sont préparés pendant la seconde année de BTS, et le corpus présenté à l'examen porte sur un des deux thèmes. Un de ces deux thèmes est renouvelé chaque année. Les étudiants ont travaillé sur **différentes thématiques** : « Risques et progrès », « La fête dans ses dimensions collectives », « Le détour », « Générations ». Le thème se définit comme le sujet dont parle le corpus, il est donné par le programme chaque année.

Qu'est-ce que la problématique ?

Le cours proposé va questionner ce thème selon un certain nombre de **problématiques**. Ainsi pour le thème « Générations », plusieurs problématiques sont définies dans le programme : Qu'est-ce qui définit une génération ? Qui définit une génération ? Comment définir les liens entre les générations ? Comment se situe-t-on par rapport à sa propre génération ? Les nouvelles technologies menacent-elles les liens entre les générations ? La problématique se présente donc sous la forme d'une question qui se propose **d'apporter un éclairage** sur un aspect délimité du thème.

2. Le mode de constitution du corpus et l'intention du concepteur du sujet

Pourquoi ce corpus ?

Il faut avoir à l'esprit le fait que les documents n'ont pas été réunis par hasard mais bien parce qu'ils permettent tous ensemble de **répondre à une question**. Ainsi, il peut être formateur de se demander quels documents vous choisiriez pour répondre à une question donnée. Chacun apporte un élément de réponse à ce questionnement et se positionne vis-à-vis des autres.

Quelle est l'intention du concepteur du sujet ?

Le concepteur choisit de **poser une question** en rapport avec **un thème donné**. Par exemple, sur le thème des relations entre l'homme et la terre, il s'intéresse au sous-thème OGM. Selon qu'il va étudier si les OGM peuvent se développer dans les sociétés modernes ou si les critiques adressées aux OGM sont fondées, il ne va pas choisir les mêmes textes. D'autre part, il se fixe aussi **un cahier des charges** : il présente un document iconographique, un texte littéraire et deux textes d'idées. Ces textes ne doivent pas présenter un seul point de vue mais se prêter à **la confrontation**.

3. Travailler sur un corpus de documents

Comment la problématique se construit-elle ?

Si la problématique préexiste à la composition du corpus, elle est rarement formulée dans le sujet mais cela peut arriver. Le plus souvent, c'est la lecture des documents qui va permettre aux candidats de la faire apparaître. Les deux premiers documents partagent **un fil conducteur**, et la confrontation des deux autres documents va permettre de préciser la question qui est débattue. La problématique se dégage peu à peu, au fur et à mesure de la confrontation.

◢ Peut-il y avoir plusieurs problématiques ?

Le concepteur du sujet a en tête une problématique, et c'est pour cette raison qu'il a choisi ces documents. Il y a peu de chances que le croisement de quatre documents présente plusieurs types de questionnements puisque chaque nouvelle confrontation modifie le champ du débat. Toutefois, **la problématique initiale peut être légèrement infléchie** selon que l'on va privilégier certains aspects des documents. C'est pour cette raison que la formulation de la problématique peut varier d'un candidat à l'autre.

4. Formuler une problématique

◢ Pourquoi se poser une question ?

Le mot « problématique » n'est pas propre au sujet de l'examen de BTS, on s'en sert aussi dans les dissertations – de philosophie, d'histoire, de lettres, d'économie – et, traditionnellement, elle prend la forme d'une question. Il faut noter que si la recherche de la problématique appartient au travail préparatoire de la synthèse, **sa formulation va apparaître dans l'introduction du devoir**. On privilégiera **la forme interrogative** car c'est une forme dynamique qui introduit l'idée d'une progression dans la réflexion vers une réponse à la question inaugurale. Celle-ci lance le mouvement de la réflexion et le devoir va comporter des temps où il apportera des réponses partielles avant de poursuivre.

◢ Une question précise mais pas trop ?

La formulation va se préciser au fur et à mesure de la confrontation des textes. Après la lecture des deux premiers textes, on rédige une première question qui est l'hypothèse de départ. La lecture du troisième texte va la conforter et, en général, elle va aussi conduire à l'élargir pour pouvoir faire entrer tous les documents dans le questionnement proposé. La lecture d'un quatrième document pourrait valider cette hypothèse ou conduire à l'ouvrir davantage.

5. S'appuyer sur des problématiques types

◢ Pourquoi ?

L'entraînement au cours des deux années de BTS va vous permettre de constater que les corpus proposent parfois **un type de questionnement** que l'on peut anticiper.

◢ Comment ?

En seconde année, on a en mémoire **les différentes problématiques étudiées** en cours pour **explorer le thème au programme** et on peut chercher à faire coïncider celle de l'épreuve avec l'une d'elles. Attention toutefois à travailler la formulation pour qu'elle convienne au corpus et qu'elle ne soit pas seulement « plaquée ».

◢ Quelques exemples

- Si le corpus cherche à définir **une notion** : Quelles sont les caractéristiques de... ?
- Si le corpus étudie **l'émergence d'un phénomène** : Quelle est la place de... aujourd'hui ? Comment... s'est-il imposé aujourd'hui ?
- Si le corpus étudie **les avantages et les inconvénients d'une attitude** : quel jugement peut-on porter sur... ? Faut-il se méfier de... ?
- À vous de prolonger, au fil des deux années, cette liste d'exemples.

6. À quoi sert la problématique ?

C'est une étape de l'introduction

La question qui sert de problématique à la synthèse apparaît de façon explicite dans l'introduction ; c'est une étape importante où l'on vérifie que le candidat a bien compris l'enjeu et l'orientation du corpus.

Elle prépare l'élaboration du plan

La problématique guide **la conception du plan** du devoir car c'est à cette question que les grandes parties du plan vont permettre de répondre.

Exemple rédigé : la formulation d'une problématique

Travail sur le corpus de découverte : textes 1 p.64, 3 p.65, 4 p.66

LECTURE ET ANALYSE DES TEXTES 3 p. 65 ET 4 p. 66

Les textes 3 et 4 font réfléchir à l'intérêt et aux dangers liés aux OGM. On pourrait partir de cette formulation provisoire de la problématique : « Doit-on refuser l'usage des OGM ? ». On constate que le texte 3 défend l'usage des OGM alors que le 4 met en garde ses utilisateurs.

CROISEMENT AVEC LE TEXTE 1 p. 64

Puisque le corpus comporte aussi le texte 1, on ne peut plus parler des OGM dans la problématique car ce serait anachronique et sans rapport avec la description enthousiaste de Zola. On est alors conduit à revoir la formulation. Il faut ouvrir la réflexion afin qu'elle puisse intégrer une description du XIXe siècle, et qui plus est une description élogieuse de la terre nourricière. Le point commun entre ces trois textes est la question de l'agriculture, des produits de la terre que l'homme cherche à obtenir.

FORMULATION D'UNE NOUVELLE PROBLÉMATIQUE

On pourrait proposer :

- L'homme doit-il se satisfaire des produits que lui livre la terre ?
- L'action de l'homme sur la terre est-elle toujours nocive ?
- Quelle orientation doit prendre l'évolution de l'agriculture ?

Améliorer l'expression écrite

Maîtriser les règles de la conjugaison

Pourquoi ?

Comme l'orthographe, la conjugaison est **un ensemble de règles** qu'il faut connaître pour faire passer un message. Quelques rappels peuvent permettre de consolider **la maîtrise de la conjugaison** qui est étudiée dès l'enseignement élémentaire et qui peut être encore renforcée.

Quelles sont les difficultés ?

Il s'agit d'avoir mémorisé **les principes de la conjugaison**. Puis de savoir **reconnaître le système de temps** qu'on doit utiliser. La synthèse de documents étant principalement rédigée **au présent de l'indicatif**, c'est sur ce temps et ce mode qu'il faut insister. On va travailler sur **les confusions** ainsi que sur **les cas complexes** qu'il convient de rappeler :

1. La conjugaison du présent de l'indicatif

- **les verbes du premier groupe dont l'infinitif est en « -er »** ont pour terminaisons : -e, -es, -e, -ons, -ez, -ent.
- **Les verbes du deuxième groupe, dont l'infinitif est en « -ir »**, et le participe présent en **« issant »** ont pour terminaisons : -is, -is, -it, -issons, -issez, -issent.
- **Les verbes du troisième groupe** ont pour la plupart les terminaisons suivantes : -s, -s, -t, -ons, -ez, -ent.
- **Les verbes en « -dre » comme vendre, perdre, coudre se terminent par :** -ds, -ds, -d, -ons, -ez, -ent ;

sauf les verbes en « -aindre », « -eindre », « -oindre », « -soudre » comme craindre, peindre, joindre, résoudre, qui eux suivent la règle générale : -s, -s, -t, -ons, -ez, -ent.
Les verbes « pouvoir », « vouloir », « valoir » se terminent par : -x, -x, -t, -ons, -ez, -ent.
Les verbes « ouvrir », « cueillir » se terminent comme les verbes du premier groupe : -e, -es, -e, -ons, -ez, -ent.

2. Les verbes les plus utilisés
Voici les trente verbes les plus utilisés. Entraînez-vous à maîtriser leur conjugaison :
être, avoir, faire, dire, pouvoir, aller, voir, savoir, vouloir, venir, falloir, devoir, croire, trouver, donner, prendre, parler, aimer, passer, mettre, demander, tenir, sembler, laisser, rester, penser, entendre, regarder, répondre, rendre.

3. Quelques confusions possibles : ais/ai et rais/rai

- « **ais** » est la terminaison de l'imparfait de l'indicatif pour la première personne du singulier.
- « **ai** » est la terminaison du passé simple pour les verbes du premier groupe.

Afin de les différencier, il est possible de remplacer par la première personne du pluriel (nous marchions/marchâmes).

- « **rais** » est la forme du conditionnel présent de la première personne du singulier.
- « **rai** » est la forme du futur.

Afin de les différencier, il est possible de remplacer par la première personne du pluriel (nous marcherions/marcherons).

EXERCICES

1. COMPRENDRE

• **Conjuguez cet extrait au présent.**
Reprenez les recommandations ci-dessous en commençant par : *L'homme parviendra à nourrir la planète s'il accent...*

Voici les recommandations que proposent Marion Guillou et Gérard Matheron dans leur livre *9 milliards d'hommes à nourrir* :
Accentuer les efforts de recherche, mettre l'accent sur les partenariats internationaux et le partage d'informations, réinvestir dans l'agriculture, limiter la volatilité des prix des denrées alimentaires, faire évoluer les modes de consommation, repenser la gouvernance mondiale en matière de sécurité alimentaire.

2. S'ENTRAÎNER

• **Justifiez les terminaisons verbales du texte.**

Les algues vertes ? Ce n'est pas nous, ou alors à peine, ont coutume d'assurer les représentants des agriculteurs bretons. À qui imputer alors les marées nauséabondes d'ulves ? [...] De toute façon, des algues vertes, il y en a toujours eu ici, avancent-ils. Il suffirait de valoriser leur ramassage : un marché pareil pourrait rapporter gros. Cette histoire d'azote et de nitrates paraît bien compliquée, lançons des recherches et reparlons-en plus tard... S'il en est que ces allégations n'amusent pas, ce sont les scientifiques, qui publient depuis des années leurs travaux sur la prolifération des chlorophycées, nom savant des algues vertes.

MARTIN VALO, « Algues vertes, l'Europe somme Paris de s'expliquer »,
Le Monde, 19 octobre 2011.

3. PROGRESSER

• **Informez-vous** sur la polémique autour des algues vertes ; puis **rédigez un texte** où vous exposerez l'une des causes possibles de cette pollution. Après avoir rédigé ce texte, **soulignez les verbes**. Pour chacun d'eux, **donnez le groupe verbal** auquel il appartient et le temps auquel il est conjugué.

4. Vers la synthèse

• **Reprenez la photographie de Yann Arthus-Bertrand** (p. 63) et **décrivez-la** en utilisant les formes suivantes : « aurai » ; « aurais » ; inversion du sujet ; il les (+ verbe) ; « mettre » au présent ; « faire » à l'imparfait.

Le lexique

1. Il est possible d'**améliorer son orthographe** en inscrivant les mots qui nous posent problème dans des familles lexicales. **Recherchez** cinq mots de la même famille que « science » et **expliquez** leur construction (avec préfixe ; avec suffixe ; par composition).

2. On peut revoir une règle qui évitera des **erreurs fréquentes**.

L'écriture de **l'adverbe en suffixe « -ment »**.

▪ **Le suffixe « -ment »** s'ajoute à la forme au féminin des adjectifs.

▪ **Les adjectifs en « -ant » et en « -ent »** forment des adverbes en « -amment » et « -emment ».

Formez l'adverbe des adjectifs suivants : sérieux ; régulier ; fréquent ; paresseux ; prudent ; léger ; vif ; correct ; bruyant.

Que faire face au réchauffement climatique ?

Document 1

Cette carte a pour thème le réchauffement climatique.
Elle présente le monde « réchauffé » à l'horizon 2050/2100.

Monde - Possibles effets d'un réchauffement climatique (projection 2050-2100).
Source : Les Dossiers en ligne de La Documentation française.

Lire une carte
Ce document relève de la catégorie du document iconographique : on procède donc à une description systématique, puis on cherche à l'interpréter. On est particulièrement attentif à la légende de la carte et à son titre. On fait apparaître les grandes oppositions : Nord/Sud ; pays développés/pays en voie de développement. On essaie de proposer des hypothèses pour expliquer ces contrastes.

COMPRENDRE LE DOCUMENT

1. Quel type de pays est touché par le réchauffement climatique ?
2. **Montrez** que même les pays les mieux protégés courent des risques.
3. Quels sont les problèmes liés au réchauffement climatique qui font déjà parler d'eux ?

FAIRE LA DIFFÉRENCE ENTRE LE THÈME ET LA PROBLÉMATIQUE

1. Pourquoi peut-on dire que cette carte s'inscrit dans les thématiques suivantes : intérêt des projections en géographie, l'évolution du climat, les inégalités géographiques ?
2. **Transformez** ces thématiques en problématiques :
- La pollution.
- Préconisation pour réduire le réchauffement climatique.
- Le climat demain.

▸ **Réponse rédigée :** *Quel risque fait peser la pollution à notre planète aujourd'hui ? Que peut-on faire pour réduire les conséquences du réchauffement climatique ? Quel climat les générations futures connaîtront-elles ?*

ÉCRIRE

Rédigez un texte d'une dizaine de lignes pour expliquer la situation de l'Afrique à l'horizon 2050-2100.

ENTRAÎNEMENT GUIDÉ

Texte 2

En 2006, l'économiste Nicholas Stern a cherché à calculer ce que coûteraient des dépenses pour lutter contre le réchauffement climatique en comparaison avec les sommes qu'il faudra dépenser pour faire face dans le futur aux conséquences de cette évolution du climat. S'il a été contesté, ce rapport a contribué à une prise de conscience collective de l'urgence d'agir. Ce texte est un résumé officiel du rapport Stern.

Note de synthèse

Si nous adoptons des mesures fermes dès à présent, il est encore temps d'éviter les pires conséquences du changement climatique.

Les preuves scientifiques sont maintenant accablantes : le changement climatique constitue une menace planétaire grave et exige une réponse mondiale de toute urgence.

Cette Revue a évalué un vaste éventail de preuves sur les conséquences du changement climatique et sur ses coûts économiques et elle a fait appel à un nombre de techniques différentes pour évaluer les coûts et les risques. Sous ces diverses perspectives les preuves amassées par la Revue mènent à une conclusion simple : les avantages que présente une action ferme et précoce l'emportent de loin sur les coûts économiques de l'inaction.

Le changement climatique affectera les éléments fondamentaux de la vie pour des pans entiers de populations de par le monde – l'accès à l'eau, la production de nourriture, la santé ainsi que l'environnement. Des centaines de millions de personnes pourraient souffrir de la faim, de la pénurie d'eau et d'inondations côtières au fur et à mesure que la planète se réchauffe.

Utilisant les résultats de modèles économiques officiels, la Revue estime que si l'on ne réagit pas, les coûts et les risques globaux du changement climatique seront équivalents à une perte d'au moins 5 % du PIS mondial chaque année, aujourd'hui et pour toujours. Si l'on prend en compte un éventail plus vaste de risques et de conséquences, les estimations des dommages pourraient s'élever à 20 % du PIS ou plus.

Par contre, les coûts de l'action, à savoir réduire les émissions de gaz à effet de serre pour éviter les pires conséquences du changement climatique, peuvent se limiter à environ 1 % du PIS mondial chaque année.

L'investissement que l'on fera au cours des dix à vingt prochaines années aura un effet profond sur le climat de la seconde moitié de ce siècle et au siècle suivant. Nos actions aujourd'hui et au cours des décennies à venir pourraient engendrer des risques de perturbations majeures pour l'activité économique et sociale, sur une échelle semblable aux perturbations associées aux grandes guerres et à la dépression économique de la première moitié du XXe siècle. Et il sera difficile, pour ne pas dire impossible, de faire machine arrière.

Qu'est-ce que le principe de précaution ?

On parle de « prévention » lorsque le risque est identifié alors que « le principe de précaution » repose sur le soupçon d'une menace. Ce sont les domaines de la santé et de l'environnement qui fournissent l'essentiel des sujets d'inquiétude et qui donnent le plus souvent lieu à l'application de ce principe.

Il est, par conséquent, patent qu'une action prompte et ferme est justifiée. Étant donné que le changement climatique est un problème planétaire, la réponse à ce problème se doit d'être internationale. Elle doit reposer sur une vision partagée des objectifs à long terme et un accord sur les cadres qui accéléreront l'action au cours de la prochaine décennie et elle doit se développer à partir d'approches qui se renforcent mutuellement au niveau national, régional et international.

Rapport Stern, note de synthèse.

COMPRENDRE LE TEXTE

1. Qui est représenté par le pronom « nous » ?

2. En vous appuyant sur le vocabulaire, **montrez** que la perspective adoptée est celle d'un économiste.

3. Que préconise l'étude ?

RÉFLÉCHIR À LA CONCEPTION DU CORPUS

1. Quels sont les points communs aux documents 1 et 2 ? À quelle question répondent-ils ?

2. Qu'apporte le texte 2 ?

3. Quels types de documents faudrait-il ajouter à ces deux documents pour compléter un sujet de synthèse ?

▶ **Réponse rédigée :** *Pour que le corpus réponde au cahier des charges d'une synthèse de documents, il faudrait ajouter un texte littéraire et un autre texte argumentatif.*

ÉCRIRE

Que pouvons-nous faire pour réduire l'émission de gaz à effet de serre ? **Décrivez** deux actions mises en œuvre aujourd'hui.

ENTRAÎNEMENT GUIDÉ

Texte 3

Dans ce roman pour la jeunesse, Timothée de Fombelle fait de Céleste, une jeune fille malade, la représentation symbolique de notre planète. Le narrateur cherche à conduire les citoyens qui l'entourent à prendre conscience de l'urgence de réagir.

Le 330 est à l'autre bout du quartier de verre. Il faut traverser une dizaine de tours. La circulation en plein air est réservée aux voitures. Ça donne des voies rapides, des tunnels et des bretelles d'autoroutes qui se mélangent comme un plat de spaghetti. J'ai donc emprunté les passages couverts et les galeries commerciales.

C'était un samedi. Il devait y avoir un monde fou. Je ne me souviens de presque rien. Je marchais dans la foule vers le 330, les yeux baissés. Même le sol de ces galeries est couvert d'écrans qui diffusent la publicité. Ma vue était troublée. J'essayais de me

rappeler le visage de Céleste. Je ne savais pas son nom de famille. Je n'avais jamais entendu résonner sa voix.
J'ai pris un dernier ascenseur dans la tour Intencity. Il descendait assez lentement pour laisser aux gens le temps de faire des achats. [...]
Intencity est le plus gros centre commercial de la ville. Quand on est dans l'ascenseur de verre, on voit, de l'autre côté, le 330 au milieu de son nuage de fumée. J'ai levé les yeux vers le sommet de la tour parking. Céleste était peut-être là-haut, dans cette vapeur grise.
Puis l'ascenseur est descendu en sous-sol. Une vingtaine d'étages en dessous de zéro. Beaucoup de gens sont sortis avec moi tout en bas. Ils allaient récupérer leurs voitures. Je suivais le flot des piétons qui portaient tous des grappes de sacs en plastique. Je savais que, dans ces sacs, il y avait d'autres sacs, avec d'autres sacs plus petits à l'intérieur, et d'autres encore.

TIMOTHÉE DE FOMBELLE, *Céleste ma planète*, 2009.

COMPRENDRE LE TEXTE

1. Quels indices permettent de voir qu'il s'agit d'un roman d'anticipation ?
2. Quel regard le narrateur porte-t-il sur le monde dans lequel il vit ?
3. Quelles sont les critiques adressées au monde actuel à travers cette œuvre sur le futur ?

CHOISIR UNE FORMULATION ADÉQUATE POUR LA PROBLÉMATIQUE

1. Voici **quatre problématiques** que l'on pourrait formuler sur le corpus constitué par les documents 1, 2 et 3 :
- Que penser du réchauffement climatique ?
- À quoi est dû le réchauffement climatique ?
- Quelles sont les conséquences et les solutions du réchauffement climatique ?
- Vers où la fonte de la calotte polaire peut-elle nous conduire ?

Quel est leur défaut ? La formulation est inexacte ; La formulation est trop générale ; La formulation est trop restrictive ; La formulation est confuse.

2. Quelles sont les conséquences et les solutions du réchauffement climatique ? **Reformulez** cette problématique de façon à l'améliorer.

▶ **Réponse rédigée :** *Quelles sont les solutions qui pourraient nous permettre de faire face aux conséquences du réchauffement climatique ?*

ÉCRIRE

« Je savais que, dans ces sacs, il y avait d'autres sacs, avec d'autres sacs plus petits à l'intérieur, et d'autres encore. » Votre comportement vis-à-vis de la pollution et du gaspillage a-t-il changé ces dernières années ? **Répondez** en une dizaine de lignes.

Document 4

Voici l'une des images extraites de la campagne de WWF (organisation non gouvernementale pour la protection de l'environnement) sur l'urgence d'agir face au réchauffement climatique.

Registre humoristique ou registre polémique ?

On parle de « registre » pour désigner le classement des textes ou des images en fonction des sentiments qu'ils suscitent.
Un document qui relève du registre humoristique suscite l'amusement du lecteur alors qu'un sentiment de colère naîtra d'un document fondé sur le registre polémique.
Cette campagne de l'ONG WWF joue sur les deux registres.

COMPRENDRE LE DOCUMENT

1. Quelle image de l'océan est donnée ici ?
2. Quel sentiment suscite cette image ?
3. Comment le lecteur est-il pris à parti ?

DÉFINIR LA PROBLÉMATIQUE À PARTIR DE L'ANALYSE DU CORPUS

1. Formulez deux problématiques dans lesquelles s'inscrit ce document. Quels documents du corpus vous paraissent répondre à ces problématiques ?

▶ **Réponse rédigée :**

- *Que peut-on faire pour réduire les conséquences du réchauffement climatique ? : documents 2, 3 et 4.*
- *Quel climat connaîtront les générations futures ? : documents 1, 2, 3 et 4.*

ÉCRIRE

Trouvez-vous cette campagne efficace ? Pourquoi ? **Répondez** en une dizaine de lignes.

Deux exemples de prise de conscience

Texte 1

André Ciocella, chimiste toxicologue, préside depuis sa création en 2009, le Réseau environnement santé (RES). Il s'agit d'un rassemblement d'ONG de défense de l'environnement, de scientifiques, d'associations de malades et de professionnels de la santé. Ce chercheur alimente le débat public avec toutes les études scientifiques qui lient le développement des maladies chroniques aux facteurs environnementaux. Il cherche à placer la question de l'environnement au cœur des politiques de santé publique. Le magazine* Télérama *l'interroge :

Pourquoi les effets de l'environnement sur notre santé sont-ils si peu pris en compte ?

L'approche classique encore dominante appréhende les problèmes milieu par milieu. On a ainsi adopté des réglementations spécifiques pour l'eau, les aliments, l'air ou les sols sans jamais penser la question globalement et protéger efficacement la santé de nos concitoyens. Résultat, il n'y a jamais eu autant de maladies chroniques – cancers, maladies cardiovasculaires et respiratoires, diabète, troubles du comportement ou de la reproduction... – qu'aujourd'hui. Il est donc temps de changer de paradigme, d'aborder les problèmes de manière transversale, car l'homme passe en permanence d'un milieu à l'autre. On boit de l'eau, on respire, on mange des conserves ou des fruits et légumes traités avec des pesticides, on est jeune puis vieux. Il faut partir du constat de l'augmentation continue de ces maladies chroniques pour essayer d'en comprendre les causes et leur interaction. Cela conduit à mettre la question de l'environnement, au sens large du mot, au cœur des politiques de santé, à cesser de considérer que celles-ci se résument à une politique de soin. Il est important de soigner les gens, mais il est tout aussi important de faire en sorte qu'ils ne soient pas malades. Et, pour cela, il faut aussi soigner l'environnement.

La croissance des maladies chroniques n'est-elle pas due avant tout à l'augmentation de l'espérance de vie, à nos habitudes alimentaires ou à la consommation d'alcool ou de tabac ?

C'est la grille d'explication classique : d'abord le vieillissement, puis la consommation de tabac et d'alcool. Elle renvoie à une responsabilité individuelle et laisse les causes environnementales totalement de côté. Elle ne permet pas de comprendre la gravité de la situation actuelle. Le 28 mai 2008, l'Organisation mondiale de la santé (OMS) a lancé un plan mondial de lutte contre les maladies non transmissibles pour faire face à cette « épidémie » de maladies chroniques, qualifiée de « principal défi auquel l'humanité doit faire face en ce début de XXIe siècle ». En dehors des pays les plus pauvres, où les maladies infectieuses restent dominantes (mais de peu), les maladies chroniques sont devenues la principale cause de mortalité. Mais en même temps que l'OMS fait ce constat dramatique, elle ne retient que quatre facteurs de risques : tabac, alcool, alimentation et sédentarité, et laisse de côté la pollution physico-chimique. Cela n'est pas défendable au vu des connaissances scientifiques actuelles. On voit bien que l'industrie chimique continue d'agir pour faire en sorte que cette pollution ne soit pas reconnue comme un facteur de risque. [...]

Pourquoi remettez-vous en cause la notion de dose journalière admissible (DJA) – c'est-à-dire la quantité de produits chimiques qui peut être ingé-

rée quotidiennement par un individu tout au long de la vie sans risque pour la santé –, qui est un des fondements de la réglementation des produits chimiques dans l'alimentation ?

Parce que cet outil est devenu complètement obsolète ! La DJA définit un seuil de toxicité en partant de l'idée que la dose fait le poison, autrement dit qu'à de très faibles doses les substances chimiques contenues dans l'alimentation sont parfaitement inoffensives. Or on sait depuis des années que ce schéma ne fonctionne pas dans tous les cas. Pour les perturbateurs endocriniens[1], ce n'est pas la dose qui fait le poison, c'est la période qui fait le poison, et, le plus souvent, à des doses infimes. Des expérimentations animales nous ont appris qu'une exposition, même très faible, à des perturbateurs endocriniens pendant la période de gestation pouvait avoir des conséquences graves bien des années plus tard et sur plusieurs générations. [...]

Que préconisez-vous en complément ou à la place de la DJA ?

Nous proposons de changer de grille de lecture. Aujourd'hui, comme l'a encore prouvé l'amiante, mais aussi plus récemment l'affaire du Médiator, on attend d'être complètement sûr de la toxicité d'un produit avant d'agir. Nous estimons que dès qu'une substance chimique utilisée dans l'alimentation est identifiée comme potentiellement dangereuse à partir de l'expérimentation animale, elle doit être éliminée sans attendre d'avoir la certitude de son action chez l'homme. [...]

Les autorités sanitaires nationale (Anses) et européenne (Efsa) veillant à la sécurité des consommateurs ont perdu beaucoup de leur crédibilité. Comment pourraient-elles la retrouver ?

Le RES soutient la proposition de la Fondation Sciences citoyennes d'une « loi de protection de l'alerte et de l'expertise » qui créerait une haute autorité, sur le modèle de la Halde ou de la Cnil, chargée de définir un code de déontologie pour les autorités sanitaires et de veiller à son respect. Au niveau européen, il faut une directive allant dans ce sens. Il est aussi urgent de redéfinir le statut de l'expert, en le distinguant clairement de celui de consultant. Comment attendre d'un expert travaillant pour une autorité sanitaire qu'il critique l'industrie chimique qui l'emploie comme consultant ? C'était la situation de certains membres du comité de l'Afssa [ancêtre de l'Anses, NDLR], dont son président, qui a statué sur le bisphénol A. Il faut également repenser le financement de l'expertise, qui demande du temps et de l'expérience. Elle ne peut plus être une activité bénévole ou mal valorisée pour les chercheurs qui y participent. [...]

Comment rendre plus efficace une politique de santé publique ?

L'alimentation est une composante importante de la santé. Pourquoi ne pas créer un ministère de la Santé et de l'Alimentation ? Avec les édulcorants, les additifs, les conservateurs, les pesticides... nous vivons dans un modèle d'alimentation basé sur la chimie. Un modèle condamné. Il faut retourner à un modèle plus sain. C'est ce que défend le mouvement bio.

Quelle est notre marge d'action en tant que citoyen et la vôtre en tant que lanceur d'alerte ?

Celle du citoyen réside dans l'acte de consommation. Notre rôle à nous est de rendre les données scientifiques disponibles et compréhensibles, d'alimenter le débat public. Après, à chacun de s'en emparer, individuellement ou collectivement.

V. FÉLIX, **J. FERNEY**, **O. MILOT**, « On nous fait avaler n'importe quoi, entretien avec un toxicologue », *Télérama*, 16 mars 2011.

1. ce sont les substances (bisphénol A, parabène, phtalate...) qui peuvent interférer avec le système hormonal. Elles provoquent des troubles de reproduction et de développement ainsi que certains cancers.

Deux exemples de prise de conscience

COMPRENDRE LE TEXTE

1. Sur quels domaines le travail d'André Ciocella porte-t-il ?
2. À qui adresse-t-il des critiques ?
3. Reformulez deux de ses propositions.

ORAL

« C'est la grille d'explication classique : d'abord le vieillissement, puis la consommation de tabac et d'alcool. Elle renvoie à une responsabilité individuelle et laisse les causes environnementales totalement de côté. »
Partagez-vous le point de vue du chercheur ou pensez-vous que les milieux médicaux et la population commencent à considérer les problèmes environnementaux comme relevant de la santé publique ?

EXPOSÉ

Documentez-vous sur l'action des ONG les plus connues en faveur de l'environnement – WWF, Greenpeace – et présentez leur action à la classe. Appuyez-vous sur l'analyse d'un cas concret.

Texte 2

Cet article est un compte rendu de lecture d'un ouvrage dénonçant les « fausses promesses » de la filière d'agriculture biologique.

Aujourd'hui, il est politiquement incorrect de toucher à la filière bio, assure Gil Rivière-Wekstein. Fondateur du mensuel *Agriculture et Environnement*, spécialiste de ces secteurs, il entend dénoncer les « lieux communs » répétés sur cette filière, dans un livre au titre évocateur : *Bio, fausses promesses et vrai marketing* (éditions le Publieur).

Première « idée reçue », selon l'auteur : le bio serait « bon pour la santé ».

Plus adapté au métabolisme de l'homme car produit sans OGM, sans pesticide et sans matière toxique. Et pourtant… « Les limaces et les pucerons n'ayant toujours pas appris à reconnaître un champ bio, les agriculteurs engagés dans cette démarche sont eux aussi obligés de traiter leurs végétaux » : c'est ce que rappelait non sans ironie le mensuel *Que choisir*, en juillet 2010. Les produits utilisés sont fabriqués à base de cuivre ou de soufre.

Bien que ces composants soient dits naturels, ce sont bien des pesticides, chargés de lutter contre les nuisibles dans les cultures. Mais « quand les consommateurs achètent un produit bio, ils sont persuadés d'acheter un produit sans résidus de pesticides. C'est une tromperie ! », écrit Gil Rivière-Wekstein, pas convaincu non plus que le bio préserve la planète.

Le cuivre « a un fort impact sur les sols, […] les eaux de profondeur et l'air. On utilise de grandes quantités de cuivre pour une efficacité moindre que celle des pesticides chimiques ». L'émission de gaz à effet de serre ? « Le faible rendement des cultures bio non intensifiées nécessite d'augmenter les surfaces cultivées et, par conséquent, les émissions. » L'agriculture bio protégerait l'environnement ? « Elle se prive de toutes les découvertes de la chimie moderne. En revanche, de son côté, l'agriculture conventionnelle a pris cette question du développement durable à bras-le-corps. » Quand on l'accuse de faire le jeu des lobbies de l'industrie des pesticides, Rivière-Wekstein rétorque : « Ils n'en ont même pas besoin. Devinez à qui les producteurs bio achètent leur cuivre ? »

Photographie et montage de Carl Warner, *Broccoli Forest*, 2008.

Quant au « petit agriculteur perdu au fin fond de l'Aveyron » qu'on sauverait en achetant ses produits bio, « c'est absolument faux, de très nombreux produits bio proviennent de partout dans le monde » ! Les grandes surfaces ne font pas de sentiment : le bio est moins cher à l'étranger, alors elles importent jusqu'à 60 % des fruits et légumes. 30 % de la charcuterie et 25 % du lait traversent les frontières. L'Ukraine, l'Italie, l'Espagne, mais aussi le Maroc et le Brésil sont les vrais producteurs de nos viandes et légumes certifiés Agriculture biologique. Le consommateur paie l'addition, salée : « Le bio est en moyenne 50 à 70 % plus cher à l'achat qu'un produit conventionnel. » La filière ne se soustrait pas aux lois de l'économie mondialisée. Plus étonnant : beaucoup le privilégient pour ses qualités gustatives ; or une étude réalisée par *60 Millions de consommateurs* révèle que les œufs pondus par des poules élevées en cage sont plébiscités, loin devant les œufs bio ! Mais « le goût a ses raisons que la raison ne connaît pas ».

Les « fausses promesses » du bio dénoncées par Gil Rivière-Wekstein sont savamment véhiculées par un marketing hors norme. « C'est une vitrine qui ne rapporte rien d'autre qu'une bonne image ! » affirme l'auteur, qui souligne aussi que « le bio n'a pas été inventé avec le Grenelle de l'environnement ». Si l'on s'en tient à la genèse des idées écologistes, « le bio est une idée réactionnaire, au sens de rétive au progrès de la science », écrit-il en rappelant que « les théories hygiénistes du début du siècle [privilégiaient] la nature sur la culture ».

Une telle remise en question du « dogme bio » ne laisse pas indifférent. Mais le livre de Gil Rivière-Wekstein n'est pas une simple entreprise de démolition. Il dit militer simplement pour trouver la « vraie place du bio » : « Le blé, le maïs et les œufs bio n'ont aucun intérêt, ni gustatif ni nutritionnel, à la différence de la viande ou des fruits qui peuvent être intéressants. Le bio peut revendiquer des saveurs, faire découvrir des variétés : une petite niche qui serait sa vraie place. Mais il n'a pas vocation à remplacer l'agriculture conventionnelle ! »

De son propre aveu, ce livre « tape dur sur le bio pour réveiller les consciences ». Décrypter les promesses du bio ne signifie pas qu'il est à proscrire de nos assiettes. Mais cela suffit à sortir de « l'écologiquement correct ».

GEOFFROY LEJEUNE, « Les impostures du bio », *Valeurs actuelles*, 28 juillet 2011.

COMPRENDRE LE DOCUMENT

1. Quel est l'objectif de Gil Rivière-Wekstein ?

2. Quelles sont les « fausses promesses » du bio selon l'auteur ?

3. En quoi ce livre est-il « politiquement incorrect » ?

ÉCRIRE

Vous rédigerez, sous la forme d'une question, une problématique pouvant convenir au regroupement du texte 1 et du texte 2. Puis **vous les confronterez** en mettant en valeur quatre idées qui les réunissent ou les opposent.

Parcours intégral

Étude d'une œuvre intégrale : *Le monde selon Monsanto,* Marie-Monique Robin, 2008

1 Synopsis

Ce film est un documentaire, réalisé par la journaliste Marie-Monique Robin en 2008. Il porte sur la multinationale américaine Monsanto et les produits fabriqués et commercialisés par cette entreprise au cours de son histoire. Il examine, notamment, les conséquences de l'utilisation des organismes génétiquement modifiés (OGM), de l'hormone bovine de croissance ou de l'herbicide « Roundup ». Son enquête s'intéresse à l'agriculture mondiale, depuis les vastes exploitations agricoles aux États-Unis, les agriculteurs français de taille plus modeste, jusqu'à l'agriculture aux méthodes encore traditionnelles des pays émergents.

2 L'affiche

1. Décrivez les différents éléments de l'image. Qu'est-ce qui relève de la démarche informative ? de la démarche argumentative ?

2. Quel est le ton du slogan « une multinationale qui vous veut du bien » ? Est-ce efficace ?

3 Filmer une multinationale de l'agroalimentaire

PHOTOGRAMME 1

PHOTOGRAMME 2

1. Quelle image de l'entreprise est donnée ici ?

2. Pourquoi est-il intéressant de s'intéresser aux différents produits commercialisés par l'entreprise ?

3. Pourquoi voit-on sur ces images, extraites du documentaire, les produits de l'entreprise plutôt que les visages de ses responsables ? Quel est l'effet produit ?

4

Filmer le combat contre une multinationale

PHOTOGRAMME 3

1. Quels sont les points communs entre ces trois images ?
2. Quelles formes de combat contre la multinationale chaque photogramme illustre-t-il ? Décrivez-les. Pourquoi est-il intéressant d'en proposer plusieurs ? En avez-vous relevé d'autres dans le film ?
3 À quoi voyez-vous qu'il s'agit d'un documentaire engagé ?

PHOTOGRAMME 4

PHOTOGRAMME 5

5

Confrontation avec les documents du chapitre

Avec quels textes du chapitre le film pourrait-il s'intégrer ?
Constituez un sujet de synthèse (du type de ceux posés à l'examen) en choisissant un de ces photogrammes et trois textes du chapitre. **Rédigez** la problématique d'étude.

6

Écrire

Assiste-t-on aujourd'hui à une prise de conscience des problèmes environnementaux ? Quelle réponse le film propose-t-il à cette question ?

- Votre réponse commencera par un compte rendu du film s'appuyant sur les passages liés à la question.
- Vous développerez trois idées différentes.
- Vous veillerez à rédiger des phrases courtes et simples. Vous apporterez un soin particulier à l'orthographe ainsi qu'aux règles de conjugaison.

POUR ALLER PLUS LOIN

LIVRES

- Aarto Paasilina, *Le lièvre de Vatanen*, Gallimard, 1993.

FILMS

- Hayao Miyazaki, *Nausicaa et la vallée du vent*, 1984.
- Hubert Sauper, *Le cauchemar de Darwin*, 2003.
- Marie-Monique Robin, *Notre poison quotidien*, La découverte 2011.

CHAPITRE 4 La construction de l'identité européenne

Culture générale
Comment l'identité politique se construit-elle au-delà des frontières ? Qu'est-ce qu'être européen aujourd'hui ?

Améliorer l'expression orale
Les points d'appui pour réussir une présentation orale

Méthode/Compétences à acquérir
Quelle démarche suivre pour construire le plan détallé de la synthèse ?

Parcours intégral (culture/méthode/expression)
- **Travail sur un film :** *L'Auberge espagnole*, Cédric Klapisch, 2001

SOMMAIRE

LIRE LE DOCUMENT

1. Quelle est la cible de cette affiche ?
2. Quelle image de la citoyenneté européenne cherche-t-elle à faire passer ?
3. Sur quels procédés l'efficacité de cette affiche repose-t-elle ?

RELIER LE DOCUMENT À DES QUESTIONNEMENTS

1. Voici une liste de mots clés à introduire dans un questionnement sur l'identité européenne et le statut de citoyen européen : vote/identité européenne/frontières/héritage/clivages politiques/parlement européen/Bruxelles/euro/bureaucratie/échanges/évènements historiques/immigration/Turquie/rôle des institutions.
En puisant dans cette liste, rédigez deux questions qui éclairent d'autres aspects du débat sur la citoyenneté européenne aujourd'hui.
2. Comment l'identité politique se construit-elle au-delà des frontières : qu'est-ce qu'être européen aujourd'hui ? **Reformulez** cette question de façon à montrer que cette construction :
- est complexe ;
- est une source d'enrichissement pour les citoyens européens.

SOLLICITER SA CULTURE GÉNÉRALE

1. Vous sentez-vous européen ? Pourquoi ?
2. Donnez trois faits historiques qui sont des tournants majeurs dans la construction de l'identité européenne au XXe siècle.

Compétences sollicitées dans ce chapitre

Quelle démarche suivre pour construire le plan détaillé de la synthèse ?
- Construire le plan de la synthèse.
- Organiser l'étude des documents.
- Regrouper en parties les idées issues de la confrontation.
- Hiérarchiser les parties et les sous-parties.
- Trouver un titre et rédiger la phrase d'annonce des parties.

Affiche en faveur de la promotion de la citoyenneté européenne.

Le citoyen européen : rêves d'hier et réalisations actuelles

Texte 1

Dans un discours, prononcé en 1849, lors de l'ouverture du Congrès de la paix à Paris, Victor Hugo appelle les pays d'Europe à se rapprocher pour former « les États-Unis d'Europe ».

Messieurs, s'il y a quatre siècles, à l'époque où la guerre existait de commune à commune, de ville à ville, de province à province, si quelqu'un eût dit à la Lorraine, à la Picardie, à la Normandie, à la Bretagne, à l'Auvergne, à la Provence, au Dauphiné, à la Bourgogne : un jour viendra où vous ne ferez plus la guerre, un jour viendra où vous ne lèverez plus d'hommes d'armes les uns contre les autres, un jour viendra où l'on ne dira plus : les Normands ont attaqué les Picards, les Lorrains ont repoussé les Bourguignons. Vous aurez bien encore des différends à régler, des intérêts à débattre, des contestations à résoudre, mais savez-vous ce que vous mettrez à la place des gens de pieds et de cheval, des canons, des fauconneaux, des lances, des piques, des épées ? Vous mettrez une petite boîte de sapin que vous appellerez l'urne du scrutin, et de cette boîte, il sortira quoi ? Une assemblée en laquelle vous vous sentirez tous vivre, une assemblée qui sera comme votre âme à tous, un concile[1] souverain et populaire qui décidera, qui jugera, qui résoudra tout en loi, qui fera tomber le glaive de toutes les mains et surgir la justice dans tous les cœurs, qui dira à chacun : là finit ton droit, ici commence ton devoir. Bas les armes ! Vivez en paix ! [...]

Si quelqu'un eût dit cela à cette époque, messieurs, tous les hommes positifs, tous les gens sérieux, tous les grands politiques d'alors se fussent écriés : « Oh ! le songeur ! oh ! le rêve-creux ! comme cet homme connaît peu l'humanité ! Que voilà une étrange folie et une absurde chimère ! » – Messieurs, le temps a marché et cette chimère, c'est la réalité. [...]

Un jour viendra où les armes vous tomberont des mains, à vous aussi ! Un jour viendra où la guerre vous paraîtra aussi absurde

1. assemblée d'évêques de l'Église catholique.

S'interroger sur la démarche

Dans ce discours, Victor Hugo cherche à convaincre l'auditoire en lui présentant des arguments qui pourraient le conduire à adopter son point de vue. Il cherche à le persuader, c'est-à-dire qu'il fait appel à ses émotions, à ses sentiments pour qu'il partage son opinion. De nombreux procédés sont au service de cet art de la persuasion : les questions rhétoriques qui font pression sur l'auditoire, les nombreuses répétitions qui martèlent les idées, les points d'exclamation qui traduisent l'enthousiasme de l'orateur.
Il est intéressant de noter ces procédés, non pas pour réaliser une étude stylistique, mais pour comprendre d'où un texte tire sa force et la stratégie adoptée pour argumenter.

et aussi impossible entre Paris et Londres, entre Pétersbourg et Berlin, entre Vienne et Turin, qu'elle serait impossible et paraîtrait absurde aujourd'hui entre Rouen et Amiens, entre Boston et Philadelphie. Un jour viendra où vous France, vous Russie, vous Italie, vous Angleterre, vous Allemagne, vous toutes, nations du continent, sans perdre vos qualités distinctes, et votre glorieuse individualité, vous vous fondrez étroitement dans une unité supérieure, et vous constituerez la fraternité européenne, absolument comme la Normandie, la Bretagne, la Bourgogne, la Lorraine, l'Alsace, toutes nos provinces se sont fondues dans la France. Un jour viendra où il n'y aura plus d'autres champs de bataille que les marchés s'ouvrant au commerce et les esprits s'ouvrant aux idées. Un jour viendra où les boulets et les bombes seront remplacés par les votes, par le suffrage universel des peuples, par le véritable arbitrage d'un grand sénat souverain qui sera à l'Europe ce que le parlement est à l'Angleterre, ce que la diète est à l'Allemagne, ce que l'assemblée législative est à la France !
Un jour viendra où l'on verra ces deux groupes immenses, les États-Unis d'Amérique, les États-Unis d'Europe, placés en face l'un de l'autre, se tendant la main par-dessus les mers, échangeant leurs produits, leur commerce, leur industrie, leurs arts, leurs génies, défrichant le globe, colonisant les déserts, améliorant la création sous le regard du Créateur, et combinant ensemble, pour en tirer le bien-être de tous, ces deux forces infinies, la fraternité des hommes et la puissance de Dieu !

VICTOR HUGO, *Discours sur les États-Unis d'Europe*, 1849.

COMPRENDRE LE TEXTE

1. Quelle est la thèse de Victor Hugo ? Relevez un de ses arguments.
2. À quoi voyez-vous qu'il s'agit d'un discours ?
3. Quel effet la répétition de la formule « un jour viendra où » produit-elle sur l'auditoire ?
4. Quel effet la lecture de ce discours produit-elle sur le lecteur d'aujourd'hui ?

Le citoyen européen : rêves d'hier et réalisations actuelles

Le Parlement européen, Strasbourg.

Texte 2

Dans ce texte, les auteurs font l'historique du concept de « citoyen européen » depuis la création de l'Union européenne. Ils soulignent sa lente émergence et rappellent enfin les principes sur lesquels il s'établit aujourd'hui.

La déclaration fondatrice de Robert Schuman du 9 mai 1950 ne mentionne pas la question de la citoyenneté européenne, se concentrant davantage sur l'intérêt de créer une solidarité économique européenne pour prévenir le risque de guerre. Elle mentionne quand même que « L'Europe ne se fera pas d'un coup, ni dans une construction d'ensemble : elle se fera par des réalisations concrètes créant d'abord une solidarité de fait ». Le traité de Rome de 1957, toujours dominé par les questions économiques, va un peu plus loin sur ce sujet puisque les États signataires y déclarent « leur détermination à établir les fondements d'une union sans cesse plus étroite entre les peuples européens ». Il dote également le « ressortissant de la CEE » du droit de pouvoir travailler dans un autre pays membre du marché commun.

Par la suite, la notion de citoyenneté européenne connaît une très lente évolution, qu'expliquent Céline Belot et Bruno Cautrès dans *L'Union européenne – Édition traité de Lisbonne* (Les Notices de La Documentation française, 2008) :

« Dans un premier temps c'est surtout, voire uniquement, à l'acteur économique et au travailleur migrant d'un pays membre vers l'autre que l'on s'intéresse : droits reconnus dès le traité de Rome en matière de libre circulation des travailleurs (puis des touristes, étudiants et anciens travailleurs), droit de séjour reconnu en 1990 hors des catégories visées par le traité de Rome. Ces droits « économiques » sont, à partir des années 1970, progressivement complétés de nouveaux droits qui reflètent la progressive reconnaissance du fait que le « travailleur » et le « migrant » est également un « citoyen ». Les étapes décisives furent l'élection du Parlement européen au suffrage universel direct en 1979 et, plus encore, le Conseil européen de Fontainebleau en 1984, qui fait le constat du besoin « indispensable que la Communauté réponde à l'attente des peuples européens en adoptant les mesures propres à renforcer et promouvoir son identité et son image auprès des citoyens et dans le monde ».

Le Conseil charge alors le comité Adonnino de préparer et de coordonner des actions et mesures propres à mettre concrètement en œuvre l'« Europe des citoyens ».

Le « comité Adonnino », ou comité *ad hoc* sur l'Europe des citoyens, remet son rapport final au Conseil européen de Milan de 1985. Il préconise l'approfondissement des droits économiques du citoyen européen mais aussi l'attribution de nouveaux droits électoraux et tout un ensemble d'actions visant à rapprocher les peuples européens et à faciliter l'appropriation de l'Europe par les citoyens, y compris avec l'adoption de symboles tels qu'un hymne et un drapeau européens et la création d'une journée de l'Europe.

La notion de citoyenneté européenne sera développée et affinée lors de plusieurs conseils européens (Madrid en 1989, Dublin en 1990) jusqu'au traité de Maastricht qui marque l'entrée du citoyen européen dans les traités.

Le traité de Maastricht de 1992 précise en effet que toute personne ayant la nationalité d'un des États membres de l'Union est un citoyen européen titulaire de droits nommément mentionnés :

- droit de circuler et de résider librement dans les pays de l'UE ;
- droit de voter et d'être élu dans l'État où l'on réside pour les élections européennes et municipales sous certaines conditions ;
- protection hors de l'UE, en tant que de besoin et par défaut, du citoyen européen de la part des ambassades et des consulats de n'importe quel État membre de l'UE ;
- droit de pétition auprès du Parlement européen ;
- droit de plainte auprès du Médiateur européen concernant un mauvais fonctionnement de l'administration communautaire.

La Documentation française, dossier « Être citoyen européen en 2009 ».

COMPRENDRE LE TEXTE

1. Selon cet historique, avant d'être un « citoyen », comment l'Européen est-il considéré ?
2. Quels sont les symboles choisis ? En quoi sont-ils utiles ?
3. Le citoyen européen existe-t-il aujourd'hui ?

Textes en écho

LIRE

1. En quoi ce texte donne-t-il raison aux vœux de Victor Hugo ?

ÉCRIRE

2. Expliquez, en une dizaine de phrases, à quels obstacles l'avènement de la citoyenneté européenne a pu se heurter ?

Le citoyen européen : rêves d'hier et réalisations actuelles

Texte 3

L'Autrichien Stefan Zweig (1881-1942) est l'image même de l'écrivain cosmopolite, voyageur et ami d'artistes européens. Il a beaucoup espéré le rapprochement des pays européens. Dans cette conférence, prononcée dans un climat de tension qui va conduire à la Seconde Guerre mondiale, ce moraliste critique avec pessimisme les comportements de repli sur soi qu'il observe.

Non, elle n'est pas pour demain l'Europe unie, peut-être devons-nous attendre des années, des décades, peut-être notre génération ne la verra-t-elle pas. Mais, je l'ai déjà dit, une vraie conviction n'a pas besoin d'être confirmée par la réalité pour se savoir juste et vraie. Il ne peut être défendu à personne de rédiger lui-même dès aujourd'hui sa carte d'identité d'Européen, de se dire citoyen d'Europe, et malgré les frontières de considérer fraternellement comme une unité notre monde multiple. Il est possible que ce soit de l'illusionnisme, mais qui pense résolument par-dessus le monde existant se crée tout au moins une liberté personnelle en face de notre époque absurde. Il peut considérer avec un sourire les vains et invraisemblables artifices de la diplomatie dilatoire, avec mépris les campagnes d'excitation à la haine des journaux de chaque côté des frontières, les chicanes entre nations, avec regret l'irritabilité maladive des peuples dressés les uns contre les autres. Lui-même libre à l'égard de tout cela, il peut garder son âme pure de la haine effroyable qui s'étend aujourd'hui sur la terre comme une nappe de gaz asphyxiants, et, se tenant ainsi à l'écart de ces conflits pour lui abolis, il peut mieux comprendre l'humain sur notre terre et s'élever à cette justice sereine, claire et sans préjugés grâce à laquelle – admirable parole de Gœthe – il ressentira comme le sien propre le sort de tous les peuples.

STEFAN ZWEIG, *Espérer l'Europe à en mourir*, conférence donnée à Florence en 1932.

COMPRENDRE LE TEXTE

1. Relevez les références au contexte socio-historique. Comment l'écrivain le juge-t-il ?

2. Montrez que, pour Stefan Zweig, la citoyenneté européenne viendra des consciences individuelles.

3. Qui est le « il » dont parle l'auteur ? Justifiez le recours à ce pronom.

ÉCRIRE

En une dizaine de lignes, **expliquez** la forme que prendrait une « carte d'identité » d'Européen si on vous demandait d'en concevoir une.

Quelle démarche suivre pour faire le plan de synthèse ?

De quoi s'agit-il ?

On attend de vous que la synthèse soit entièrement rédigée et organisée en parties et en sous-parties. Cette construction du devoir en une progression cohérente sera matérialisée par des paragraphes. Cette étape est l'élaboration du plan. Il s'agit d'opérer des rapprochements entre les idées et de créer des unités de réflexion en lien les unes avec les autres. On donne un titre aux parties et aux sous-parties : c'est ce que l'on appelle « le plan détaillé ».

Quand ?

La première phase du travail correspond à la recherche des idées communes aux documents et à la formulation d'une problématique qui donne l'orientation du dossier. Le travail sur le plan est une étape intermédiaire qui organise les idées trouvées et prépare la rédaction. Lorsque le plan détaillé est finalisé, la phase de rédaction peut commencer.

À cette étape du travail, il est important de s'interroger sur :

- la façon dont on va organiser les idées issues de la confrontation ;
- la hiérarchisation des parties et des sous-parties ;
- le recours à des plans types ;
- le lien entre la problématique et le plan.

Document 4

La carte représente les pays de l'Union européenne selon qu'ils appliquent ou non les accords de Schengen – du nom du village du Luxembourg où ils ont été signés, situé à la frontière de la France, de l'Allemagne et du Luxembourg. Depuis 1990, un individu appartenant à un pays signataire de ces accords est libre de se déplacer sans contrôle aux frontières, comme s'il était citoyen d'un seul et unique pays, « l'espace Schengen ».

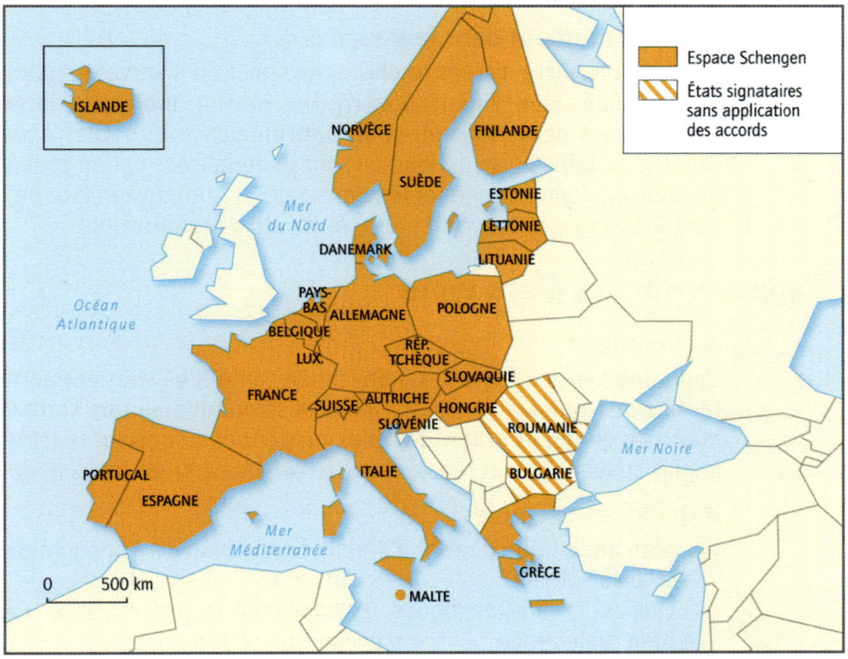

COMPRENDRE LE DOCUMENT

1. Quels sont les pays d'Europe qui n'ont pas signé les accords ?
2. D'après cette carte, qu'est-ce que « l'espace Schengen » ?

EXPRESSION ORALE

Pensez-vous que la possibilité de se déplacer librement au sein d'un espace commun ait renforcé l'identité européenne des habitants de l'UE ?

RECHERCHE

Faites une recherche sur les symboles choisis pour célébrer l'Europe. **Présentez-les** à la classe.

TRAVAIL SUR LE CORPUS

QUESTIONS SUR LES DOCUMENTS 1 À 4

1. Pourquoi est-on tenté de rapprocher les documents 1 et 3 et les documents 2 et 4 ?
2. Ce plan vous paraît-il pertinent ? I) L'Europe d'hier. II) La citoyenneté européenne d'aujourd'hui.
3. Rédigez deux problématiques pour analyser ce corpus.
4. Pensez-vous pouvoir construire un paragraphe autour de la guerre de 1939-1945 ? Quel titre lui donneriez-vous ?

Quelle démarche suivre pour construire le plan détaillé de la synthèse ?

1. Organiser l'étude des documents

Pourquoi ?

Lors de la phase d'analyse des documents (voir chapitres 1 et 2), on dégage **les points de confrontation**. L'étape qui consiste à construire le plan détaillé a pour objectif d'organiser cette confrontation. Lorsque l'on rédigera la synthèse, on explicitera cette organisation grâce à **des phrases d'annonce**, **des liens logiques**, afin que le lecteur comprenne la progression que l'on a suivie.

À quel moment dans le travail ?

On choisit le texte d'idées le plus dense pour qu'il serve de matrice à l'étude. **Le recueil des idées** se fait cependant en suivant l'ordre de la lecture. Les idées communes à deux, trois ou quatre documents sont notées dans la dernière colonne du tableau synoptique ou sont matérialisées par un code couleur. Il est possible également de noter le numéro des documents en face de chaque idée. C'est à partir de là que commence **le travail d'organisation**.

2. S'appuyer sur des plans types

Pourquoi ?

L'entraînement au cours des deux années de BTS va vous permettre de constater que les corpus peuvent être étudiés selon **un plan que l'on peut anticiper. Maîtriser quelques grilles de réflexion** permet de gagner du temps. Attention, le plus souvent, il faut réaménager ces plans types en fonction du corpus.

Quelques exemples

- **Le plan analytique** permet d'étudier l'apparition d'un phénomène ou sa place dans la société :
  1) causes. 2) caractéristiques. 3) conséquences (effectives ou à envisager).
- **Le plan dialectique** permet d'évaluer un phénomène :
  1) avantages. 2) inconvénients.
- **Le plan par domaines** permet d'étudier les différents champs couverts par un phénomène :
  1) aspect social. 2) aspect économique. 3) aspect culturel.

3. Le rôle de la problématique dans l'élaboration du plan

Y a-t-il un lien entre les deux ?

La problématique est la question que le dossier se propose d'examiner. On a vu, au chapitre 3, que l'on s'efforce de la présenter **sous la forme d'une interrogation**. Le plan peut découler de cette question en apportant des réponses de façon ordonnée.

La problématique joue le rôle d'un appui pour trouver le plan

Si la problématique se donne pour objectif d'étudier **l'intérêt d'un phénomène**, le plan « avantages/inconvénients » paraît judicieux. De même, si l'on cherche à comprendre **le rôle de différents acteurs** dans un phénomène, on peut choisir d'examiner un acteur dans chacune des parties de la synthèse.

Parfois, le rapport entre la problématique et le plan est moins direct car il peut y avoir plusieurs façons de répondre à la question.

On s'efforce toutefois de vérifier qu'il y a bien une adéquation entre eux, et que le plan que l'on propose permet bien de répondre à la problématique.

◢ Comment ?

Concrètement, **la problématique formulée sous forme de question** – ou de plusieurs questions si l'on hésite encore à cette phase du travail – est notée de façon lisible, éventuellement encadrée. Cette question doit rester sous vos yeux lors de la phase d'élaboration du plan.

4. Classer les idées issues de la confrontation

◢ Pourquoi ?

On a dégagé de **nombreuses idées communes – ou points de divergence** – entre les documents : entre six et dix idées, par exemple. On ne va pas les étudier les unes après les autres, selon l'ordre proposé par les documents, car cela provoquerait des enchaînements sans aucune logique, et rendrait la lecture de la synthèse moins claire.

◢ Comment faire ?

En relisant **les idées dégagées**, vous allez vous rendre compte que l'on peut les classer **par sous-groupes** car certaines se ressemblent. Ainsi, certaines idées peuvent relever **des différents types de conséquences** qu'un phénomène peut produire. On peut donc les classer dans une rubrique « conséquences ».

◢ Comment obtenir un travail clair et efficace ?

Cela peut se faire par **un système de flèches**, de couleurs, ou par **la rédaction d'une étape supplémentaire** du brouillon.

5. Hiérarchiser les parties et les sous-parties

◢ Pourquoi construire des parties et des sous-parties ?

Une réflexion peut être présentée selon **différents niveaux de précision** : certains ouvrages sont divisés en parties comportant des chapitres, eux-mêmes divisés en unités. Plus cette division est fine, plus grande est la précision de l'exposé. C'est ce vers quoi vous devez tendre, en prenant en compte le temps dont vous disposez, le nombre et la longueur des documents que vous étudiez. Les correcteurs attendent de vous **une construction en deux temps** : des grandes parties (2, 3 ou 4) déclinées en sous-parties (2, 3 ou 4) qui se matérialiseront en paragraphes dans la phase de rédaction.

◢ Comment faire ?

La « partie » s'organise autour du lien que vous avez trouvé entre les idées communes : par exemple, « conséquences de la Seconde Guerre mondiale », ou « rôle des intellectuels engagés ». On s'efforce **de trouver des titres et de présenter un « squelette du devoir »**, selon le schéma suivant par exemple :

Partie 1 : titre
Sous-partie 1.1 : titre
Sous-partie 1.2
Sous-partie 1.3

Partie 2
Sous-partie 2.1
Sous-partie 2.2
Sous-partie 2.3...

6. Trouver un titre et rédiger la phrase d'annonce des parties

Pourquoi chercher un titre alors que le travail doit être intégralement rédigé ?

Il est vrai que les titres vont disparaître lorsque vous rédigerez le devoir. Toutefois, le titre vous permet d'expliciter ce que vous allez étudier dans une sous-partie donnée. C'est **un point de départ pour la rédaction** et un mot-clé qui « résume » ce dont il va être question. Si vous trouvez facilement un titre, c'est aussi un indice rassurant. Cela signifie que **l'organisation de votre plan** facilite votre rédaction.

Le titre disparaît-il vraiment lors de la phase de rédaction ?

Vous allez transformer **le titre en phrase de lancement** des paragraphes. Ainsi, « conséquences » va devenir « On va s'intéresser aux conséquences sur l'identité européenne de l'entrée de la Turquie en Europe ». **La recherche des titres facilite donc l'entrée dans la rédaction**.

7. Un plan doit-il être équilibré ?

Que faire si une partie est plus longue ?

Si la synthèse comporte une partie beaucoup plus longue que les autres, on peut se demander si elle ne peut pas être **scindée en deux** ou si certaines des idées qu'elle comporte ne peuvent pas être **redistribuées vers les autres parties**. On accepte toutefois qu'une partie comporte un paragraphe de plus que les autres. On n'attend pas un équilibre absolu.

Doit-on toujours proposer un plan en trois parties ?

Le plan en trois parties n'est pas systématiquement attendu à l'épreuve du BTS. On peut proposer également deux parties ou quatre. En quatre heures, vous pouvez chercher **à rédiger entre six et huit paragraphes répartis selon différentes combinaisons** ; cela permet de présenter un travail organisé et précis.

Exemple détaillé d'élaboration d'un plan

Travail sur le corpus de découverte p. 86 à 90

1. LES IDÉES COMMUNES AUX DOCUMENTS

On se limite à sept idées communes pour ce premier exercice.

a) L'Europe est le fruit d'aspirations individuelles : textes 1 et 3.

b) L'Europe est un projet ancien : textes 1 et 3.

c) La citoyenneté européenne se fonde sur la possibilité de circuler librement : documents 2, 3, 4.

d) L'Europe s'est construite pour éviter la guerre : textes 1, 2, 3.

e) L'Europe constitue une entité supérieure : documents 1 et 4.

f) L'Europe avance par des réalisations concrètes : documents 2 et 4.

g) Si certains (texte 1) pensent que la construction européenne est un mouvement logique et naturel, d'autres (texte 3) insistent sur les efforts qu'elle demandera.

2. LA PROBLÉMATIQUE

- Le corpus porte un titre descriptif « Le citoyen européen : rêves d'hier et réalisations actuelles » qui montre qu'il se prête à une confrontation historique. Mais on ne peut s'en contenter car cela reviendrait à opposer les documents deux à deux et à limiter les points de rapprochement.

- Les deux problématiques suivantes sont satisfaisantes :

Le citoyen européen d'aujourd'hui répond-il aux espoirs de ses pères fondateurs ?

En quoi les fondements de la citoyenneté européenne permettent-ils de la comprendre ?

3. LE RAPPROCHEMENT DES IDÉES

On remarque que les idées a, b et d se rejoignent car elles portent sur les éléments qui ont permis à l'Europe et à l'identité européenne de se construire. On pourra commencer par l'idée b, qui est la plus simple.

Les idées c, e et f décrivent l'Europe et la citoyenneté européenne aujourd'hui.

4. LE PLAN DÉTAILLÉ

1. D'où vient la citoyenneté européenne ?
   - **1.1** C'est un projet ancien. Textes 1 et 3
   - **1.2** C'est le fruit d'aspirations individuelles. Textes 1, 3, 2
   - **1.3** Ce projet était un moyen d'éviter la guerre. Textes 1, 2, 3
2. Comment se manifeste la citoyenneté européenne aujourd'hui ?
   - **2.1** On l'observe par des réalisations concrètes. Documents 4, 2
   - **2.2** Le citoyen européen appartient à une entité supérieure. Documents 1 à 4
   - **2.3** Le citoyen européen a la possibilité de circuler librement. Documents 2, 4, 3

Le plan est suffisamment détaillé pour que l'on puisse passer à la phase de rédaction.

Conseils de méthode

Que faire lorsqu'une idée n'entre pas dans le plan ?

Il peut arriver qu'une idée commune, relevée dans la phase d'étude des documents, ne trouve pas sa place dans le plan proposé. Soit on décide de la laisser de côté parce qu'elle n'est pas centrale, soit on va chercher à la rattacher à une autre idée afin de la mentionner dans la synthèse – même si on ne s'y arrêtera pas autant que sur une autre idée.

Y a-t-il un seul plan qui convienne ?

Comme pour la problématique, plusieurs plans peuvent satisfaire l'examinateur – toutefois le corpus est construit autour d'un questionnement donné qui attend un certain type de réponses. Le plan comporte des « passages obligés » même si les déclinaisons peuvent varier.

Chaque document doit-il figurer dans chaque partie ?

Il n'y a pas d'obligation même si aucun document ne doit être laissé de côté. On doit éviter d'étudier deux documents dans une partie et deux autres dans une autre partie. Cela limite la confrontation et donc l'analyse.

Comment décide-t-on de l'ordre des sous-parties ?

On commencera par ce qui est le plus évident, le plus simple, et on ira en approfondissant la réflexion. On cherchera à ménager des liens entre les parties.

Améliorer l'expression orale

Les points d'appui pour réussir une présentation orale

Pourquoi ?

En BTS, le français n'est pas évalué par un oral comme au baccalauréat. Toutefois, l'épreuve de soutenance du rapport de stage tient compte de la qualité de l'expression dans la note finale. **L'oral se travaille**. Il nécessite un entraînement qui va permettre de s'exprimer correctement et avec aisance.

Quelles sont les difficultés ?

Dans un exercice d'expression orale – présentation d'un stage, d'un compte rendu de lecture, d'un exposé – **deux dimensions sont liées** : le contenu, la matière à partager et la façon de le dire. Ce sont ces deux aspects qu'il faut mobiliser car un contenu mal structuré, comme un débit trop rapide peuvent gêner la diffusion du message.

▶ Comment capter l'attention de l'auditoire et la conserver ?

On soigne tout particulièrement **l'introduction** en définissant le sujet et en le délimitant. Puis on présente **la démarche adoptée** en annonçant le plan suivi. Il est bon de s'appuyer sur un document projeté qui rappellera à l'auditoire où l'on se trouve dans l'avancée de l'exposé.

▶ Comment faire comprendre un contenu technique à l'oral ?

On peut adopter **une démarche très progressive** en mettant en place les concepts nécessaires à la compréhension d'un dispositif complexe. La première partie sera descriptive et posera les définitions nécessaires. Le passage par des schémas et des photographies ou vidéos permettra aussi de rendre concrètes certaines explications. Il faut également **savoir choisir les informations**, ne pas vouloir tout dire mais **opérer une sélection** qui permet de circonscrire un problème.

▶ Comment rendre une présentation vivante ?

On peut susciter l'attention en recourant à la forme interrogative, pour dynamiser l'exposé lors de l'introduction. On va retenir l'attention de l'auditoire en allant vers lui **par le regard et par la parole**, en adoptant **une langue adaptée**. On ajuste **le débit et le rythme de la présentation** au public, en veillant à vérifier qu'il suit ce qui est dit. On soigne **l'articulation et les intonations**, qu'il faut varier pour rendre la présentation vivante. On choisit aussi **des documents iconographiques pour illustrer** le message et relancer la curiosité du public.

▶ Comment ne pas paniquer lorsque l'on doit s'exprimer en public ?

La meilleure façon d'aborder cet exercice est de l'avoir bien préparé : **organiser le contenu** mais aussi avoir déjà réalisé la performance orale. Une montre est très utile. Vos notes doivent être également **très aérées**, **écrites sur le recto uniquement** et selon **un style télégraphique**, ce qui vous obligera à formuler vos idées et vous évitera de tomber dans le piège de la lecture qui rend la présentation fastidieuse à écouter.

EXERCICES

1. COMPRENDRE

• **Capter l'attention de l'auditoire en s'entraînant sur des consignes simples et en gérant son temps de parole :**

- **Présentez en deux minutes** le texte de Victor Hugo en choisissant de mettre en valeur un de ses aspects (l'identité de Victor Hugo, sa vision de l'Europe, la date à laquelle ce texte a été écrit).
- **Définissez l'espace Schengen** : faites-le une première fois, puis recommencez en utilisant la carte présente dans le chapitre. Est-ce plus facile ? Est-ce plus long ?
- **Expliquez en trois minutes** en quoi l'existence de l'Europe a un impact sur votre vie. **Obligez-vous** à choisir trois étapes et présentez-les pour commencer.

2. PROGRESSER

• **Rendre vivante une prestation orale :**

1. Trouvez un document iconographique qui pourra « animer » un exposé sur :

- Le couple franco-allemand ;
- Les difficultés de la zone euro ;
- Les réalisations de l'UE pour les étudiants.

2. Les gestes qui accompagnent l'oral peuvent être des points d'appui ou des éléments qui le parasitent. Réfléchissez au sens des gestes suivants :

se tenir les bras croisés ; montrer du doigt ; garder une main dans la poche ; fixer du regard le mur du fond de la salle ; se gratter l'oreille ; réussir à sourire pendant l'exposé ; laisser des blancs de plus de 10 secondes.

3. ÉVALUER ET SE CORRIGER

• **Fabriquez une grille pour évaluer l'oral**. Vous distinguerez six critères pour estimer la valeur du contenu et 6 critères qui porteront exclusivement sur la performance orale. **Vérifiez la pertinence de cette grille** en l'utilisant lors des questions associées au texte de Sylvie Goulard (Approfondissement, p. 103).

Lexique
Vocabulaire spécialisé

1. Cherchez la définition des mots suivants et utilisez-les dans une phrase : Europe fédérale ; eurosceptique ; « Bruxelles » ; monnaie unique.
2. Relisez les documents du corpus d'entraînement et relevez trois mots qui appartiennent aux domaines suivants : la politique ; l'économie.

Comment l'identité européenne s'est-elle construite ?

La démarche de l'historien

L'historien travaille sur les faits passés dont il souhaite rendre compte en les classant, en les problématisant et en les interprétant. Pour cela, il s'appuie sur des sources variées – archives, vestiges, documents d'époque, témoignages – qui authentifient sa démarche. Dans ce texte, Braudel livre la conclusion de son travail. Il a mené ses recherches grâce à l'étude de tableaux représentant des marchés et des foires dans les grandes villes d'Europe ou en consultant des livres de comptes. Le travail de l'historien relève des sciences humaines.

Texte 1

Dans cet essai qui fait le bilan de ses recherches, l'historien et sociologue Fernand Braudel retrace la naissance du capitalisme. Il décrit les fonctionnements économiques convergents qui ont été observés en Europe, à partir du Moyen Âge, et qui ont abouti à un système d'échanges capitalistes à l'échelle de l'Europe tout entière.

Ainsi l'État moderne, qui n'a pas fait le capitalisme mais en a hérité, tantôt le favorise et tantôt le défavorise ; tantôt il le laisse s'étendre, tantôt il en brise les ressorts. Le capitalisme ne triomphe que lorsqu'il s'identifie avec l'État, qu'il est l'État. Dans sa première grande phase, dans les villes États d'Italie, à Venise, à Gênes, à Florence, c'est l'élite de l'argent qui tient le pouvoir. En Hollande, au XVIIe siècle, l'aristocratie des Régents gouverne dans l'intérêt et même selon les directives des hommes d'affaires, négociants ou bailleurs de fonds. En Angleterre, la révolution de 1688 marque pareillement un avènement des affaires à la hollandaise. La France est en retard de plus d'un siècle : c'est avec la révolution de Juillet, en 1830, que la bourgeoisie d'affaires s'installe enfin confortablement au gouvernement.

FERNAND BRAUDEL, *La dynamique du capitalisme*, 1985.

COMPRENDRE LE TEXTE

1. Quelle hypothèse formule Fernand Braudel pour expliquer l'émergence du capitalisme en Europe ? Comment s'organise l'argumentation ?

2. Sur quelle période son analyse porte-t-elle ? Quelle information apparaît alors sur la construction de l'identité européenne ?

3. À quelle catégorie appartiendraient les acteurs de l'identité européenne, selon Braudel ?

RÉFLÉCHIR AU RÔLE DE LA PROBLÉMATIQUE DANS L'ÉLABORATION DU PLAN

1. « Comment l'identité européenne s'est-elle construite ? » Proposez deux réponses en deux points à cette problématique.

▶ **Réponse rédigée :**

- *L'identité européenne s'est construite dans le passé ; l'identité européenne s'est construite à l'issue de la Seconde Guerre mondiale.*
- *L'identité européenne s'est construite sur une culture commune ; l'identité européenne s'est développée dans un contexte socio-historique précis.*

2. À partir du texte, **rédigez** deux pistes pour répondre à la problématique du corpus.

ÉCRIRE

Expliquez, en une dizaine de lignes, quels sont les domaines que choisit Braudel pour aborder la question de l'identité européenne.

Document 2

Jan Van Eyck (1390-1441), peintre flamand, a fortement marqué la peinture européenne. Il est connu pour ses tableaux d'un réalisme minutieux.

Jan Van Eyck, *La Vierge du chancelier Rolin*, 1271.

Document 3

Jean Fouquet (1420-1480) est un peintre et un enlumineur qui a marqué la peinture française du XIVe siècle. Ses tableaux montrent l'influence de la peinture flamande et toscane, à l'époque où les artistes voyageaient pour découvrir les techniques et les motifs de l'Italie et du nord de l'Europe.

Jean Fouquet, *Couronnement de Louis VI le Gros, Grandes Chroniques de France,* vers 1455-1460.

ENTRAÎNEMENT GUIDÉ

Comment l'identité européenne s'est-elle construite ?

Comment vérifier que le plan choisi convient ?

Avant de passer à la phase de rédaction, vous devez vérifier que le plan que vous avez adopté va fonctionner. Vous vérifierez que vous avez évité les trois défauts suivants.

- **Le plan incomplet :** aucune idée importante de la confrontation n'est laissée de côté.
- **Le plan redondant :** vos parties ne présentent pas les mêmes idées.
- **Le plan déséquilibré :** aucune partie ne propose un contenu plus long que les autres.

COMPRENDRE LES DOCUMENTS 2 ET 3

1. Les deux tableaux présentent un « observateur ». Décrivez-le. Qui peut-il représenter ?
2. Quelle place l'eau occupe-t-elle dans les deux tableaux ?
3. Quelle est la thématique commune aux deux œuvres ?

S'APPUYER SUR UN PLAN TYPE

1. Parmi les plans types proposés dans le cours, lequel vous paraît correspondre à ce corpus ? Pourquoi ?

▶ **Réponse rédigée :** *Le plan par domaines ou champs pourrait convenir. En effet, les documents de ce corpus décrivent des domaines différents : histoire ; économie ; culture ; religion.*

2. Parmi ces quatre domaines, lequel ne se prête pas à une confrontation de documents ?

ÉCRIRE

Rédigez un paragraphe pour expliquer que la peinture de l'artiste français est marquée par l'œuvre du peintre flamand.

Texte 4

L'écrivain français Paul Valéry (1871-1945) s'interroge sur le destin des civilisations : « L'Europe deviendra-t-elle ce qu'elle est en réalité, c'est-à-dire un petit cap du continent asiatique ? ». Il est, en effet, bouleversé par la Première Guerre mondiale et ses conséquences. Face aux étudiants de l'université de Zurich en 1922, il cherche à définir le ciment de l'esprit européen.

Je me risque ici, avec bien des réserves, avec les scrupules infinis que l'on doit avoir quand on veut préciser provisoirement ce qui n'est pas susceptible de véritable rigueur, – je me risque à vous proposer un essai de définition. [...]

Eh bien, je considérerai comme européens tous les peuples qui ont subi au cours de l'histoire les trois influences que je vais dire.

La première est celle de Rome. Partout où l'Empire romain a dominé, et partout où sa puissance s'est fait sentir ; et même partout où l'Empire a été l'objet de crainte, d'admiration et d'envie ; partout où le poids du glaive romain s'est fait sentir, partout où la majesté des institutions et des lois, où l'appareil et la dignité de la magistrature ont été reconnus, copiés, parfois même bizarrement singés, – là est quelque chose d'européen. Rome est le modèle éternel de la puissance organisée et stable. [...]

Vint ensuite le christianisme. Vous savez comme il s'est peu à peu répandu dans l'espace même de la conquête romaine. [...] Mais, tandis que la conquête romaine n'avait saisi que l'homme politique et n'avait régi les esprits que dans leurs habitudes exté-

Quel ordre choisir pour les paragraphes ?

Le développement de chaque partie doit être progressif. On commence par ce qui semble simple ou banal, pour aller vers une idée plus complexe ou plus originale. Il faut ménager des liens entre les paragraphes pour expliciter cet approfondissement de la pensée. Pour cela, on emploie des phrases intégralement rédigées ou des connecteurs logiques.

rieures, la conquête chrétienne vise et atteint progressivement le profond de la conscience. [...]

Ce que nous devons à la Grèce est peut-être ce qui nous a distingués le plus profondément du reste de l'humanité. Nous lui devons la discipline de l'Esprit [...]. Nous lui devons une méthode de penser qui tend à rapporter toutes choses à l'homme, à l'homme complet [...]. De cette discipline la science devait sortir, notre science, c'est-à-dire le produit le plus caractéristique, la gloire la plus certaine et la plus personnelle de notre esprit. L'Europe est avant tout la créatrice de la science. Il y a eu des arts de tous pays, il n'y eut de véritables sciences que d'Europe. [...] Je me trompe, ce n'est pas l'Europe qui l'emporte, c'est l'Esprit européen dont l'Amérique est une création formidable.

PAUL VALÉRY, *Note (ou l'Européen)*, 1924.

COMPRENDRE LE TEXTE

1. Quelles sont les trois influences à l'origine de l'Europe selon Valéry ?

2. Quelle idée développe le dernier paragraphe ?

3. Comment comprenez-vous la distinction entre « Europe » et « Esprit européen » ?

COMMENT RÉUNIR LES IDÉES ISSUES DE LA CONFRONTATION DES DOCUMENTS ?

1. Comment réunir les idées suivantes : influence dans la peinture ; influence dans la philosophie ; influence religieuse ; convergence dans l'organisation sociale ?

▶ **Réponse rédigée :** On pourrait réunir les deux premières idées sous une catégorie plus générale, « convergences artistiques », ou les trois premières idées sous une catégorie plus large, « convergence culturelle ».

2. Sous la catégorie « convergences culturelles », **reformulez** deux idées proposées dans les documents. Montrez qu'elles sont issues de la confrontation de deux documents au moins.

Texte 5

Voici le début de la proposition lancée par Robert Schuman, ministre français des Affaires étrangères, et considérée comme l'acte de naissance de l'Union européenne.

La paix mondiale ne saurait être sauvegardée sans des efforts créateurs à la mesure des dangers qui la menacent.

La contribution qu'une Europe organisée et vivante peut apporter à la civilisation est indispensable au maintien des relations pacifiques. En se faisant depuis plus de vingt ans le champion d'une Europe unie, la France a toujours eu pour objet essentiel de servir la paix. L'Europe n'a pas été faite, nous avons eu la guerre.

Comment l'identité européenne s'est-elle construite ?

L'Europe ne se fera pas d'un coup, ni dans une construction d'ensemble : elle se fera par des réalisations concrètes créant d'abord une solidarité de fait. Le rassemblement des nations européennes exige que l'opposition séculaire de la France et de l'Allemagne soit éliminée. L'action entreprise doit toucher au premier chef la France et l'Allemagne.

Dans ce but, le gouvernement français propose immédiatement l'action sur un point limité mais décisif.

Le gouvernement français propose de placer l'ensemble de la production franco-allemande de charbon et d'acier sous une Haute Autorité commune, dans une organisation ouverte à la participation des autres pays d'Europe.

La mise en commun des productions de charbon et d'acier assurera immédiatement l'établissement de bases communes de développement économique, première étape de la Fédération européenne, et changera le destin de ces régions longtemps vouées à la fabrication des armes de guerre dont elles ont été les plus constantes victimes.

La solidarité de production qui sera ainsi nouée manifestera que toute guerre entre la France et l'Allemagne devient non seulement impensable, mais matériellement impossible. L'établissement de cette unité puissante de production ouverte à tous les pays qui voudront y participer, aboutissant à fournir à tous les pays qu'elle rassemblera les éléments fondamentaux de la production industrielle aux mêmes conditions, jettera les fondements réels de leur unification économique.

Cette production sera offerte à l'ensemble du monde sans distinction ni exclusion, pour contribuer au relèvement du niveau de vie et au développement des œuvres de paix.

ROBERT SCHUMAN, Déclaration du 9 mai 1950.

À quoi ressemble le brouillon avant de passer à la rédaction ?

Pour faciliter la rédaction, vous pouvez vous appuyer sur quatre étapes du brouillon.
1) L'étude des documents : l'analyse des idées essentielles texte par texte.
2) La mise en évidence des idées à l'issue de la confrontation : entre 6 et 10 idées.
3) La formulation de la problématique sous la forme d'une question.
4) Le plan détaillé avec les liens entre chacun des paragraphes.
Ce brouillon doit être le plus aéré possible et vous devez soigner sa lisibilité.

COMPRENDRE LE TEXTE

1. Montrez que cette déclaration insiste sur les antagonismes entre la France et l'Allemagne.

2. Sur quel domaine Robert Schuman propose-t-il de fonder l'identité européenne ?

3. Montrez que l'auteur inscrit cette future Europe dans un espace mondial.

TROUVER UN TITRE ET RÉDIGER LES PHRASES D'ANNONCE DES PARTIES

1. Quel titre vous paraît le meilleur pour expliquer que certains hommes ont été particulièrement actifs dans la construction de l'identité européenne ?

2. Transformez le titre : « Une culture commune » en phrase d'annonce.

▶ **Réponse rédigée :** *On va s'intéresser au fait que les Européens partagent une culture commune qui fonde leur identité.*

Quels sont les enjeux et les tensions autour de la question de l'identité politique européenne aujourd'hui ?

Texte 1

Dans son essai* Le coq et la perle*, la députée européenne Sylvie Goulard revient sur les relations ambivalentes entre les Français et l'Europe. Dans cet extrait, elle suggère quelques pistes pour renforcer l'identité européenne.

Il est heureux que le premier « manuel d'histoire » franco-allemand soit enfin sorti : [...] la démarche possède, en soi, une extraordinaire vertu.

Cette friction des visions historiques est absolument nécessaire à l'émergence d'une identité commune européenne. Un exercice du même type pourrait être utilement mené avec les Britanniques, ou, pour l'histoire récente, avec les nouveaux pays membres. De Jeanne d'Arc à Yalta, de la colonisation à l'esclavage, des guerres de religion à Napoléon, bien des moments forts de l'histoire de l'Europe sont racontés aux enfants dans des optiques cloisonnées, nationalistes, biaisées. C'est le refus d'attaquer nos préjugés à la source qui complique ensuite la compréhension mutuelle.

De même, la négation, par les autorités de l'Union, du besoin de frontières externes est néfaste. Ces dernières années, la Commission et les gouvernements ont entretenu le mythe d'une Europe ouverte à tous ceux qui en partagent les valeurs. Cette conception généreuse n'est pas sans défaut : elle ignore largement l'universalité des droits de l'homme, passe sur la géographie et, lorsque l'Union affronte, comme en ce moment, une crise institutionnelle majeure[1], heurte même le bon sens. [...]

Sans sentiment d'appartenance, il est impossible de bâtir l'Europe communautaire, qui est censée, rappelons-le, « unir des hommes ». Pour rassurer l'opinion, une pause de longue durée, un report *sine die* de tout élargissement est indispensable ; si elle était fermement décrétée, la discussion sur l'avenir de l'Europe pourrait reprendre sur un terrain moins miné.

SYLVIE GOULARD, *Le coq et la perle, 50 ans d'Europe*, 2007.

---

1. cette crise s'installe à la suite du refus adressé par les Français et les Néerlandais au projet de constitution européenne lors du référendum de 2005.

COMPRENDRE LE TEXTE

1. Quelle action l'auteur salue-t-elle au début de l'extrait ?

2. Quel point de vue soutient-elle dans le troisième paragraphe ? Sur quel argument se fonde-t-elle ?

3. **Relevez** trois obstacles à l'émergence d'une identité européenne.

ORAL

Chaque étudiant prépare sa réponse à la question suivante : qu'est-ce qui pourrait renforcer l'identité européenne ? Un débat au sein du groupe est ensuite organisé.

EXPOSÉ

Documentez-vous sur la question de l'élargissement de l'Europe à la Turquie : présentez les arguments en faveur de l'adhésion de ce pays et ceux qui y sont défavorables. Vous choisirez deux documents du chapitre susceptibles d'apporter des arguments dans ce débat.

Quels sont les enjeux et les tensions autour de la question de l'identité politique européenne aujourd'hui ?

Texte 2

Sophie Duchêne, chercheuse en sciences politiques, fait le bilan de l'état actuel de la notion de citoyen européen et donne ses hypothèses sur son évolution.

À l'approche des élections européennes de juin 2009, qu'est-ce qu'être citoyen européen aujourd'hui ? [...]

Politiquement, la citoyenneté européenne reste une notion relativement vide dans la mesure où les citoyens concernés exercent très peu les droits spécifiques qui leur sont offerts. Rares sont les Européens résidents dans un autre pays de l'Union qui choisissent de s'inscrire sur les listes électorales de leur pays d'accueil. Surtout, la participation aux élections européennes continue de baisser, d'élection en élection : 63 % de participation à l'échelle européenne en 1979 et 45 % en 2004. Les prévisions pour 2009 confirment cette tendance. Plus largement, la mobilité intra-européenne – autrement dit, le fait pour des Européens d'aller résider et travailler dans un autre pays de l'UE – reste faible, pour autant qu'on puisse l'évaluer de façon fiable, de l'ordre de 0,2 % de la population.

Quels rapports établissez-vous entre citoyenneté européenne et identité européenne, et entre citoyenneté européenne et citoyenneté nationale ?

Vis-à-vis de l'Union européenne, la question fondamentale reste de savoir si l'UE est appelée à devenir une sorte de super-État démocratique, de nature fédérale, ou si elle évolue vers un système politique d'un ordre nouveau. Devenir une super-démocratie du type que nous connaissons supposerait que se constitue ce qu'on appelle un *demos*, un peuple au sens politique du terme, autrement dit, que les citoyens européens se considèrent comme tels et agissent comme tels, en allant voter bien sûr, mais plus largement en s'intéressant et en essayant de comprendre ce qui se passe à l'échelon européen. Cela supposerait alors le développement de ce qu'on appelle une « identité européenne » au niveau individuel : on sait au niveau national que c'est plus le sentiment d'être responsable, de faire partie de sa nation, qui entraîne les gens à aller voter et à s'intéresser à ce qui se passe dans leur pays que les convictions politiques.

Mais la plupart des spécialistes de l'intégration européenne considèrent que l'UE est un système politique d'un genre nouveau, dans lequel le pouvoir fonctionne différemment des gouvernements nationaux. C'est ce qu'on appelle « la société civile », les Européens représentés par les associations et organisations diverses dans lesquelles ils s'impliquent, plus que les citoyens-électeurs, qui sont les interlocuteurs du pouvoir. Ce type de fonctionnement a permis des progrès indéniables dans certains domaines, par exemple pour ce qui concerne la prise en considération des inégalités hommes-femmes, les femmes étant toujours sous-représentées dans les partis politiques, qui sont les organisations essentielles des systèmes démocratiques nationaux traditionnels. Mais cela pose la question de la représentation des travailleurs. C'est la force du nombre, inscrite dans la relation électeurs/gouvernants, qui a permis dans de nombreux pays les grandes conquêtes sociales.

La relation entre citoyennetés européenne et nationales dépend donc de la façon dont on envisage l'évolution du système politique européen. La seule chose certaine, c'est qu'il n'y a pas d'opposition entre l'une et l'autre, ni en termes identitaires – se sentir européen suppose déjà de se sentir appartenir à sa nation – ni en termes politiques. Il est clair que les nations sont largement dépassées, dans leurs moyens d'action et donc, leur souveraineté. D'une façon ou d'une autre, les citoyennetés nationales devront être relayées par une forme de participation et d'appartenance supranationale. Ce qu'il est impossible de prédire, c'est si l'échelon européen va parvenir à se construire en échelon démocratique, ou si l'UE n'aura été qu'un passage vers la citoyenneté mondiale.

Quels progrès peut-on encore attendre en matière de citoyenneté européenne ?

Il reste beaucoup à faire ! La citoyenneté européenne aujourd'hui n'est guère qu'un statut[1], pas encore un rôle[2]. Encore avons-nous essentiellement évoqué la dimension électorale de la citoyenneté. Mais comme l'a montré T. H. Marshall, dans l'ouvrage qui fait référence sur le sujet (*Citizenship and Social Class*, 1950), la citoyenneté est un processus historique de conquête des droits, mû par le principe égalitaire qui est au cœur de la démocratie. Depuis le XVIIIe siècle, la citoyenneté s'est à la fois étendue à une population de plus en plus large, et renforcée pour ce qui est des droits qu'elle recouvre : droits civils, puis politiques, puis sociaux. La citoyenneté européenne s'inscrit dans cette histoire ; elle suppose donc, en plus du plein respect des droits civils (ou plus simplement des droits de l'homme) sur le continent européen et de la préservation des droits sociaux, de s'étendre au-delà de la population qu'elle couvre déjà, vers les non-Européens venus vivre sur le continent.

Pour ce qui est de la dimension politique de la citoyenneté européenne, les progrès doivent d'abord venir des partis politiques. Même s'ils ont généralement mauvaise presse, les partis politiques sont le rouage essentiel des démocraties. Ce sont eux qui organisent le corps électoral, font remonter les préférences des électeurs, traduisent en choix les problèmes politiques, sélectionnent les candidats au gouvernement. Il n'y aura pas de citoyenneté européenne au sens fort tant que les partis politiques ne seront pas structurés au niveau européen.

Entretien avec Sophie Duchêne, réalisé en mai 2009, La Documentation française.

1. le statut est la place de l'individu dans un milieu social donné. Il est défini par le modèle culturel et social. Il représente les droits et les devoirs auxquels on peut s'attendre à la place que l'on occupe dans un système social.

2. le rôle correspond à la façon particulière dont chacun se situe pour occuper son statut ou pour exercer sa mission, sa fonction. Le comportement dans tel statut se décline en termes de rôle.

COMPRENDRE LE TEXTE

1. Sur quels indices pouvez-vous vous appuyer pour dire qu'il s'agit d'une réflexion fondée sur des travaux de recherche ?

2. Quelle distinction est faite entre « citoyenneté européenne » et « identité européenne » ?

3. Selon ce texte, sur quoi doit-on s'appuyer pour voir s'approfondir « la citoyenneté européenne » ?

ÉCRIRE

En trois paragraphes argumentés, qui pourront faire référence à certains documents du chapitre, dites si vous partagez le point de vue de Sophie Duchêne : « La citoyenneté européenne aujourd'hui n'est guère qu'un statut, pas encore un rôle. »

Parcours intégral

Étude d'une œuvre intégrale : *L'Auberge espagnole,* Cédric Klapisch, 2002

1

Synopsis

Xavier, un étudiant français de 25 ans, quitte Paris et sa petite amie pour s'installer à Barcelone dans le cadre du projet Erasmus. Il espère améliorer son niveau d'espagnol et pouvoir prétendre ainsi à un poste au ministère des Finances que lui promet une relation. Il s'installe en colocation avec sept autres jeunes européens, tous de nationalités différentes.

2

L'affiche

1. Comment est-elle construite ?
2. Quelle image propose-t-elle de cette année à l'étranger ?
3. Comment interprétez-vous la mosaïque de carrés ?
4. Après une recherche documentaire, justifiez le choix du titre.

Érasme et le système érasmus

Avant d'être connu comme le programme de mobilité pour les étudiants européens, Erasmus est le nom d'un humaniste qui a beaucoup voyagé et séjourné à l'étranger. Il a lié de nombreuses amitiés dans plusieurs villes d'Europe où il s'est arrêté comme Cambrai, Bruxelles, Paris, Oxford et Cambridge, Bologne, Venise ou Bâle. Ses amitiés ont donné lieu à de multiples correspondances écrites. Erasmus Roterodamus, plus connu comme Érasme de Rotterdam, est l'un des précurseurs du mouvement de la Renaissance. Il est également connu pour sa conviction en une Europe unie et éclairée, au-delà des frontières et de tout dogmatisme.

3

Seul à l'étranger ?

IMAGE 1

1. Décrivez le photogramme (cadre, plans, point de vue).
2. Où se trouve Xavier ? Pourquoi l'arrière plan est-il flou ?
3. Décrivez l'expression de son visage ? Qu'est-ce que ses vêtements, ses sacs révèlent de lui ?

IMAGE 2

1. Décrivez le photogramme (cadre, point de vue, plan).
2. Que traduisent ces regards de la part des colocataires ?

4 Les étudiants européens : une identité commune

IMAGE 3

Les jeunes se préparent à accueillir un nouveau colocataire.

1. Sauriez-vous donner la nationalité de ces jeunes ? Pourquoi ?
2. En quoi cet appartement, et notamment cette cuisine, ressemble-t-il à une « auberge espagnole » ?
3. Qu'est-ce qui traduit la convivialité et le partage ?

IMAGE 4

1. Quels sont les points communs entre les photogrammes 2, 3 et 4 ?
2. Pourquoi le réalisateur affectionne-t-il ce type de plan selon vous ?

5 Confrontation avec les documents du chapitre

Avec quels textes du chapitre le film pourrait-il s'intégrer ?
Constituez un sujet de synthèse (du type de ceux posés à l'examen) en choisissant un photogramme que vous associerez à d'autres documents du chapitre. Vous rédigerez la problématique d'étude de ce corpus.

6 Écrire

Qu'est-ce qu'être européen aujourd'hui ? Quelle réponse le film propose-t-il à cette question ?

- Votre réponse commencera par un compte rendu du film s'appuyant sur les passages liés à la question.
- Votre développerez trois idées différentes.

POUR ALLER PLUS LOIN

LIVRES

- Stefan Zweig, *Le monde d'hier, Souvenirs d'un Européen*, le Livre de Poche, 1942.
- Fernand Braudel, *La dynamique du capitalisme*, Flammarion, 1985.
- Laurent Gaudé, *Eldorado*, Actes Sud, 2006.
- Hans Magnus Enzensberger, *Le doux monstre de Bruxelles ou l'Europe sous tutelle*, Gallimard, 2011.

FILMS

- « L'Europe, un monde géopolitique », *Le dessous des cartes*, Arte, 2008.
- Quatremer, « Faiseurs d'euro », Arte, 2010.

CHAPITRE 5 Que signifie dire : « C'est beau ! » ?

Culture générale
Qu'est-ce qui se joue derrière le jugement esthétique ?

Améliorer l'expression écrite
Objectivité/Modalisation

Méthode/Compétences à acquérir
Comment rédiger un paragraphe de synthèse ?

Parcours intégral (culture/méthode/expression)
- **Travail sur une pièce de théâtre :** *Art,* Yasmina Reza, 1994.

SOMMAIRE

LIRE LE DOCUMENT

1. Selon vous, les Français voient-ils le beau dans la « culture » ou dans la « nature » ?

2. Le sexe et l'âge sont-ils des critères déterminants pour énoncer un jugement esthétique ?

3. Le magazine *Beaux-Arts* commente ainsi son article : « La notion du beau pour les Français semble donc se confondre avec celle de "bonheur", de plénitude. Comme si la sensation de la beauté, pour s'exprimer, devait laisser toute forme de réflexion au vestiaire ». **Comment justifiez-vous ce commentaire ?**

4. Si vous aviez rédigé le questionnaire, quelles situations auriez-vous ajoutées ?

RELIER LE DOCUMENT À DES QUESTIONNEMENTS

1. Voici une liste de mots clés à introduire dans un questionnement sur le jugement esthétique : plaisir/snobisme/faute de goût/bon goût/conformisme/classement/complexe d'infériorité/musée/connaissance/éducation/regard/identité/argent.
En puisant dans cette liste, rédigez deux questions qui éclairent d'autres aspects du débat sur le jugement esthétique aujourd'hui.

2. Qu'est-ce qui se joue dans le jugement esthétique ? **Reformulez** cette question de façon à montrer que :
- le jugement esthétique n'est pas un jugement comme les autres.
- dire que « quelque chose est beau » revient à parler de soi-même.

SOLLICITER SA CULTURE GÉNÉRALE

1. Quelle différence faites-vous entre « culture légitime », « culture dominante », « culture de masse » ? En quoi ces trois expressions ont-elles un lien avec le jugement esthétique ?

2. Rédigez un court paragraphe afin de définir « le beau » (vous pouvez vous inspirer de vos souvenirs du cours de philosophie ou faire une recherche).

Compétences sollicitées dans ce chapitre

Connaître les principes de rédaction du paragraphe de synthèse.
- Apprendre à rédiger la phrase d'accroche du paragraphe.
- Faire référence aux documents.
- Comprendre les exigences du paragraphe : concision, objectivité.
- Affiner l'étude des documents.

Un thème, DES questions

Parmi les situations proposées ici, laquelle vous a donné récemment le sentiment de voir ou de vivre quelque chose de beau ? (deux réponses possibles)

	TOTAL	SEXE		TRANCHE D'ÂGE	
		HOMME	FEMME	+50 ANS	-50 ANS
Marcher dans la nature	44	42	46	38	51
Faire l'amour	34	43	26	43	24
Écouter de la musique	29	24	33	30	29
Regarder un film	20	17	22	22	17
Lire un livre	18	15	20	16	20
Acquérir un objet utile et beau	13	14	12	15	12
Assister à un spectacle (opéra, danse, théâtre)	11	11	11	9	12
Visiter une exposition ou regarder une œuvre d'art	9	10	8	6	11
Regarder une émission de télévision	7	8	7	4	8

Sondage réalisé par l'institut Harris Interactive auprès d'un échantillon de 1 000 personnes représentatives de la population française, âgées de quinze ans et plus, interrogées du 8 au 15 avril 2009.

Beaux-Arts magazine, n° 300, juin 2009.

Le jugement esthétique relève-t-il d'une construction individuelle ou est-il imposé par l'extérieur ?

Le personnage de Candide

On parle du siècle des « Lumières » pour qualifier le XVIIIe siècle et ses écrivains. Ceux-ci sont aussi des philosophes et envisagent leurs œuvres comme des instruments pour faire progresser la société vers plus de connaissances et de tolérance. Plusieurs d'entre eux ont adopté une arme commune pour dénoncer certains travers de la société française et braver la censure. En effet, ils inventent un personnage extérieur à cette société qui porte sur elle un regard neuf, faussement naïf. Ces personnages ingénus et candides – du nom de deux récits de Voltaire – mettent au jour certaines incohérences d'un monde qui semble aller de soi.

À la mode/*fashion*/conformiste

Le substantif féminin « mode » apparaît dès le XIVe siècle et a le sens de « manière collective de vivre, de penser, propre à un pays, une époque ». Le sens moderne provient d'un dérivé, apparu au XVe siècle : « goûts collectifs passagers en matière d'habillement et pour tout ce qui touche aux apparences ». L'Anglais utilise le terme « *fashion* » pour parler de la mode, terme qui est aussi passé dans nos usages. Le substantif « conformisme » appartient à ce même réseau lexical. Il désigne le comportement qui consiste à suivre les goûts et les pratiques du groupe.

Texte 1

Dans les* Lettres Persanes*, Montesquieu invente une correspondance entre Rica, un Persan qui découvre la société française et son fonctionnement, et ses amis restés en Perse. Ce regard extérieur et naïf permet au moraliste de jeter un regard critique sur certains comportements de ses contemporains.

RICA À RHEDI, À VENISE

Je trouve les caprices de la mode, chez les Français, étonnants. Ils ont oublié comment ils étaient habillés cet été ; ils ignorent encore plus comment ils le seront cet hiver. Mais, surtout, on ne saurait croire combien il en coûte à un mari pour mettre sa femme à la mode.

Que me servirait de te faire une description exacte de leur habillement et de leurs parures ? Une mode nouvelle viendrait détruire tout mon ouvrage, comme celui de leurs ouvriers, et, avant que tu eusses reçu ma lettre, tout serait changé.

Une femme qui quitte Paris pour aller passer six mois à la campagne en revient aussi antique que si elle s'y était oubliée trente ans. Le fils méconnaît le portrait de sa mère, tant l'habit avec lequel elle est peinte lui paraît étranger ; il s'imagine que c'est quelque Américaine qui y est représentée, ou que le peintre a voulu exprimer quelqu'une de ses fantaisies.

Quelquefois, les coiffures montent insensiblement, et une révolution les fait descendre tout à coup. Il a été un temps que leur hauteur immense mettait le visage d'une femme au milieu d'elle-même. Dans un autre, c'étaient les pieds qui occupaient cette place : les talons faisaient un piédestal qui les tenait en l'air. Qui pourrait le croire ? Les architectes ont été souvent obligés de hausser, de baisser et d'élargir leurs portes, selon que les parures exigeaient d'eux ce changement, et les règles de leur art ont été asservies à ces caprices.

De Paris, le 8 de la lune de Saphar, 1717.

MONTESQUIEU, *Lettres persanes*, « Les caprices de la mode », Lettre 99, 1721.

COMPRENDRE LE TEXTE

1. Pourquoi Montesquieu parle-t-il « des caprices de la mode » ?
2. Comment Montesquieu s'y prend-il pour montrer que le choix des vêtements ou des accessoires que portent les femmes ne relève pas de l'expression d'un goût individuel ?
3. Qu'entend l'auteur par « quelque Américaine » ?
4. **Relevez** un passage comique dans le texte. Quelle est sa fonction ?

Texte 2

Si la mode est considérée comme une tendance caractérisée par son caractère éphémère, certains objets, vêtements ou accessoires réussissent à s'imposer plus durablement. Cet article porte sur le phénomène de la basket « Converse ».

Elle a 100 ans, la petite basket qui monte, qui monte ! Depuis ses premiers pas, la *Chuck Taylor All Star* a essuyé bien des hauts et des bas. Aujourd'hui, elle est au mieux de sa forme. C'est même, pour ses millions d'adorateurs, l'accessoire qui fait tout.

Ben Affleck les porte sans lacets. Charlotte Gainsbourg ne jure que par les blanches. Inès de La Fressange ne met que les basses. Et Mika, les hautes. À chacun sa Converse. Mais une chose est sûre : quand on les aime, c'est pour la vie. On parle même d'addiction. Car, les aficionados le savent bien, pas question de se limiter à une paire. La « *Converse addict* » est collectionneuse. Elle amasse. Elle conserve. Elle stocke. Ce n'est pas Christine, rédactrice de mode, qui dira le contraire.

Un vrai coup de foudre… qui dure. « Mes Converse, je les porte comme une paire de Louboutin[1]. J'ai autant de plaisir à les afficher. » « *Addict* » aux Converse, O.K., mais pas n'importe lesquelles : « Je les choisis toujours en toile, montantes. Je ne jure que par les unies. J'ai trois couleurs de prédilection : crème, bleu foncé et noir. C'est comme ça ! » Christine, rédactrice de mode, est une puriste. Elle reste fidèle au modèle d'origine, immortalisé par le basketteur Chuck Taylor.

[…] toutes les accros de Converse ont un point commun : ce succès planétaire les énerve ! « Avant, porter des Converse dénotait un certain état d'esprit, reprend Bali[2]. La « *Converse addict* » avait un vrai style : à la Jane Birkin, elle était un chouia garçon manqué. Un peu rock. « *Fashion* » mais pas tendance. Gentiment rebelle. Aujourd'hui, ça n'est plus vrai : tout le monde en porte. C'est dommage ! » La *Chuck Taylor*, victime de son succès ? Ça ne risque pas, entre les Converse et ses fans, c'est à la vie à la mort ! La dame centenaire n'a donc aucun souci à se faire. Quant à la démocratisation de la *All Star*, Bali a son avis sur la question : « Ça prouve une chose : ce n'est pas le soulier qui fait le moine, c'est le style ! » À méditer !

PEGGY FREY, « Bien dans nos Converse », *Le Figaro Madame*, 20 février 2008.

COMPRENDRE LE TEXTE

1. Relevez les expressions qui montrent que cette basket fait l'objet d'un jugement esthétique « positif ».

2. Selon ce texte, comment un « phénomène de mode » naît-il ?

3. Montrez, à l'aide du texte, que la rareté contribue à faire apprécier un objet.

1. créateur célèbre de chaussures.
2. Bali Barret, créatrice de mode.

Textes en écho

TEXTES 1 ET 2

LIRE

1. Pourquoi peut-on dire que l'article du *Figaro Madame* illustre un « caprice de la mode », tel que le définit Montesquieu ?

ÉCRIRE

2. Rédigez un paragraphe de huit lignes pour expliquer en quoi ces deux textes s'opposent dans leur définition du fonctionnement de la mode. Pour nuancer cette opposition, vous terminerez en soulignant un point sur lequel ils s'accordent.

Le jugement esthétique relève-t-il d'une construction individuelle ou est-il imposé par l'extérieur ?

Texte 3

Dans cet extrait du* peintre de la vie moderne*, Baudelaire donne son point de vue sur la parure et la mode qui permettent à la femme de ne pas se satisfaire de son apparence naturelle. Il s'intéresse en particulier au maquillage.

La femme est bien dans son droit, et même elle accomplit une espèce de devoir en s'appliquant à paraître magique et surnaturelle ; il faut qu'elle étonne, qu'elle charme ; idole, elle doit se dorer pour être adorée. Elle doit donc emprunter à tous les arts les moyens de s'élever au-dessus de la nature pour mieux subjuguer les cœurs et frapper les esprits. Il importe fort peu que la ruse et l'artifice soient connus de tous, si le succès en est certain et l'effet toujours irrésistible. C'est dans ces considérations que l'artiste philosophe trouvera facilement la légitimation de toutes les pratiques employées dans tous les temps par les femmes pour consolider et diviniser, pour ainsi dire, leur fragile beauté. L'énumération en serait innombrable ; mais, pour nous restreindre à ce que notre temps appelle vulgairement maquillage, qui ne voit que l'usage de la poudre de riz, si niaisement anathématisé[1] par les philosophes candides, a pour but et pour résultat de faire disparaître du teint toutes les taches que la nature y a outrageusement semées, et de créer une unité abstraite dans le grain et la couleur de la peau, laquelle unité, comme celle produite par le maillot, rapproche immédiatement l'être humain de la statue, c'est-à-dire d'un être divin et supérieur ? Quant au noir artificiel qui cerne l'œil et au rouge qui marque la partie supérieure de la joue, bien que l'usage en soit tiré du même principe, du besoin de surpasser la nature, le résultat est fait pour satisfaire à un besoin tout opposé. Le rouge et le noir représentent la vie, une vie surnaturelle et excessive ; ce cadre noir rend le regard plus profond et plus singulier, donne à l'œil une apparence plus décidée de fenêtre ouverte sur l'infini ; le rouge, qui enflamme la pommette, augmente encore la clarté de la prunelle et ajoute à un beau visage féminin la passion mystérieuse de la prêtresse. Ainsi, si je suis bien compris, la peinture du visage ne doit pas être employée dans le but vulgaire, inavouable, d'imiter la belle nature, et de rivaliser avec la jeunesse. On a d'ailleurs observé que l'artifice n'embellissait pas la laideur et ne pouvait servir que la beauté. Qui oserait assigner à l'art la fonction stérile d'imiter la nature ? Le maquillage n'a pas à se cacher, à éviter de se laisser deviner ; il peut, au contraire, s'étaler, sinon avec affectation, au moins avec une espèce de candeur.

CHARLES BAUDELAIRE, *Le peintre de la vie moderne*, « Éloge du maquillage », 1860.

1. critiqué.

COMPRENDRE LE TEXTE

1. Expliquez cette phrase : « On a d'ailleurs observé que l'artifice n'embellissait pas la laideur et ne pouvait servir que la beauté ».

2. En quoi la fonction qu'attribue Baudelaire au maquillage rejoint-elle sa conception du beau telle qu'il l'exprime à la fin du texte ?

3. Montrez que, dans ce texte, Baudelaire s'oppose à la fois à ceux qui critiquent le maquillage et à ceux qui le défendent.

ÉCRIRE

Vous exposerez votre conception du maquillage en partant du jugement de Baudelaire : « Le maquillage n'a pas à se cacher, à éviter de se laisser deviner ; il peut, au contraire, s'étaler ».

Frantisek Kupka,
Le rouge à lèvres, 1908.

Texte 4

Dans cet article, la journaliste passe en revue différents avis portant sur la façon de se maquiller de Kate Middleton, épouse du prince William...

Les goûts et les couleurs...

Vivienne Westwood en connaît un rayon sur le sujet. Pas avare de commentaires, elle est d'ailleurs très souvent sollicitée par la presse anglo-saxonne pour parler de mode et de bien d'autres choses.

Ainsi, dans une interview accordée au *Sunday Times Magazine*, l'excentrique Anglaise en a profité pour donner son avis sur le look de la duchesse de Cambridge. Selon elle, la garde-robe de Catherine est «ordinaire», mais son maquillage est, lui, «une erreur». Comme Vivienne Westwood a fait de sa crinière rousse sa marque de fabrique, l'épouse du prince William souhaite imposer son maquillage des yeux au crayon fin comme une référence. Raté !

Tout le monde s'accordait pourtant à féliciter le style de la princesse, la créatrice monte, elle, au créneau. «Son contour des yeux au crayon noir lui donne l'air dur. Elle devrait estomper le trait ou ne rien mettre» conseille Dame Vivienne Westwood.

LAURE COSTEY, «Le coup de crayon de Vivienne Westwood à la duchesse de Cambridge», *Gala*, 9 août 2011.

COMPRENDRE LE TEXTE

1. **Commentez** l'accroche de cet article.
2. **Relevez** les expressions qui montrent que la créatrice Vivienne Westwood est présentée comme quelqu'un qui affirme son goût de façon très personnelle.
3. **Relevez** trois jugements esthétiques. Pour chacun d'eux, citez l'auteur et dites s'il s'agit d'un jugement personnel ou d'un jugement conformiste.

Rédiger la synthèse

De quoi s'agit-il ?

Votre synthèse comportera autant de paragraphes que vous avez prévu de sous-parties. Vous allez en rédiger entre quatre et six.

Quand ?

Lorsque le plan détaillé est mis en place, on passe à la phase de rédaction. Le jour de l'épreuve, vous rédigerez l'introduction, puis les paragraphes du développement de votre travail.

À cette étape du travail, il est important de s'interroger sur :

- la position énonciative ;
- les étapes du paragraphe ;
- la phrase d'accroche du paragraphe ;
- les exigences du paragraphe.

TRAVAIL SUR LE CORPUS

QUESTIONS SUR LES TEXTES 1 À 4

1. Si l'on vous demande de faire une synthèse des documents, allez-vous donner votre point de vue sur le maquillage ? Pourquoi ?
2. Si vous étudiez la question du conformisme du goût, quels documents allez-vous choisir ? Dans quel ordre allez-vous les étudier ? conjointement ou successivement ? Pourquoi ?

Comment rédiger un paragraphe de synthèse ?

1. Qu'est-ce qu'un paragraphe ?

Est-ce que le paragraphe de synthèse ressemble à celui d'une dissertation ?

On peut définir un paragraphe comme **une unité de pensée**. Il correspond au développement d'**une idée principale** que l'on analyse de façon approfondie. Il commence par **une phrase d'annonce** qui présente l'idée ou l'argument et se termine par **une phrase à valeur de conclusion**. Ces **deux étapes** et le principe d'une unité de sens sont des points communs à tous les types de paragraphes.

Est-ce que la présentation matérielle du paragraphe est importante ?

Oui, car cette présentation met en évidence les caractéristiques fondatrices du paragraphe : **unité et autonomie**. On commence le paragraphe par **un alinéa** et on va à la ligne à chaque nouveau paragraphe. Si chacune des parties de la synthèse est composée de **trois paragraphes**, cet équilibre s'observe dans la mise en page de la copie.

Y a-t-il un nombre de lignes à ne pas dépasser ?

Si l'on tient compte du temps de l'épreuve et du type d'exercice, vous pouvez essayer de rédiger des paragraphes d'**une quinzaine de lignes** environ. C'est ce qui est nécessaire pour présenter l'idée et analyser les documents. Chaque paragraphe reproduit **une démarche identique**, c'est pour cette raison que la longueur des paragraphes est équivalente.

2. Objectivité, confrontation et concision : les trois principes du paragraphe de synthèse

Pourquoi être objectif ?

Vous avez pour but de **restituer la pensée** qu'expriment les documents. Vous devez vous considérer comme des « passeurs » de sens. Votre devoir est **une sorte de relais** entre des textes longs, complexes, et un lecteur qui cherche à comprendre les points de rencontre entre ces documents. Aussi ne devez-vous pas donner votre point de vue personnel.

Un paragraphe peut-il porter sur un seul document ?

Non, un paragraphe prend toujours au moins deux documents en compte. La lecture des documents, la recherche des idées communes, la formulation de la problématique ont pour objectif la confrontation des documents. Le paragraphe formule **cette confrontation** : accord, opposition, nuances. Certains paragraphes peuvent convoquer tous les documents du corpus.

Il faut être concis, mais il s'agit pourtant d'un long devoir.

Un paragraphe est **une unité de sens**. On s'applique donc à ne pas s'éloigner de l'idée centrale qu'on veut transmettre. Même si certaines idées d'un texte vous paraissent intéressantes, il faut cependant les laisser de côté si elles ne correspondent pas au paragraphe que vous rédigez. Vous pourrez ensuite construire un autre paragraphe de confrontation autour de cette idée.

3. Faire référence aux documents

Comment désigner l'auteur et les documents ?

Vous allez évoquer plusieurs fois **les auteurs et les documents**. Il faut donc trouver des variantes dans les formulations.

- **Pour l'auteur :** vous pouvez le nommer **en fonction du genre d'écrit** qu'il rédige : romancier, essayiste, poète, journaliste. Vous pouvez aussi le présenter **à travers une profession** : médecin, sociologue, historien. Enfin, il peut aussi apparaître en fonction de ses idées : détracteur de, partisan de, adepte de...
- **Pour le document :** vous pouvez le citer en vous référant à **son genre** ou à **son titre**.

Comment présenter les idées ?

Vous devez vous entraîner à **formuler les idées** dont vous faites la synthèse en distinguant les affirmations, les explications et les justifications. Un travail régulier sur le vocabulaire et les nuances de sens est nécessaire.

4. La première phrase du paragraphe

Comment être objectif ?

Vous éviterez le pronom « je » de la première personne ainsi que **toutes les formes de subjectivité** comme « de mon point de vue », « pour ma part ». On doit aussi se méfier du pronom « on » qui peut apparaître comme un « nous » déguisé. Le lecteur doit toujours être en mesure de repérer **l'origine d'une idée formulée** dans la synthèse.

Comment commencer ?

- *Les documents du corpus soulignent le conformisme à l'origine du jugement esthétique.* On choisit de désigner **explicitement** les documents du corpus.
- *S'intéresser au jugement esthétique peut conduire à s'interroger sur le rôle de la mode dans la formulation de ce jugement.* Le choix de l'infinitif exprime **un point de vue général**, on s'attend ensuite à ce que soient mentionnés les documents du corpus qui portent sur la mode.

5. Les étapes du paragraphe

Quelles étapes ?

Le paragraphe commence par **l'idée directrice** de la grande partie dans laquelle il s'inscrit. La deuxième phrase consiste à donner l'idée qui va faire l'objet de **la première confrontation** de documents. On analyse ensuite le point de vue d'un premier document sur cette question. Puis on met en rapport un second document avec le premier en explicitant le lien entre eux. On termine par **un bilan**.

Comment expliciter la démarche de la confrontation ?

On se sert d'**un vocabulaire spécifique**.

- **S'il y a accord entre les documents** : De la même façon, les documents s'accordent à dire que... ; Les documents se rejoignent... ; Le second document partage cette idée... ; X est d'accord avec Y pour dire que... ; L'essai confirme cette idée...
- **S'il y a opposition** : au contraire ; en revanche ; Le document 2 rejette cette idée... ; Il conteste cette idée... ; Il ne partage pas...
- **Si un document établit une nuance par rapport à un autre :** Le document 2 prolonge cette idée... ; Il précise... ; Il ajoute... ; Il donne à entendre que... ; Il suggère aussi que...

6. De la mention des documents à leur analyse approfondie

Peut-on faire un montage de citations des textes ?

On ne doit pas « coller » au texte d'origine. Vous devez exprimer les idées **avec vos propres mots** (reformuler), ce qui vous permettra aussi de montrer que les documents sont bien compris. Vous êtes néanmoins amené à citer un texte, vous utiliserez alors **les guillemets** et vous mentionnerez **le nom de l'auteur**. Le recours à ces citations reste exceptionnel.

Comment passer de la simple mention de l'idée commune à une véritable analyse des documents ?

Dans l'apprentissage de cet exercice, une première étape consiste à rassembler les documents qui s'intéressent à une idée donnée et à expliquer en quoi ils s'opposent ou s'accordent. Pour aller plus loin, vous allez **essayer d'approfondir cette confrontation** en montrant la spécificité de chaque document lié à son contexte, à son genre, à son registre par exemple.

Exemple rédigé de paragraphe de synthèse

Travail sur le corpus de découverte p. 110 à 113

La problématique proposée par ce corpus est : « Le jugement esthétique relève-t-il d'une construction individuelle ou est-il imposé par l'extérieur ? ».

I) Idée directrice de première partie

Les textes du corpus s'accordent à dire que le jugement esthétique est davantage le produit d'un phénomène de groupe que l'expression d'un jugement individuel.

II) Idée directrice de la seconde partie

On peut se demander comment certaines personnes ou catégories de personnes parviennent à imposer leurs goûts aux autres.

1) Premier paragraphe

Il semble que certains individus jouissent d'un statut particulier qui leur permet d'imposer leur jugement esthétique aux autres (1). Les deux articles de magazine s'accordent sur le fait que certaines personnes ont un charisme qui leur permet d'être à l'origine de tendances : leur jugement esthétique sera suivi par d'autres personnes (2). Ainsi la journaliste du *Figaro Madame* commence par citer des noms d'artistes célèbres : acteur, chanteur, mannequin. Elle suggère ainsi que leur exemple est déterminant. Selon elle, les individus observent ce que portent ceux qui les fascinent. La Converse, accessible à tous, leur permet de se rapprocher d'eux (3). De même (4), la journaliste de *Gala* rappelle que la créatrice Vivienne Westwood est régulièrement « sollicitée » pour donner son point de vue sur la mode et les comportements vestimentaires qu'il convient d'adopter. Elle explique aussi (5) que Kate Middleton, princesse qui fait rêver, cherche à imposer un certain type de maquillage comme faisant partie de son identité. Toutefois (6), l'article souligne aussi que les critiques existent et que l'ensemble des prescriptions des stars n'est pas unanimement suivi. (7)

COMMENTAIRE DE L'EXERCICE

1. Phrase qui permet d'introduire l'idée du paragraphe.
2. Convocation des deux références qui vont être confrontées.
3. Analyse du premier document : que dit-il sur l'idée choisie ?
4 et 5. Lien logique qui explicite le rapprochement entre ces deux documents.
6. Opposition entre les deux documents : approfondissement de l'analyse.
7. Phrase de conclusion.

Conseils de méthode

Quel temps verbal employer ?

On emploie, en général, le présent de l'indicatif car il s'agit d'un discours argumentatif ou explicatif. On évite donc les temps du récit que sont l'imparfait ou le passé simple. On peut parfois faire des comparaisons entre le passé et le présent. On emploie alors un temps du passé.

Peut-on rédiger au brouillon ?

Non, la rédaction du développement est trop longue pour tout rédiger au brouillon. On peut, toutefois, rédiger à l'avance les phrases d'annonce des parties et des paragraphes.

Améliorer l'expression écrite

Objectivité/Modalisation

Pourquoi ?

L'un des impératifs de l'exercice de synthèse est d'être rédigé en toute objectivité. Cela signifie que l'étudiant s'efface derrière les documents pour ne formuler aucun jugement. Il se contente de rapporter les informations contenues par les documents.

1. Comment exprime-t-on sa subjectivité ?

- **Verbes et tournures verbales** permettent d'exprimer l'approbation et la désapprobation (*j'aime, je préfère, je regrette*...).

- **Des adjectifs ou d'autres termes à connotation affective** peuvent aussi révéler le point de vue du locuteur (*charmant, original, astucieux*...).

- **Des adverbes ou des groupes nominaux compléments circonstanciels** peuvent être des marques de la modalisation (*heureusement, malheureusement, par bonheur*...).

- **Des suffixes péjoratifs ou mélioratifs** peuvent également trahir votre point de vue (*bavard, faiblard, charmantissime*...).

2. Comment être objectif ?

- **Pour être objectif,** il faut bannir les marques de la subjectivité ainsi que l'ironie qui tend à se moquer de ce qu'on dit.

- Il faut aussi **éviter les verbes et adverbes** qui manifestent votre degré d'adhésion à ce que vous dites : *je suis certain que, je pense que, évidemment, sans doute*...

EXERCICES

1. COMPRENDRE

- **Dans le texte suivant, repérez les éléments qui permettent à Umberto Eco de prendre position par rapport à ce qu'il écrit.**

D'aucuns ont mis en doute le fait que Marco Polo soit vraiment allé en Chine parce qu'il ne parle ni de la Grande Muraille, ni du thé, ni des pieds bandés des femmes. Mais on peut séjourner très longtemps en Chine sans savoir réellement ce que boivent les Chinois, sans jamais observer le pied d'une femme, ne serait-ce que par éducation, en notant tout au plus que, à la cour du Grand Khan, les dames marchent à petits pas, et sans passer près de la Grande Muraille, ou y passer, et la prendre pour une fortification locale.

Tout cela pour dire que, jusqu'au XXe siècle, la connaissance que les gens avaient de l'art des autres pays était très réduite. Par ailleurs, si l'on regarde les magnifiques gravures de la Chine du père Athanasius Kircher, il est très difficile, à partir de ces reconstitutions visuelles (réalisées d'après les descriptions verbales des missionnaires), de reconnaître une pagode.

Combien d'œuvres d'art de sa propre civilisation voyait un citoyen français jusqu'au XIXe siècle ? L'accès aux collections privées, et même aux musées, était réservé à une élite, et en tout cas à une élite citadine, jusqu'à l'invention de la photographie, pour savoir à quoi ressemblait une œuvre conservée à Florence par exemple, on avait recours à des gravures — ah, ces splendides livres de Lacroix où les madones de tous les siècles (qu'elles soient byzantines ou de la Renaissance) avaient le visage des jeunes filles qui peuplaient les récits historiques de l'époque romantique !

Umberto Eco, «Un regard internationalisé», *Le Monde*, 30 novembre 2009.

• Rédigez une critique d'un film que vous venez de voir. Introduisez, à l'aide de formulations de votre choix, la modalité du doute, de la certitude, de la valorisation, du regret.

2. PROGRESSER

• Dans cette critique cinématographique, repérez ce qui relève d'une information objective. Vous n'avez pas aimé le film. Rédigez une phrase qui fera apparaître un jugement ironique à son propos.

On ne veut causer de tort à personne mais si *Intouchables*, le nouveau film d'Éric Nakache et Olivier Toledano (*Nos jours heureux*) qui sort aujourd'hui sur 500 écrans, faisait vaciller Tintin, qui a imposé sa loi mercredi dernier dans les salles, ce ne serait que justice. Car il faut faire une très grande, une immense place, à cette comédie tirée d'une histoire vraie, révélée en août au Festival du film d'Angoulême et qui n'a récolté depuis, au fil des avant-premières, que des ovations debout.

François Cluzet et Omar Sy y forment un irrésistible duo. Le premier incarne Philippe Pozzo di Borgo, directeur délégué des champagnes Pommery, riche aristocrate érudit devenu tétraplégique en 1993 à la suite d'un accident de parapente. Le second a coiffé la capuche d'Abdel, un caïd sorti de prison, violent et intéressé, venu se présenter au poste d'auxiliaire de vie dans le seul but d'obtenir un document pour ses Assedic.

Maguelonne Bonnaud, *Le Parisien*, 2 novembre 2011.

3. S'ENTRAÎNER à la synthèse

• Reprenez les extraits de la pièce *Art* de Yasmina Reza (p. 128). Reformulez les positions de Marc et Serge sur l'art en veillant à ne pas faire apparaître votre point de vue personnel.

Lexique
Dénotation et connotation (voir p. 166)

La **dénotation** est le sens d'un mot donné par le dictionnaire.
La **connotation** est le sens donné par le contexte. Un mot peut avoir plusieurs connotations qui dépendent du lecteur, de sa sensibilité, de sa culture.

1. Pour chacun des adjectifs suivants, formulez une phrase en vous référant au sens dénoté. Puis réécrivez-en une qui fera apparaître une connotation particulière.
jeune/divin/brillant/brave.

Le bon goût et le mauvais goût : qui décide ?

Ne pas porter de jugement sur le texte

Un des principes de la rédaction du paragraphe de synthèse est de conserver la neutralité par rapport au contenu du texte. Il peut arriver que vous soyez agacé par les idées défendues par un auteur, ou au contraire complètement enthousiasmé. Votre point de vue ne doit pas apparaître dans la rédaction. Il faut éviter tout jugement et gommer de vos écrits le vocabulaire subjectif. Ainsi, on peut trouver ridicules les personnages de la noce (texte 1) qui préfèrent les copistes aux œuvres exposées ou scandaleuse la réaction des gardiens. Cependant, vous ne devez pas prendre position. Il faut réfléchir à l'intention de l'auteur et la retranscrire sans parti pris.

Texte 1

Dans sa fresque romanesque,* Les Rougon Macquart*, Zola analyse le fonctionnement de la société de son époque.* L'Assommoir *met en scène le milieu des ouvriers et des petits commerçants. Dans cet extrait, les invités de la noce de Gervaise, blanchisseuse et de son mari Coupeau, ouvrier couvreur visitent le Louvre.

Gervaise demanda le sujet des *Noces de Cana* ; c'était bête de ne pas écrire les sujets sur les cadres. Coupeau s'arrêta devant *La Joconde*, à laquelle il trouva une ressemblance avec une de ses tantes. Boche et Bibi-la-Grillade ricanaient, en se montrant du coin de l'œil les femmes nues ; les cuisses de l'Antiope surtout leur causèrent un saisissement. Et, tout au bout, le ménage Gaudron, l'homme la bouche ouverte, restaient béants, attendris et stupides, en face de la Vierge de Murillo.

Le tour du salon terminé, M. Madinier voulut qu'on recommençât ; ça en valait la peine. Il s'occupait beaucoup de madame Lorilleux, à cause de sa robe de soie ; et, chaque fois qu'elle l'interrogeait, il répondait gravement, avec un grand aplomb. Comme elle s'intéressait à la maîtresse du Titien, dont elle trouvait la chevelure jaune pareille à la sienne, il la lui donna pour la Belle Ferronnière, une maîtresse d'Henri IV, sur laquelle on avait vu un jour un drame, à l'Ambigu.

Puis la noce se lança dans la longue galerie où sont les écoles italiennes et flamandes. Encore des tableaux, toujours des tableaux, des saints, des hommes et des femmes avec des figures qu'on ne comprenait pas, des paysages tout noirs, des bêtes devenues jaunes, une débandade de gens et de choses dont le violent tapage de couleurs commençait à leur causer un gros mal de tête. M. Madinier ne parlait plus, menait lentement le cortège, qui le suivait en ordre, tous les cous tordus et les yeux en l'air. Des siècles d'art passaient devant leur ignorance ahurie, la sécheresse fine des primitifs, les splendeurs des Vénitiens, la vie grasse et belle de lumière des Hollandais. Mais ce qui les intéressait le plus, c'étaient encore les copistes, avec leurs chevalets installés parmi le monde, peignant sans gêne ; une vieille dame, montée sur une grande échelle, promenant un pinceau à badigeon dans le ciel tendre d'une immense toile, les frappa d'une façon particulière. Peu à peu, pourtant, le bruit avait dû se répandre qu'une noce visitait le Louvre ; des peintres accouraient, la bouche fendue d'un rire ; des curieux s'asseyaient à l'avance sur des banquettes, pour assister commodément au défilé ; tandis que les gardiens, les lèvres pincées, retenaient des mots d'esprit. Et la noce, déjà lasse, perdant de son respect, traînait ses souliers à clous, tapait ses talons sur les parquets sonores, avec le piétinement d'un troupeau débandé, lâché au milieu de la propreté nue et recueillie des salles.

ÉMILE ZOLA, *L'Assommoir*, 1877.

Le bon goût et le mauvais goût : qui décide ?

COMPRENDRE LE TEXTE

1. De quels critères se servent les membres de cette noce pour apprécier une œuvre ?

2. « Des siècles d'art passaient devant leur ignorance ahurie, la sécheresse fine des primitifs, les splendeurs des Vénitiens, la vie grasse et belle de lumière des Hollandais. » Qui est à l'origine de cet énoncé ? **Expliquez** l'expression « ignorance ahurie ».

3. En vous appuyant sur la fin du texte, **montrez** que la noce n'est pas à sa place dans ce musée car elle n'en maîtrise pas les codes.

COMMENT REFORMULER LE CONTENU DU DOCUMENT ?

1. Résumez le contenu de cet extrait en employant ces verbes : se moquer, critiquer, dénoncer.

▶ **Réponse rédigée :** *Zola se moque de l'attitude des convives de la noce devant les œuvres du musée : ils ne connaissent pas les codes de conduite dans un musée et semblent souffrir presque physiquement de cette visite. Mais la cible de Zola n'est pas l'ignorance de ces personnages, il critique l'opacité du musée qui ne sait pas rendre la culture accessible à tous ses visiteurs. Il dénonce plus globalement une culture dominante représentée par les artistes, les visiteurs habitués ou les gardiens qui méprisent ceux qui en sont tenus écartés.*

2. Reformulez la fin du texte en deux phrases. La première vous permettra d'analyser la réaction des autres visiteurs du musée, la seconde celle des gardiens.

ÉCRIRE

Rédigez un paragraphe d'analyse du texte pour expliquer comment s'opposent « le bon goût » et « le mauvais goût ».

Texte 2

Le romancier Marcel Proust, auteur d'*À la recherche du temps perdu*, décrit le fonctionnement d'un cercle bourgeois se réunissant régulièrement, pour des soirées mondaines, chez les époux Verdurin.

Pour faire partie du « petit noyau », du « petit groupe », du « petit clan » des Verdurin, une condition était suffisante mais elle était nécessaire : il fallait adhérer tacitement à un credo dont un des articles était que le jeune pianiste, protégé par Mme Verdurin cette année-là et dont elle disait « Ça ne devrait pas être permis de savoir jouer Wagner comme ça ! », « enfonçait » à la fois Planté et Rubinstein et que le docteur Cottard avait plus de diagnostic que Potain. Toute « nouvelle recrue » à qui les Verdurin ne pouvaient pas persuader que les soirées des gens qui n'allaient pas chez eux étaient ennuyeuses comme la pluie se voyait immédiatement exclue. Les femmes étant à cet égard plus rebelles que les hommes à déposer toute curiosité mondaine et l'envie de se renseigner par soi-même sur l'agrément des autres salons, et les Verdurin sentant d'autre part que cet esprit d'examen et ce démon de frivolité pouvait par contagion devenir fatal à l'orthodoxie de la petite église, ils avaient été amenés à rejeter successivement tous les « fidèles » du sexe féminin.

MARCEL PROUST, *Un amour de Swann*, 1913.

Reformuler habilement les idées d'un texte pour éviter la paraphrase

Paraphraser un texte consiste à en répéter le contenu sans visée d'analyse. Vous éviterez cette maladresse en recherchant une reformulation du texte qui vous conduise à dégager un point intéressant. Vous pouvez paraphraser « Toute "nouvelle recrue" à qui les Verdurin ne pouvaient pas persuader que les soirées des gens qui n'allaient pas chez eux étaient ennuyeuses comme la pluie se voyait immédiatement exclue » par « Proust dit que les nouveaux arrivants doivent partager le point de vue des époux Verdurin pour être intégrés dans le groupe ». Vous pouvez également l'analyser ainsi : « Proust analyse le mécanisme d'imposition du goût par ceux qui ont le statut de décideurs et qui exercent une pression sur ceux qui souhaitent se rapprocher d'eux ».

COMPRENDRE LE TEXTE

1. Lexique : Dans la première phrase, quelles sont les connotations des expressions entre guillemets ?
2. Reformulez la règle de fonctionnement de ce cercle.
3. Relevez le vocabulaire religieux de la fin du texte. Quel effet produit-il ?

ANALYSER LES DOCUMENTS EN LES RAPPROCHANT L'UN DE L'AUTRE

1. Rapprochez le texte de Proust (2) et celui de Zola (1) de façon à montrer que :
- les deux textes s'intéressent à l'exclusion culturelle ;
- le jugement esthétique se formule au sein d'un groupe social déterminé ;
- les individus socialement privilégiés imposent leur jugement esthétique aux autres.

2. Intégrez à la confrontation entre les deux extraits une réflexion sur l'absence d'évolution dans le temps de la formulation des jugements esthétiques.

▶ **Réponse rédigée :** *Les deux extraits de romans se rejoignent sur la façon dont le jugement esthétique produit de l'exclusion au cours des siècles. Zola, à la fin du XIXe siècle, décrit la stigmatisation dont font l'objet des individus d'origine modeste et peu cultivés au musée du Louvre. Près d'un demi-siècle plus tard, Marcel Proust souligne aussi le rejet prononcé à l'égard d'individus qui ne partagent pas le même jugement esthétique. Pourtant, son analyse porte sur des groupes sociaux favorisés qui se divisent subtilement sur des appréciations esthétiques précises. Le temps et l'évolution sociale ne semblent pas avoir de prise sur la formulation du jugement esthétique et ses conséquences.*

ÉCRIRE

Pourquoi le texte 2 est-il intéressant pour étudier le mécanisme de construction du jugement esthétique à l'intérieur d'un groupe social donné ? **Rédigez** une dizaine de lignes.

La démarche du sociologue

Le sociologue s'intéresse aux faits sociaux. Il étudie les comportements des individus comme étant le résultat de leur appartenance à un groupe donné. La sociologie s'intéresse donc aux représentations, aux relations et aux actions des individus. La démarche du sociologue relève des sciences humaines.

Texte 3

Dans son essai* La Distinction*, Pierre Bourdieu analyse la façon dont les groupes dominants réussissent à imposer leurs appréciations esthétiques comme étant la norme du « bon goût ». Ils parviennent ainsi à se distinguer de ceux qui prétendraient partager les mêmes goûts qu'eux pour leur ressembler.

Le sens du placement qui conduit à abandonner les objets, les lieux, les pratiques démodés, ou plus simplement dévalués, pour se porter vers des objets toujours nouveaux, par cette sorte de fuite en avant, en avance, en avant-garde qui définit le snobisme et qui s'applique à tous les terrains, le sport comme la cuisine, les lieux de vacances comme les restaurants, se guide sur mille indices et

ENTRAÎNEMENT GUIDÉ

Le bon goût et le mauvais goût : qui décide ?

« Culture légitime »

Ce concept sociologique, élaboré par Bourdieu dans *La distinction*, désigne le type de connaissances et de savoirs qui apparaît comme légitime aux yeux du plus grand nombre dans une société. Pour le sociologue, cette culture est valorisée par l'institution scolaire qui trouve plus « légitime » d'étudier la littérature classique que les mangas. Elle est le propre de la classe cultivée qui impose ainsi les normes du « bon goût ». C'est pour cette raison que l'on parle également de culture dominante.

indications différents depuis les mises en garde expresses (« Saint-Tropez – ou le buffet de la gare de Lyon ou n'importe quel autre lieu – est devenu impossible ») jusqu'aux rappels à peine conscients qui, comme l'expérience de la divulgation ou de l'encombrement, inclinent insidieusement à l'horreur ou au dégoût des objets ou des pratiques devenus communs [...]. La recherche de la distinction n'a donc pas besoin de s'apparaître et de s'affirmer comme telle, et toutes les intolérances - au bruit, aux contacts, etc. qu'inculque une éducation bourgeoise suffisent plus souvent à déterminer les changements de terrain ou d'objet qui, dans le travail comme dans le loisir, orientent vers les objets, les lieux, les pratiques les plus rares à un moment donné du temps. Ceux que l'on tient pour distingués ont le privilège de n'avoir pas à s'inquiéter de leur distinction : ils peuvent se fier pour cela aux mécanismes objectifs qui leur assurent les propriétés distinctives et à leur « sens de la distinction » qui les éloigne de tout ce qui est « commun ». Là où la petite bourgeoisie ou la bourgeoisie de fraîche date « en fait trop », trahissant ainsi son insécurité, la distinction bourgeoise se marque par une sorte d'ostentation de la discrétion, de la sobriété et de l'*understatement*[1] un refus de tout ce qui est « tape-à-l'œil », « m'as-tu-vu » et « prétentieux », et qui se dévalorise par l'intention même de distinction l'une des formes les plus abhorrées du « vulgaire », en tout opposé à l'élégance et à la distinction que l'on dit naturelles, élégance sans recherche de l'élégance, distinction sans intention de distinction.

PIERRE BOURDIEU, *La distinction*, 1979.

1. procédé qui consiste à minimiser l'importance de ce dont on parle.

COMPRENDRE LE TEXTE

1. Sur quels domaines portent les exemples de jugements esthétiques ?
2. Comment le groupe dominant parvient-il à garder le privilège de l'imposition du goût ?
3. Expliquez le titre du livre.

COMMENT CONFRONTER PLUSIEURS DOCUMENTS DANS UN PARAGRAPHE DE SYNTHÈSE ?

1. Confrontez les textes de Bourdieu et celui de Proust en utilisant les liens logiques suivants : « se rejoignent », « de la même façon ».

▶ **Réponse rédigée :** *Pierre Bourdieu et Marcel Proust se rejoignent sur l'analyse du mode de constitution de la « distinction » bourgeoise. Pierre Bourdieu analyse dans cet extrait la façon dont s'élabore la distinction bourgeoise. Les préférences de ceux qui définissent les normes du bon goût s'orientent vers ce qui est rare et qui marque discrètement leur différence avec ceux qui souhaitent partager leurs privilèges. De la même façon, Marcel Proust s'intéresse à la manière dont les cercles bourgeois cherchent à se distinguer les uns des autres.*

2. Rédigez une phrase de confrontation pour mettre en relation :
- les documents 1, 2 et 3 ;
- les documents 1 et 3 ;

ÉCRIRE

Retracez le parcours argumentatif du texte 3 en exposant sa thèse, un de ses arguments et un exemple.

Document 4

Ce photogramme est extrait du film d'Agnès Jaoui et Jean-Pierre Bacri, Le goût des autres *(1999). Castella, le personnage central, petit patron antipathique et risible, est touché par la grâce d'une comédienne lors d'une représentation de* Bérénice *à laquelle il assiste contraint et forcé (il est venu y voir jouer sa nièce). Il cherche alors à se faire accepter par une élite intellectuelle dont il ne partage ni les codes ni les valeurs. L'image correspond au début de la représentation, lorsque Castella comprend qu'il va devoir supporter la représentation d'une tragédie classique.*

Le dialogue correspondant à cette image est le suivant : « oh, putain, c'est en vers ? ».

La phrase d'introduction du paragraphe

On peut garder trois principes en tête pour rédiger la première phrase d'un paragraphe de synthèse. D'une part, on s'interdit le recours à la première personne. D'autre part, on ne commence jamais par une référence directe aux documents. Enfin, on vérifie que l'on a fait le lien avec le paragraphe précédent, cette transition pouvant être faite à la fin de ce paragraphe.

COMPRENDRE LE DOCUMENT

1. **Commentez** l'attitude des deux personnages.

2. Leur tenue vestimentaire vous permet-elle d'identifier les personnages ? leur classe sociale ?

3. Pourquoi le choix de ce cadrage met-il l'accent sur la rupture de point de vue entre les spectateurs et la scène ?

RÉDIGER LA PHRASE D'INTRODUCTION DU PARAGRAPHE

1. Quelle phrase convient pour commencer le paragraphe de synthèse ? Justifiez votre choix.

- Les quatre documents s'accordent à dire qu'il existe une culture légitime qui tend à exclure ceux qui ne partagent pas ses goûts.
- Castella comme les invités de la noce de Gervaise n'a pas accès à la culture dominante.
- Je trouve que le théâtre classique et les musées devraient être accessibles à tous.

▶ **Réponse rédigée :** *la deuxième réponse ne convient pas car elle fait intervenir directement les documents sans introduction. La dernière réponse propose un point de vue subjectif. On retiendra donc la première proposition.*

2. Vous venez de terminer un paragraphe sur les dispositifs par lesquels la classe dominante impose ses goûts. **Rédigez** la première phrase du paragraphe suivant pour expliquer que la culture légitime est difficile d'accès.

Les pratiques culturelles des Français en question

Cet article publié par le magazine* Télérama *présente le compte rendu d'une enquête sur les pratiques culturelles des Français, menée par le ministère de la Culture en 2008.

C'est une sorte de vaste check-up. Une radiographie effectuée tous les dix ans, depuis le début des années 70, par le département des études du ministère de la Culture. [...] La dernière prise de température remontait à 1997. Celle qui sort aujourd'hui (coédition La Découverte/ministère de la Culture) a été effectuée en 2008. À son intitulé traditionnel, *Les Pratiques culturelles des Français*, le sociologue Olivier Donnat, qui l'a dirigée, a ajouté la mention «à l'ère numérique». Évident signal ! Car ce sont les fondements mêmes de l'enquête qui sont bousculés par les nouveaux accès à l'art et à la culture ouverts par la révolution numérique. En 1997, seul un ménage sur cinq disposait d'un ordinateur et moins de 1 % des Français surfaient sur Internet. Aujourd'hui, les deux tiers d'entre eux sont équipés d'une ou plusieurs bécanes et plus de la moitié d'une connexion haut débit. Résultat : sans compter les heures passées au travail devant l'ordinateur, les Français consacrent en moyenne 31 heures par semaine aux divers écrans installés à la maison (télévisions, ordinateurs, consoles de jeux, etc.).

Et alors, dira-t-on ? À quels séismes assiste-t-on ? Quels bouleversements peut-on constater à la lecture de cette nouvelle radiographie ? En apparence, très peu. À l'échelle de la population française, rien ne semble avoir bougé, excepté une baisse sensible de la durée d'écoute de la radio ainsi que de la télévision, qui marque le pas après sa spectaculaire progression des dernières décennies. Partout ailleurs, écoute de la musique, lecture de livres, fréquentation des cinémas, des théâtres et des musées, pratiques en amateur, c'est la stabilité qui l'emporte, les évolutions actuelles prolongeant les précédentes tendances.

Tout change pourtant si l'on se concentre sur les comportements des jeunes générations. Les moins de 35 ans sont en effet à l'origine du recul de la radio et de la télévision, leurs goûts vont vers les musiques et les films anglo-saxons, ils aggravent la baisse de la lecture des livres et des journaux à l'œuvre depuis longtemps, et envoient des signes plutôt inquiétants quant à la fréquentation des bibliothèques, des musées et surtout des concerts de musique classique.

Sans le contrepoids des *baby-boomers*, dont la réactivité culturelle est supérieure à celle des générations précédentes au même âge (ils ont aujourd'hui entre 50 et 65 ans), c'est donc bien un bouleversement des pratiques culturelles que révèlent ces nouvelles courbes de température. Que se passera-t-il quand les anciens auront disparu ? Les précédentes enquêtes ayant montré la persistance, tout au long de la vie, des goûts et des manières d'envisager et de vivre la culture, c'est probablement à des ruptures profondes que nous assistons. Visite guidée en six étapes.

Quatre générations, autant de modèles

Apparition du premier poste de télévision en noir et blanc, tourne-disques, 33 tours, 45 tours, radios à transistor, Catherine Langeais, massification de l'enseignement secondaire et supérieur, Salut les copains, Cinq colonnes à la une, les Beatles, télé couleur, deuxième, troisième chaîne, Bernard Pivot, Canal +, CD, cassettes vidéo, ordinateurs, câble, satellite, DVD, chaînes privées par dizaines, baladeurs, Michael Jackson, haut débit, Benjamin Castaldi, dématérialisation, MP3, smartphone, e-books... Attention les secousses ! En quelques décennies, le paysage a complètement changé et «produit» quatre générations aux comportements aujourd'hui clairement distincts.

La première de ces générations, née avant la Seconde Guerre mondiale, a 70 ans et plus. Elle a grandi dans un monde où rien ne venait contester la suprématie de l'imprimé, découvert la télé alors qu'elle avait déjà largement abandonné les culottes courtes. Restée à l'écart de l'explosion du rock et de la pop, elle se retrouve très peu concernée par la révolution numérique.

La génération des *baby-boomers* a été la première à profiter de l'ouverture du système scolaire et du développement des industries culturelles. Marquée par le printemps de 68, elle a porté la contre-culture, mais elle a grandi dans un monde dominé par le livre, auquel elle continue de donner une place centrale.

Ceux qui ont aujourd'hui entre 30 et 40 ans ont vécu la révolution du paysage audiovisuel des années 80. Ils sont la génération du second âge des médias, celui des radios et télés privées, du multi-équipement des familles (radio, télé et magnétoscope à tous les étages), des baladeurs, de la télécommande et des programmes en continu. Ils ont saisi tout naturellement les potentialités du numérique.

La génération des moins de 30 ans, enfin, a grandi au milieu des téléviseurs, ordinateurs, consoles de jeux et autres écrans, intégré dès le biberon la dématérialisation des contenus et la vitesse du haut débit. Elle incarne un troisième âge médiatique encore en devenir, celui des appareils le plus souvent nomades, mariant de multiples fonctionnalités au croisement de la culture, de l'entertainment et de la communication interpersonnelle. Ses comportements anticipent probablement ce qui, demain, sera la norme.

La télé, endormie sur ses lauriers

Pour la première fois depuis son entrée tonitruante dans les salons, puis dans les chambres et les cuisines, la télé a du souci à se faire. Depuis 1997, la durée moyenne d'écoute n'a pas changé : autour de 21 heures par semaine, alors que sa progression était une constante des précédentes études. Plus grave, elle a diminué chez les 15-24 ans, glissant de 18 à 16 heures : une partie du temps que leurs aînés passaient devant le petit écran quand ils avaient leur âge est désormais consacrée aux nouveaux écrans. La faute aux ordinateurs, consoles de jeux et téléphones portables !

Aujourd'hui, ceux qui regardent le moins la télé sont ainsi le plus souvent jeunes, diplômés, parisiens et se recrutent parmi les lycéens, les étudiants et les cadres supérieurs. À l'inverse, les plus accros se recrutent parmi les plus âgés, les moins diplômés et les plus faibles revenus. La téléphagie est enfin une addiction généralement exclusive, le niveau de fréquentation des établissements culturels comme la lecture de livres diminuant avec le nombre d'heures passées devant le petit écran.

L'arlésienne de la démocratisation

Décentralisation, efforts pour aller au-devant de nouveaux publics, travail avec les comités d'entreprise, abonnements à prix réduits, rien n'y fait : une famille avec bibliothèque et dimanches au musée, un diplôme élevé, des revenus importants, une adresse dans une grande ville demeurent les meilleurs passeports pour la fréquentation des établissements culturels. « C'est d'ailleurs la force des effets liés à l'origine sociale qui permet de comprendre que la spectaculaire élévation du niveau de diplôme dans les dernières décennies du XXe siècle ne se soit pas traduite par une augmentation proportionnelle des entrées dans les théâtres, musées et autres lieux culturels », note Olivier Donnat dans son étude. Après avoir constaté qu'en la matière l'exception parisienne s'était aggravée ces dix dernières années, à la différence des années 80 et 90, « au cours desquelles les progrès de l'aménagement culturel du territoire avaient permis une certaine réduction des disparités géographiques ». Loin d'être un facteur de démocratisation, Internet accentue les inégalités, car il renforce les appartenances et les goûts déjà existants. On retrouve ici encore la logique de cumul qui domine depuis longtemps les pratiques culturelles : ce sont ceux qui lisent le plus qui sortent le plus, fréquentent les cinémas et se ruent aux concerts...

Livres et musique classique en danger ?

Le constat est sévère et ne date pas d'hier : depuis plusieurs décennies, les livres séduisent de moins en moins les nouvelles générations, si bien que l'érosion des lecteurs s'accompagne d'un vieillissement du lectorat. Ce sont les *baby-boomers* qui sauvent la situation, les 55-64 ans lisant plus que leurs homologues de la précédente étude. Mais l'éclaircie devrait être de courte durée : les 15-24 ans lisent moins que leurs prédécesseurs d'il y a dix ans. 26 % des garçons de cette tranche d'âge n'ont ainsi lu aucun livre au cours des douze derniers mois, contre 15 % des filles, la lecture ayant tendance, on le sait, à se féminiser. La lecture sur écran (ordinateurs ou e-books) sauvera-t-elle le soldat bouquin ? La suite au prochain numéro...

La musique classique est aussi victime d'une désaffection de la part des nouvelles générations, 1 % seulement des 15-35 ans la plaçant en tête de leurs préférences. Au fil du temps, la situation ne cesse de se dégrader. La proportion de Français ayant assisté à un concert classique au cours de l'année écoulée est ainsi descendue, entre 1997 et 2008, de 8 à 6 %.

Les amateurs de rock viendront au classique quand ils auront 40 ans, assuraient certains il y a quelques années. On sait aujourd'hui qu'il n'en est rien. Les goûts des nouvelles générations changent, et se perpétuent quand ses membres vieillissent. Qu'en sera-t-il de cette préférence largement manifestée par les plus jeunes pour la musique et le cinéma anglo-saxons ? 54 % des moins de 35 ans, qui fréquentent les salles au moins une fois par mois, préfèrent ainsi les films américains. Et 44 % des 15-19 ans choisissent en priorité la musique d'outre-Manche ou d'outre-Atlantique. Il y a là une des « expressions des profondes mutations générationnelles aujourd'hui à l'œuvre, estime Olivier Donnat. Les jeunes voyagent, n'hésitent pas à étudier, voire à s'installer à l'étranger. L'espace mondial leur est rendu évident par Internet. Tous ont un accès précoce à la musique, aux films ou aux séries américaines, ils grandissent dans un univers culturel largement globalisé, où l'anglais règne en maître... ».

Culture et distraction dans le même bateau

Pas de doute là-dessus, les écrans sont devenus, pour la plupart d'entre nous, le support privilégié de nos rapports à la culture. Avec une conséquence essentielle : ils accentuent la porosité entre le monde de l'art et celui du divertissement. Dans la culture numérique, se distraire, s'informer, accéder à des œuvres, pratiquer une activité en amateur, communiquer avec des proches se mêlent intimement, s'entrecroisent sans cesse, se cumulent et se succèdent. Pour les moins de 25 ans, Internet est le lieu qui donne accès à tout.

Et « c'est ce qui est le plus déstructurant par rapport aux classifications anciennes », estime Olivier Donnat. Une distinction telle que culture légitime et culture illégitime, par exemple, mise en avant par Pierre Bourdieu et qui renvoyait aux années 60 quand l'école et les familles soucieuses de léguer un patrimoine constituaient les principales instances de transmission. Aujourd'hui celles-ci sont multiples, liées aux industries culturelles et aux médias. Culture et distraction, culture savante et culture populaire, tout est mélangé. « Tout est sur la surface plane de l'écran, il suffit d'un clic pour passer du plus érudit au plus distractif, remarque Olivier Donnat. On peut même faire les deux en même temps, lire un texte sophistiqué en écoutant des chansons débiles. Certains sites s'attachent à mêler le plus sérieux et le plus fantaisiste. C'est le caractère inédit de l'outil Internet, par essence le lieu de l'impur. » On peut en concevoir des craintes ou au contraire en espérer des ouvertures, de nouveaux chemins pour accéder aux œuvres les plus pointues. Toujours est-il que pour les jeunes générations la distinction entre culture légitime et culture illégitime est aujourd'hui largement vidée de son sens.

Plus rien à partager ?

Il suffit de se promener sur les réseaux genre Facebook. Pour se présenter, chacun avance sa carte d'identité culturelle : musiciens, écrivains, films préférés... « Chacun sa combinaison propre, souligne Olivier Donnat, sa liste inédite de goûts et d'appartenances diverses et qui renvoie à l'intime, que la culture permet d'exprimer de manière privilégiée. Cette logique de plus en plus individuelle est accentuée par la diversification de l'offre, les industries culturelles n'ayant de cesse de segmenter au maximum le marché, permettant des combinaisons de plus en plus complexes. » Du coup, les domaines partagés par tous ne risquent-ils pas de se réduire comme peau de chagrin ? Que restera-t-il qui permette une appartenance collective, que l'on soit jeune ou vieux, diplômé ou pas, fan de Brassens ou de Coldplay ?

MICHEL ABESCAT, « Les Français et la culture : révolution chez les 15-24 ans », *Télérama*, 15 octobre 2009.

APPROFONDISSEMENT

COMPRENDRE LE TEXTE

1. Mettez en évidence trois changements survenus depuis la dernière enquête.

2. Quel est le critère qui permet aux enquêteurs de déterminer les différences dans les pratiques culturelles ?

EXPOSÉ

Sur le site du ministère de la Culture (www.culturecommunication.gouv.fr), **choisissez** l'un des tableaux de l'enquête. Puis, **rédigez** une analyse en une dizaine de lignes. Formulez une hypothèse pour expliquer les pratiques observées.

ÉCRIRE

Confrontez le texte de Bourdieu et l'article de *Télérama*. Mettez en évidence les contradictions. Expliquez en quoi elles ne sont pas qu'apparentes.

Parcours intégral

Étude d'une œuvre intégrale : *Art,* Yasmina Reza, 1994

Yasmina Reza

1

Présentation de la pièce

Dans cette pièce de théâtre créée en 1994, Yasmina Reza présente trois amis, quadragénaires, parisiens, dont l'amitié va être mise à mal par l'irruption d'un tableau blanc acheté par l'un d'eux à un prix élevé. La découverte des différences de goûts et des enjeux qui les sous-tendent est un des moteurs comiques de la pièce.

2 Étude de trois extraits

Extrait 1

Marc, seul.

MARC : Mon ami Serge a acheté un tableau.
C'est une toile d'environ un mètre soixante sur un mètre vingt, peinte en blanc.
Le fond est blanc et si, on cligne des yeux, on peut apercevoir de fins liserés blancs transversaux.
Mon ami Serge est un ami depuis longtemps.
C'est un garçon qui a bien réussi, il est médecin dermatologue et il aime l'art.
Lundi, je suis allé voir le tableau que Serge avait acquis samedi mais qu'il convoitait depuis plusieurs mois. Un tableau blanc, avec des liserés blancs.

Chez Serge.
Posée à même le sol, une toile blanche, avec de fins liserés blancs transversaux.
Serge regarde, réjoui, son tableau.
Marc regarde le tableau.
Serge regarde Marc qui regarde le tableau.
Un long temps où tous les sentiments se traduisent sans mot.

MARC : Cher ?
SERGE : Deux cent mille.
MARC : Deux cent mille ?...
SERGE : Handtington me le reprend à vingt-deux.
MARC : Qui est-ce ?
SERGE : Handtington ? !
MARC : Connais pas.
SERGE : Handtington ! La galerie Handtington !
MARC : La galerie Handtington te le reprend à vingt-deux ?...
SERGE : Non, pas la galerie. Lui. Handtington lui-même. Pour lui.
MARC : Et pourquoi ce n'est pas Handtington qui l'a acheté ?
SERGE : Parce que tous ces gens ont intérêt à vendre à des particuliers. Il faut que le marché circule.
MARC : Ouais...
SERGE : Alors ?

MARC : ...
SERGE : Tu n'es pas bien, là. Regarde-le d'ici. Tu aperçois les lignes ?
MARC : Comment s'appelle le... ?
SERGE : Peintre ? Antrios.
MARC : Connu ?
SERGE : Très. Très !
Un temps.
MARC : Serge, tu n'as pas acheté ce tableau deux cent mille francs ?
SERGE : Mais mon vieux, c'est le prix. C'est un ANTRIOS !
MARC : Tu n'as pas acheté ce tableau deux cent mille francs !
SERGE : J'étais sûr que tu passerais à côté.
MARC : Tu as acheté cette merde deux cent mille francs ? !

Pourquoi le jeu de regards du début de la scène est-il comique ?
Observez qui pose des questions et qui répond.
Caractérisez le rapport de force qui s'est mis en place.
Qu'exprime la violence verbale à laquelle Marc a recours à la fin ?

Extrait 2

SERGE : [...] « Cette merde » par rapport à quoi ? Quand on dit telle chose est une merde, c'est qu'on a un critère de valeur pour estimer cette chose.
MARC : À qui tu parles ? À qui tu parles en ce moment ? Hou hou !...
SERGE : Tu ne t'intéresses pas à la peinture contemporaine, tu ne t'y es jamais intéressé. Tu n'as aucune connaissance dans ce domaine, donc comment peux-tu affirmer que tel objet, obéissant à des lois que tu ignores, est une merde ?
MARC : C'est une merde. Excuse-moi.

*

Serge seul
SERGE : Il n'aime pas le tableau
Bon...
Aucune tendresse dans son attitude.
Aucun effort.
Aucune tendresse dans sa façon de condamner.
Un rire prétentieux, perfide.
Un rire qui sait tout mieux que tout le monde.
J'ai haï ce rire.

De quel type d'arguments Serge se sert-il ?
Montrez que les deux hommes n'arrivent pas à dialoguer.
Montrez que l'expression de ce jugement esthétique a des conséquences sur l'amitié entre les deux hommes.

PARCOURS INTÉGRAL

Parcours intégral

Étude d'une œuvre intégrale : *Art,* Yasmina Reza, 1994

Extrait 3

SERGE : Modernissime. Tu lis ça, tu n'as plus besoin de lire autre chose. Entre le cabinet, l'hôpital, Françoise qui a décrété que je devais voir les enfants le week-end – nouveauté de Françoise, les enfants ont besoin de leur père – je n'ai plus le temps de lire. Je suis obligé d'aller à l'essentiel.

MARC : Comme en peinture finalement… Où tu as avantageusement éliminé forme et couleur. Ces deux scories.

SERGE : Oui… Encore que je puisse aussi apprécier une peinture plus figurative. Par exemple ton hypo-flamand. Très agréable.

MARC : Qu'est-ce qu'il a de flamand ? C'est une vue de Carcassonne.

SERGE : Oui, mais enfin… il a un petit goût flamand… la fenêtre, la vue, le… peu importe, il est très joli.

MARC : Il ne vaut rien, tu sais.

SERGE : Ça, on s'en fout !… D'ailleurs, Dieu seul sait combien vaudra un jour l'Antrios !…

MARC : … Tu sais, j'ai réfléchi. J'ai réfléchi et j'ai changé de point de vue. L'autre jour en conduisant dans Paris, je pensais à toi et je me suis dit : « Est-ce qu'il n'y a pas, au fond, une véritable poésie dans l'acte de Serge ?… Est-ce que s'être livré à cet achat incohérent n'est pas un acte hautement poétique ? »

Montrez que Serge cherche à s'imposer comme celui qui possède la « culture légitime ».
Commentez le passage suivant :
MARC : Il ne vaut rien, tu sais.
SERGE : ça, on s'en fout ! … D'ailleurs, Dieu seul sait combien vaudra un jour l'Antrios !… »
Serge a-t-il réellement changé de point de vue ?

3 Travail sur deux images de la pièce

- Que pensez-vous du choix de cette image pour servir de couverture à l'édition de la pièce ?

- En quoi cette mise en scène illustre-t-elle la notion de « distinction » ?

4

Confrontation avec les documents du chapitre

1. Constituez un sujet de synthèse en choisissant l'un de ces trois extraits et trois autres documents du chapitre.
2. Rédigez trois paragraphes de synthèse sur ce corpus.

5

Écrire

Qu'est-ce que signifie dire : « c'est beau ? ». Quelle réponse proposent ces extraits de la pièce de Yasmina Reza à cette question ?

POUR ALLER PLUS LOIN

LIVRES

- Pierre Bourdieu, « La métamorphose des goûts », *Questions de sociologie*, 1984.
- Frédéric Martel, *La culture mainstream*, 2010.

FILMS

- Maurice Pialat, *Van Gogh*, 1991.
- Jean-Pierre Bacri et Agnès Jaoui, *Le Goût des autres*, 1999.
- Peter Webber, *La jeune fille à la perle*, 2003.

SITES DE MUSÉES

- Le musée du Louvre, www.louvre.fr
- Le musée d'Orsay, www.musee-orsay.fr

CHAPITRE 6 Peut-on analyser le sentiment amoureux ?

Culture générale
Le sentiment amoureux peut-il entrer dans une grille d'analyse ?

Améliorer l'expression écrite
Récapitulatif : le lexique de la synthèse.

Méthode/Compétences à acquérir
Comment rédiger l'introduction, les phrases de transition et la conclusion.

Parcours intégral (culture/méthode/expression)
- **Travail sur une œuvre intégrale :** *La dispute,* Marivaux, 1744.

SOMMAIRE

LIRE LE DOCUMENT

1. Quel est le rôle de l'étoffe dans ce tableau ?
2. En quoi les visages et les mains expriment-ils l'intimité de ce couple ?

RELIER LE DOCUMENT À DES QUESTIONNEMENTS

1. Voici une liste de mots-clés à introduire dans un questionnement sur le sentiment amoureux : déclaration/sincérité/conformisme/couple/société/regard social/mariage/divorce/éducation/liberté/répartition des rôles/séduction/fidélité/jalousie/hasard/universalité. En puisant dans cette liste, rédigez deux questions qui éclairent d'autres aspects du débat sur le sentiment amoureux.
2. Le sentiment amoureux peut-il entrer dans une grille d'analyse ? **Reformulez** cette question de façon à montrer que le sentiment amoureux :
- est déterminé par la position sociale de l'individu ;
- est difficile à comprendre.

SOLLICITER SA CULTURE GÉNÉRALE

1. Citez trois couples d'amoureux célèbres. Vous indiquerez, pour chacun d'eux, à quelle œuvre ils appartiennent (littérature, cinéma, autre).
2. En vous appuyant sur un exemple précis et en une dizaine de lignes, vous direz quelle vision de l'amour nous proposent les contes de fées.

Compétences sollicitées dans ce chapitre
Rédiger l'introduction de la synthèse et les transitions
- Connaître les étapes de l'introduction.
- Surmonter les difficultés de la phrase d'accroche.
- Annoncer le plan.
- Savoir mettre en page la synthèse.
- Rédiger la phrase de transition.
- Dresser une conclusion.

Klimt, *Le baiser*, 1907-1908.

Manifestations du sentiment amoureux : coup de foudre et déclaration amoureuse

Le coup de foudre

Un certain nombre d'expressions désignent la rencontre amoureuse comme : un choc, une émotion violente. On parle du coup de foudre, on dit qu'on tombe amoureux, qu'on brûle d'amour pour quelqu'un. Ce lexique renvoie à la représentation d'un amour passion qui va perturber l'équilibre de l'individu, menacer son intégrité physique et psychique. Ainsi, au XVIIe siècle, pour les moralistes, le mot « passion » porte la marque de son étymologie : « *patior* » qui signifie « souffrir ».

Texte 1

En 1840, Frédéric Moreau, un jeune bachelier, a le coup de foudre pour Marie Arnoux, la femme d'un marchand de tableaux. La scène se passe sur le pont d'un bateau.

Ce fut comme une apparition.

Elle était assise, au milieu du banc, toute seule ; ou du moins il ne distingua personne, dans l'éblouissement que lui envoyèrent ses yeux. En même temps qu'il passait, elle leva la tête ; il fléchit involontairement les épaules ; et quand il se fut mis plus loin, du même côté, il la regarda.

Elle avait un large chapeau de paille, avec des rubans roses, qui palpitaient au vent, derrière elle. Ses bandeaux noirs, contournant la pointe de ses grands sourcils, descendaient très bas et semblaient presser amoureusement l'ovale de sa figure. Sa robe de mousseline claire, tachetée de petits pois, se répandait en plis nombreux. Elle était en train de broder quelque chose ; et son nez droit, son menton, toute sa personne se découpaient sur le fond de l'air bleu.

Comme elle gardait la même attitude, il fit plusieurs tours de droite et de gauche pour dissimuler sa manœuvre ; puis il se planta tout près de son ombrelle, posée contre le banc, et il affectait d'observer une chaloupe sur la rivière.

Jamais il n'avait vu cette splendeur de sa peau brune, la séduction de sa taille, ni cette finesse des doigts que la lumière traversait... Il considérait son panier à ouvrage avec ébahissement, comme une chose extraordinaire. Quels étaient son nom, sa demeure, sa vie, son passé ? Il souhaitait connaître les meubles de sa chambre, toutes les robes qu'elle avait portées, les gens qu'elle fréquentait ; et le désir de la possession physique même disparaissait sous une envie plus profonde, dans une curiosité douloureuse qui n'avait pas de limites.

GUSTAVE FLAUBERT, *L'Éducation sentimentale*, 1869.

Le saviez-vous ?

Amour est masculin au singulier et féminin au pluriel : on parlera d'un amour heureux et d'amours malheureuses.

COMPRENDRE LE TEXTE

1. Quel est le sens du mot « apparition » ?
2. Quels sont les indices du trouble du jeune homme ?
3. Qu'exprime la question : « quels étaient son nom, sa demeure, sa vie, son passé ? »

Document 2

En 1996, Baz Luhrmann propose une relecture de la tragédie de Shakespeare **Roméo et Juliette.**

Photogrammes de *Roméo + Juliette* de Baz Luhrmann, 1996.

COMPRENDRE LES DOCUMENTS

1. Quel est l'effet produit par la succession de ces deux images ?
2. En quoi l'aquarium ajoute-t-il de la magie à cette rencontre ?
3. Quelle est la forme d'expression du coup de foudre dans ces deux photogrammes ?

Textes en écho

LIRE

1. Pourquoi peut-on dire que la phrase qui inaugure le récit du coup de foudre, « Ce fut comme une apparition », convient aussi pour décrire ce film de 1996 ?

ÉCRIRE

2. À partir de ces deux documents, **rédigez** un paragraphe pour définir le coup de foudre.

Manifestations du sentiment amoureux : coup de foudre et déclaration amoureuse

Texte 3

En avril 2011, la revue mensuelle* Philosophie Magazine *a proposé à des penseurs venant d'horizons différents de réfléchir sur le sens de la déclaration amoureuse. C'est le rédacteur en chef, Martin Legros, qui introduit ainsi le dossier.

On ne décide pas d'être amoureux. Comme un éclair, l'amour nous foudroie et nous emporte là où nous n'avions pas décidé d'aller. Et pourtant... à cet appel venu du dehors qui bouleverse notre autarcie et branche nos pulsations sur celles d'un autre, notre participation active est requise. Pour exercer ses effets, l'amour a besoin de notre consentement. Pour se faire reconnaître par l'autre, il a besoin de notre énergie. C'est tout le sens de la déclaration à laquelle on ne prête pourtant pas assez attention. L'amour se déclare. L'amour se proclame. L'amour se déclame. Roméo et Cyrano sous leur balcon, Bérénice au sortir du couronnement de Titus, Werther et Charlotte se découvrant au bal de Wetzlar, Fabrice Del Dongo réfugié dans la prison de la tour Farnèse, Ugolin hurlant sur les hauteurs d'Aubagne, Ingrid Bergman menaçant Humphrey Bogart au Rick's Café de Casablanca, Gainsbourg allant et venant entre les reins de Jane Birkin... Pour tous, ce sont d'abord «les mots qui font l'amour». La formule par laquelle André Breton introduisait, il y a plus d'un siècle, le surréalisme mérite d'être prise à la lettre. Avant de s'accoupler entre eux, les mots accouplent les hommes entre eux. Sans l'alchimie du verbe, l'amour se réduirait à bien peu de chose : une attirance, une rencontre, une passade. Mais voilà que par la grâce de ces trois petits vocables, c'est un monde qui s'ouvre.

MARTIN LEGROS «Je t'aime», *Philosophie Magazine*, n° 48, avril 2011.

COMPRENDRE LE TEXTE

1. Quelle est l'opinion de l'auteur sur la naissance du sentiment amoureux ?

2. Quel est l'effet produit par la liste des couples au milieu du texte ?

3. Quel est le rôle de la parole dans la construction du sentiment amoureux, selon l'auteur ?

ÉCRIRE

Rédigez un paragraphe argumenté pour justifier le point de vue de Martin Legros : « Sans l'alchimie du verbe, l'amour se réduirait à bien peu de chose : une attirance, une rencontre, une passade. »

Texte 4

Dans ce roman autobiographique, Camille Laurens examine les différentes composantes du sentiment amoureux, en faisant défiler les figures d'hommes avec qui elle a été liée au cours de sa vie. Elle analyse ainsi les premiers moments vécus avec son mari.

Pourquoi c'était bien, au début ? parce que nous nous sommes passés des mots, parce que nous avons fait l'économie de tout ce qui se dit généralement dans ces cas-là. Toute parole est en trop quand on a du désir, d'ailleurs parler l'annule – il n'y a pas de mots pour dire le désir, pas de mots courants qui ne servent à le trafiquer, à le masquer, à l'apaiser ou à la détruire. Le langage articulé n'est pas une matière propre à épouser le désir – je veux dire : la langue orale, les paroles volantes – le poème au contraire se moule sur le corps, le poème est proche de la voix, de la peau. Mais le reste, vraiment non : une manipulation honteuse, un vil trucage. Vous n'avez jamais observé avec

pitié ce genre de scène, au restaurant : un couple à une table voisine, un couple en train de se former ? « qu'est-ce que vous prenez ? cette robe vous va à ravir. Vous avez lu le dernier Modiano ? Sans me vanter, je crois que dans ma partie je suis le meilleur. Vous connaissez les Seychelles ?, c'est paradisiaque. Ce Sancerre est bouchonné, j'aimerais voir le patron. ». [...]
L'amour n'est pas une relation sociale. Ça ne se dit pas, ce sont des choses qui ne se disent pas. L'amour n'est traduit qu'en silence ou en cri, dans la solitude des corps, il n'a jamais connu de loi.

CAMILLE LAURENS, *Dans ces bras-là*, 2000.

COMPRENDRE LE TEXTE

1. Quelle est la thèse défendue dans cet extrait ?
2. Quelle est la particularité du genre poétique selon l'auteur ?
3. Qu'est-ce que la romancière cherche à montrer à travers cette série de phrases relevées au restaurant ?

EXPRESSION ORALE

« L'amour n'a jamais connu de loi » écrit Camille Laurens. Quelle est l'origine de cette citation ? Comment la comprenez-vous ?

RECHERCHE

À votre tour, **cherchez** un extrait littéraire puis une image de film qui soient une « scène de première vue ». **Présentez** ces documents à la classe et montrez, en vous appuyant sur le corpus de découverte, ce que sont les invariants du coup de foudre.

DÉCOUVERTE

Comment rédiger l'introduction, les phrases de transition et la conclusion ?

De quoi s'agit-il ?

La synthèse est un travail construit. La première étape du travail rédigé consiste à formuler l'introduction qui va présenter la thématique étudiée, la problématique retenue et le plan choisi. C'est le premier paragraphe du devoir, il prépare le développement. C'est aussi une prise de contact avec le lecteur à qui on présente le parcours que va suivre notre réflexion.

Quand ?

La rédaction de l'introduction constitue le premier travail de rédaction et de mise au propre du devoir. Lorsque le plan détaillé et la phrase d'annonce de chaque paragraphe ont été notés sur le brouillon, on peut commencer à rédiger. Certains s'entraîneront au brouillon à formuler une accroche, d'autres le feront directement au propre. Notons aussi que la recherche de la problématique et du plan a déjà été menée à bien. Il s'agit donc de recopier des phrases qui figurent déjà au brouillon et qui vont fournir la matière pour présenter l'organisation du travail.

À cette étape du travail, il est important de s'interroger sur :

- la façon dont on va présenter les documents dans l'introduction,
- les étapes de l'introduction,
- les ressources pour rédiger la phrase d'accroche,
- comment on formule une transition.

TRAVAIL SUR LE CORPUS

QUESTIONS SUR LES DOCUMENTS 1 À 4

1. Rédigez une phrase pour présenter les documents en les regroupant :
- par genre ;
- en fonction du point de vue qu'ils défendent sur la place de la parole dans la relation amoureuse.

2. Rédigez deux questions à partir de la proposition suivante : « L'amour naît dans un regard et grandit dans la parole ».

3. Rédigez une phrase pour établir une transition entre les deux parties suivantes :
I) Les caractéristiques du coup de foudre
II) La place de la parole dans la naissance de l'amour

Comment rédiger l'introduction, les phrases de transition et la conclusion ?

1. Les deux versions de l'introduction

Pourquoi deux versions ?

Lors de la réforme de l'épreuve de français du BTS qui a introduit l'étude des deux thèmes et l'écriture personnelle, l'exercice de synthèse a été maintenu. Toutefois, on a cherché à corriger une dérive observée dans l'introduction : le fait qu'il ne s'agisse plus seulement d'un paragraphe de présentation du devoir mais d'une partie trop longue, que la présentation des quatre documents du corpus rendait fastidieuse.

2. Les deux versions

V1 : La première version de l'introduction, (c'est-à-dire la version corrigée par la réforme commence) par une phrase d'accroche.

Son objectif est de conduire le lecteur vers **la découverte de la thématique** dont elle montre l'intérêt et les enjeux. Puis, en une phrase, on pose la thématique étudiée. **La formulation de la problématique et l'annonce du plan** permettent ensuite de faire comprendre au lecteur la démarche que l'on va suivre dans notre travail. Les documents seront introduits au moment où on les étudiera dans le corps du devoir.

V2 : La seconde version est en fait l'ancienne introduction.

Elle commence de la même façon, par la phrase d'accroche et la phrase qui donne la thématique. Ensuite, on présente **les documents** dont on donne les références (titre, auteur, date, genre) et **l'idée directrice**. Cette étape peut être longue et l'on gagnera à chercher à regrouper les documents. Ensuite, on reprend la dernière étape : formulation de la problématique et plan.

Y a-t-il une version meilleure que l'autre ?

Les deux versions sont acceptées à l'examen. Si vous choisissez la première, il ne faudra pas oublier de présenter les documents quand vous les analyserez dans les paragraphes de synthèse. Si vous choisissez la seconde, il convient de garder en tête le reproche qui lui est fait et d'essayer de présenter les documents de façon sommaire. Ce qui compte, c'est de décider assez tôt quelle version vous convient et de vous entraîner à partir de ce modèle pendant toute la formation.

3. Les difficultés de la phrase d'accroche

L'étape la plus difficile ?

C'est **la première impression** que l'examinateur va avoir de votre copie : donc il faut soigner ce premier contact. Pourtant, il est souvent difficile de commencer à rédiger le devoir. De plus, **la phrase d'accroche** est entièrement laissée à l'inspiration du candidat qui doit trouver dans **sa culture personnelle**, et dans **les travaux menés en cours**, une idée pour conduire avec élégance vers la thématique abordée par le corpus.

Comment faire ?

Le travail mené en cours vous soutient car il va vous habituer à faire des liens entre **votre savoir et les thématiques abordées**. Vous pouvez trouver la matière pour nourrir cette étape dans vos lectures, les films, les tableaux. Vous pouvez également vous appuyer sur **vos connaissances historiques** – une comparaison avec une époque antérieure – ou sur l'actualité.

COURS / MÉTHODE

Les maladresses à éviter

- Il faut éviter de commencer par une affirmation très générale qui n'apporte finalement **aucune information**.
- Si vous choisissez un exemple vu en cours, vous ne devez pas l'introduire de façon artificielle. Vous devez expliciter **le lien avec la thématique proposée**.
- N'oubliez pas la phrase d'accroche : elle fait partie des attentes de l'exercice, si elle est absente, vous signalez une difficulté à vous inscrire dans les codes de l'exercice.

4. Comment présenter les documents de façon efficace ?

Quelles informations donner ?

Dans l'introduction (version 2), on va donner **les références du document** : son titre, son auteur, la date. On va chercher aussi à présenter son contenu autour **d'une idée directrice**.

Regrouper les documents

On peut opérer des regroupements, et présenter les documents par deux ; par exemple :
- **Par genre :** on présentera les essais ensemble, puis le roman.
- **Par date :** on peut réunir des textes écrits dans des contextes proches.
- **Par thèse :** des points de vues opposés se dessinent nettement, on peut les faire apparaître dès l'introduction.

5. Peut-on poser une question pour annoncer la problématique ?

Deux possibilités sont proposées pour formuler la problématique. Toutes les deux adoptent **une formulation interrogative** qui permet d'inscrire une dynamique dans le devoir. C'est à cette question que le travail va proposer *in fine* une réponse.
- **La phrase déclarative qui prendra la forme d'une interrogative indirecte :** On se demandera si... ; On s'interroge pour savoir si... Ex : On peut se demander par quels moyens s'effectue la transmission des valeurs entre les générations ;
- **La phrase interrogative :** Par quels moyens la transmission entre les générations s'effectue-t-elle ?

6. L'annonce du plan

Quelques formulations possibles

Cette partie de l'introduction doit avant tout viser **la clarté et l'efficacité** : il s'agit d'expliciter la démarche que l'on se fixe pour que le lecteur s'oriente facilement à travers le parcours d'étude que vous lui proposez.
- **Annoncer :** on utilisera le futur : On va voir... ; On verra...
- **Ordonner :** On commencera par examiner... ; Ensuite... ; Enfin...

7. Les étapes de la transition

Quelles fonctions ?

La transition est un passage de relais entre **deux étapes de la réflexion**. Elle permet de faire un bilan de ce que l'on vient d'étudier et de lancer la réflexion vers la direction qui va être envisagée.

◢ Quelles étapes ?

Elle se décline en deux temps qui correspondent souvent **à deux phrases**. On vient d'observer que... ; On va s'intéresser maintenant à...

8. La synthèse comporte-t-elle une conclusion ?

L'exercice n'attend pas une véritable conclusion qui répondrait à l'introduction comme un paragraphe de clôture. Toutefois, on s'efforce de dresser **un bilan des conclusions** auxquelles on est parvenu pour chaque partie et de proposer ainsi **une réponse à la problématique**.

Exemple rédigé d'introduction

Travail sur le corpus de découverte : documents 2 p.135, 3 p.136, 4 p.136

INTRODUCTION (VERSION 1)

La rencontre amoureuse est une thématique qui nourrit le cinéma populaire et, que ce soient les héros de* Titanic *ou plus récemment de* Twilight*, les images de couples, envoûtés par un coup de foudre, ne cessent de construire une véritable mythologie de la rencontre amoureuse qui emporte ses protagonistes dans un monde à part.

Les trois textes et les photogrammes qui nous sont proposés portent sur les mécanismes qui donnent naissance au sentiment amoureux. Quelle est la place respective du regard et de la parole dans l'éclosion du sentiment amoureux ? On analysera tout d'abord la dimension imprévue et irrationnelle de la rencontre amoureuse, puis on envisagera la place du langage dans l'épanouissement du sentiment amoureux.

> En italique : ***phrase d'accroche***
> En gras : **thématique**
> Souligné : l'annonce de la problématique et du plan

INTRODUCTION (VERSION 2)

La rencontre amoureuse est une thématique qui nourrit le cinéma populaire et, que ce soient les héros de *Titanic* ou plus récemment de *Twilight*, les images de couples envoûtés par un coup de foudre ne cessent de construire une véritable mythologie de la rencontre amoureuse qui emporte ses protagonistes dans un monde à part. Les trois textes et les photogrammes qui nous sont proposés portent sur les mécanismes qui donnent naissance au sentiment amoureux. **Deux documents racontent un coup de foudre : Flaubert dans le roman L'éducation sentimentale (1869) décrit la façon dont Frédéric est bouleversé par sa rencontre avec madame Arnoux. De la même façon, Baz Luhrmann en 1996 réécrit le coup de foudre entre Roméo et Juliette. Par ailleurs, Martin Legros dans « Je t'aime », un article tiré de Philosophie Magazine (2011) s'oppose à Camille Laurens, auteur du roman autobiographique Dans ces bras-là en 2000, sur la fonction qu'il faut donner au langage dans la découverte amoureuse.** Quelle est la place respective du regard et de la parole dans l'éclosion du sentiment amoureux ? On analysera tout d'abord la dimension imprévue et irrationnelle de la rencontre amoureuse, puis on envisagera la place du langage dans l'épanouissement du sentiment amoureux.

> En gras : **présentation des documents**

TRANSITION ENTRE I ET II

Il s'avère que le coup de foudre obéit à des mécanismes précis et récurrents dont l'emprise est très forte sur les amants. Observons la place qu'il convient de donner au langage dans la naissance du sentiment amoureux.

Améliorer l'expression écrite

Récapitulatif : le lexique de la synthèse

Pourquoi ?

L'exercice de la synthèse s'appuie sur **une démarche de confrontation des documents** très construite. Il existe **un lexique propre** aux exigences de la synthèse qu'il faut maîtriser pour la rédiger avec efficacité. On peut s'entraîner toute l'année à acquérir ce lexique, puis à l'enrichir pour améliorer **la précision des analyses**.

Que faut-il travailler ?

- **Les termes servant à la présentation des documents**
La présentation des documents est récurrente dans le devoir puisque chaque paragraphe conduit à les confronter. On variera donc les termes qui permettent de les citer.

- **Les liens logiques**
S'ils sont un appui pour la lecture des textes dont ils permettent de comprendre la structure et de dégager les idées essentielles, **les liens logiques** sont **nécessaires à l'organisation** de la synthèse dans la phase de rédaction. On soignera particulièrement **les connecteurs** qui assurent un lien entre les paragraphes de synthèse.

- **Le vocabulaire permettant de rapprocher les documents**
La confrontation des documents est au cœur de chaque paragraphe de synthèse. Aussi est-il important de savoir utiliser **un vocabulaire pertinent** pour la mener à bien. Il faut apprendre à varier ce vocabulaire pour que votre devoir ne paraisse pas artificiel.

- **La précision du vocabulaire**
De même, la confrontation ne repose pas toujours sur l'accord entre les documents. Ils peuvent **être opposés ou apporter des nuances** les uns par rapport aux autres. L'acquisition d'un lexique plus précis va donner plus de finesse à vos analyses car vous serez capable de faire apparaître des relations plus subtiles entre les documents.

EXERCICES

1. COMPRENDRE : présenter les documents

- **Pour chaque document du chapitre 6, proposez deux termes qui permettraient de l'introduire dans la synthèse. Vous pouvez puiser dans cette liste :**
texte ; extrait ; article ; interview ; description ; témoignage ; éloge ; critique ; portrait ; analyse ; tableau ; document ; étude ; fragment ; plaidoyer.

2. S'ENTRAÎNER : utiliser des liens logiques

1. Classez les liens logiques suivants en fonction de la relation qu'ils vont établir : cause, explication, illustration, conséquence, conclusion, addition, transition.
Quels sont les liens logiques qui vont vous être particulièrement utiles dans le cadre de la synthèse ?

LISTE 1 : de plus ; et ; d'ailleurs ; d'autre part ; en outre ; non seulement
LISTE 2 : parce que ; car ; puisque ; grâce à ; en raison de
LISTE 3 : ainsi ; en somme ; en définitive ; enfin
LISTE 4 : c'est-à-dire ; en d'autres termes ; en effet
LISTE 5 : c'est pourquoi ; par conséquent ; donc, ainsi
LISTE 6 : ainsi ; c'est le cas de ; notamment ; par exemple ; comme ; en particulier
LISTE 7 : après avoir souligné que... montrons maintenant que...

2. « De plus », « pourtant », « c'est pourquoi » peuvent être des mots qui commencent les paragraphes d'une synthèse. Expliquez les liens qu'ils établissent entre ce paragraphe et celui qui le précède.

3. PROGRESSER : Utiliser du vocabulaire pour confronter les documents

• **Classez les verbes suivants en fonction du type de confrontation qu'ils construisent entre les documents :**
se rejoindre ; s'accorder ; souligner ; diverger ; s'opposer ; soutenir ; expliquer ; faire comprendre ; éclairer ; se contredire ; ne pas s'entendre ; se compléter ; critiquer ; conforter.

• **Rédigez un paragraphe pour confronter le second et le troisième extrait de *La dispute* (Parcours intégral, p.152) afin de mesurer l'évolution du personnage d'Églé. Vous serez particulièrement attentif au choix du vocabulaire pour :**
- éviter les répétitions ;
- faire apparaître les liens entre les deux extraits avec précision et richesse.

Conseils de méthode

La gestion du temps à l'examen

- La première lecture du dossier est **rapide**.
- La seconde lecture est **approfondie**, elle observe **un ordre réfléchi** (le document le plus général et le plus suggestif en premier, puis les documents plus illustratifs).
  Elle est suivie de **l'élaboration des points de confrontation** entre les documents – ou du tableau synoptique – Ces deux premières étapes peuvent occuper 1 heure/1 heure 15.
- La troisième étape consiste à **formuler la problématique** et à **élaborer un plan détaillé**. On peut aller jusqu'à rédiger la première phrase de chacun des paragraphes, 45 minutes.
- **La rédaction de la synthèse** nécessite au moins 1 heure.
- **L'exercice de l'écriture personnelle** demande au moins 45 minutes.
- Il convient de garder **un temps de relecture**, 10/15 minutes.

Quelques grilles d'analyse du sentiment amoureux

Texte 1

Dans cet article, Michel Marsolais présente, pour le grand public, les conclusions que des recherches en biochimie permettent de donner sur le déclenchement et le fonctionnement de l'attirance amoureuse.

La magie de l'amour ? Foutaise ! Tout bonnement une série de réactions chimiques hautement prévisibles. Une chimie aux effets intoxicants.

Les poètes et autres artistes malheureux ne sont pas les seuls à s'intéresser aux mystères de l'amour. Les scientifiques examinent depuis longtemps les biomécanismes de l'attirance humaine. Le portrait qu'ils en dégagent est maintenant assez clair : c'est celui d'une... dépendance chimique !

D'abord, avant toute autre région de l'anatomie, c'est entre les deux oreilles que ça se passe. Il s'agit plus particulièrement du système limbique du cerveau, qui est en quelque sorte le siège social de nos plaisirs.

Cocktail chimique

Sous le coup d'une rencontre plaisante, ce réseau de neurones situé entre le lobe frontal et le tronc cérébral se met à produire des endorphines, des substances aux effets euphorisants qui rendent les amoureux potentiels gaga de bonheur.

Parmi ces endorphines, notons la phénylétilamine (ou PEA) qui, un peu comme des amphétamines, réduit l'appétit et les besoins en sommeil. Bref, un état physique bien connu des amoureux.

Le grand cocktail chimique se met en branle [...] : oxytocine, testostérone et œstrogène s'agitent. Le lien chimique avec la sexualité est si évident qu'un traitement hormonal peut annuler les pulsions sexuelles d'un délinquant. On parle alors de « castration chimique ».

Une affaire de nez

Les effets euphorisants de ce cocktail chimique sont bien entendu plutôt plaisants et plusieurs chercheurs les associent à un « high » de toxicomane lié à une dépendance.

Cet effet spectaculaire est déclenché notamment par un échange de molécules avec le partenaire potentiel, échange qui précède tous les autres. Nous émettons en effet tous des hormones sexuelles (les phéromones) qui passent en grande partie par le nez.

Avant de rentrer du front, Napoléon (un chaud lapin) écrivait d'ailleurs à Joséphine : « Ne te lave pas, j'arrive. » Le rituel du baiser viserait aussi à permettre aux partenaires de humer leurs phéromones. Des recherches ont aussi montré que le fait de respirer des effluves virils régularisait le cycle menstruel chez la femme. C'est aussi ce qui explique qu'il est difficile de faire l'amour avec un partenaire « qu'on ne peut pas sentir ». Des phéromones incompatibles produisent une répulsion.

Un sevrage difficile

Mais au bout d'un certain temps, le cerveau s'habitue aux décharges répétées d'endorphines. Ce n'est alors qu'une question de temps, les amours les plus fous deviennent doucement plus sages.

Celui qu'on appelait trois fois par jour rien que pour entendre sa voix nous tape sur les nerfs s'il passe deux jours consécutifs à la maison.

Par contre, s'il y a rupture dans la période la plus forte de dépendance, il y a un sevrage brutal qui peut causer une douleur physique véritable, un peu comme le sevrage d'un toxicomane.

L'amour n'est peut-être éternel que lorsqu'il est contrarié. Encore une fois, la biochimie moderne fait miroiter des solutions nouvelles à des problèmes vieux comme le monde. À quand une pilule pour guérir le chagrin d'amour ? Ou mieux encore, une pilule pour rester en amour ?

MICHEL MARSOLAIS, « L'amour : une toxicomanie prévisible », première parution dans *Le journal de Montréal*, 9 février 1997.

L'article de vulgarisation

On nomme « vulgarisation » la démarche qui consiste à transposer un contenu scientifique, élaboré par un spécialiste, de façon à le rendre compréhensible par tous. On peut repérer dans cet article des procédés propres à cette démarche : définition, présentation sous une forme chronologique, ton humoristique, présence d'anecdotes et d'allusions légères. Ces procédés rendent le savoir scientifique, souvent perçu comme aride et ennuyeux, accessible au plus grand nombre.

COMPRENDRE LE TEXTE

1. Quel champ lexical vous permet d'affirmer qu'il s'agit d'un article de vulgarisation ?

2. À quoi serait due l'attirance amoureuse selon cet article ?

COMMENT PRÉSENTER LES DOCUMENTS DANS L'INTRODUCTION ?

1. Si vous deviez présenter ce document dans l'introduction, quels sont les deux aspects que vous mettriez en évidence ?

▶ **Réponse rédigée :** *On pourrait mettre en évidence le genre auquel ce document appartient : un article de vulgarisation. On pourrait également souligner la conception de l'amour qu'il défend : l'amour est un sentiment « hautement prévisible ».*

2. Caractérisez le registre de ce document.

ÉCRIRE

Faites un résumé du texte.

Texte 2

Dans son essai* Le choc amoureux*, publié en 1979, le psychosociologue Francesco Alberoni examine les mécanismes du sentiment amoureux en s'efforçant d'éviter tout jargon scientifique, ce qui fera de son essai un succès international.

Il n'existe pas de mouvement collectif qui ne parte d'une différence, il n'existe pas de passion amoureuse sans la transgression d'un interdit. Non pas une différence et une transgression déterminées mais n'importe laquelle. Ce qui sépare et ce qui est transgressé diffère chaque fois. […] l'amour ne se manifeste que s'il sépare ce qui était uni et que s'il unit ce qui était séparé. Selon le structuralisme de Lévi-Strauss s'instaure un autre système de différences et d'échanges.

Nous pouvons ainsi mieux comprendre les limites de ce qu'écrivait Denis de Rougemont. Selon lui, l'amour se présente toujours en Occident comme un amour défendu, contrarié. En réalité ces obstacles sont voulus, désirés. Il affirme que les amants ne s'aiment pas vraiment, qu'ils trouvent leur plaisir dans la séparation, qu'ils ne sont heureux que s'ils se consument pour l'impossible. Il est vrai que dans la littérature, l'amour est entravé ou irréalisable (Dante, Pétrarque, Shakespeare, Goethe, etc.) mais la raison en est peut-être celle-ci : s'il n'y a pas d'obstacle, il n'y a pas non plus de mouvement, personne ne peut donc tomber amoureux.

[…] Ce qui compte, en conclusion, n'est pas tel genre particulier d'obstacle, mais l'existence d'un obstacle.

FRANCESCO ALBERONI, *Le choc amoureux*, 1979.

Comment trouver la phrase d'accroche ?

C'est un exercice difficile et qui mérite que l'on s'y arrête. En effet, la phrase d'accroche constitue l'entrée en matière du devoir et il faut éviter toute maladresse. Le journaliste cherche également une accroche pour donner envie au lecteur de poursuivre sa lecture. On doit montrer que la thématique du dossier s'inscrit dans une culture commune, dans l'Histoire, qu'elle a été traitée au cinéma, dans la littérature ou qu'elle nourrit encore l'actualité. Il est important de trouver une référence précise et d'éviter des généralités inutiles. Le travail de préparation sur les deux thèmes permet de disposer d'une culture riche pour y puiser ces références.

COMPRENDRE LE TEXTE

1. Quels sont les deux auteurs des opinions énoncées ? Comment se situe l'auteur face à ces thèses ?

2. Expliquez la dernière phrase du texte.

COMMENT TROUVER LA PHRASE D'ACCROCHE ?

1. Sur quels points du texte peut-on s'appuyer pour trouver une phrase d'accroche ?

▶ **Réponse rédigée :** L'auteur cite un ensemble d'auteurs qui ont en commun le fait d'avoir décrit le destin d'amants qui ont marqué les mémoires. Ainsi, on pourrait s'appuyer sur les différences radicales qui séparaient Roméo et Juliette. À partir de l'énumération, on pourrait également s'appuyer sur la nature de l'obstacle qui sépare les amants et qui stimule leur amour.

2. Trouvez un fait dans l'actualité qui pourrait servir de point d'accroche pour ce texte. Trouvez un film qui pourrait servir de point de départ.

ÉCRIRE

L'auteur adresse un courrier à Denis de Rougemont pour lui faire part de la façon dont il prend ses distances avec sa pensée.

Rédigez ce courrier.

ENTRAÎNEMENT GUIDÉ

Quelques grilles d'analyse du sentiment amoureux

Comment rédiger les phrases de transition ou de conclusion ?

Ces étapes du devoir doivent absolument être soutenues par des liens logiques qui permettent au lecteur de suivre la progression de l'information. On gagnera en élégance à aller au plus vite vers le contenu des différentes parties plutôt que vers leur description. Ainsi on choisira plutôt de dire « L'approche scientifique a, tout d'abord, retenu notre attention... » plutôt que « Notre première partie a porté sur l'approche scientifique ».

Texte 3

Dans cet article, le sociologue Louis Maurin se penche sur le concept d'« homogamie sociale », c'est-à-dire le fait que l'on trouve un partenaire amoureux dans une sphère sociale proche de la sienne. Il rappelle quelques éléments d'explication de cet instrument de la reproduction sociale. Il souligne cependant que l'explication sociologique n'est pas la seule qui permet de comprendre les comportements amoureux.

Est-ce bien l'amour qui détermine le choix du conjoint ? Pour tout un chacun, la personne choisie demeure l'élu(e) du cœur, un choix purement individuel. Oui, mais voilà, le sociologue qui observe l'origine sociale des mariés remarque de singulières régularités : « La foudre ne frappe pas aveuglément sur l'échiquier social ». C'est le fameux problème de l'homogamie sociale, étudié par A. Girard.
Comment expliquer cette pesanteur sociale ? Un ensemble de mécanismes complexes est à l'œuvre dans la formation des couples. Facteur déterminant : le lieu de rencontre. Écoles, entreprises, soirées, les groupes sociaux ont des modes de vie différents et fréquentent donc des univers distincts. Au-delà des lieux, les raisons qui font que deux personnes s'accordent, tiennent également à des éléments comme le langage, les comportements vestimentaires ou les préférences culturelles, qui sont eux aussi en partie déterminés par l'appartenance à tel ou tel groupe social.
Pourtant il faut se méfier d'une vision trop mécaniste des choses. Il existe des lieux où les catégories se croisent. La sociologie n'explique pas tout de la formation des couples, la part du hasard et de la psychologie individuelle existe aussi. Entre des univers sociaux proches, mais distincts, des unions se nouent qui limitent la reproduction sociale et contribuent à l'évolution de la société.

LOUIS MAURIN, « Le choix du conjoint », *Alternatives économiques*, n° 40, septembre 1996.

COMPRENDRE LE TEXTE

1. « La foudre ne frappe pas aveuglément sur l'échiquier social. » Reformulez cette phrase à la lumière de l'article.

2. À quoi servent les questions qui commencent les deux premiers paragraphes ?

3. Quels sont, selon vous, les lieux où différentes catégories sociales se croisent et qui peuvent être des lieux de rencontre plus ouverts ?

RÉDIGER DES PHRASES DE TRANSITION ET DE BILAN

1. Quelle serait la transition pour passer de l'analyse de Francesco Alberoni à celle de Maurin ?

2. Proposez deux formulations pour introduire le bilan de l'étude de ce corpus d'entraînement.

▶ **Réponse rédigée :**

- En définitive, il semble que...
- On peut conclure que différentes grilles d'analyse permettent de comprendre le fonctionnement du sentiment amoureux...

Document 4

Ce tableau, publié en 2004, présente une étude sur l'homogamie sociale et son évolution depuis 1975.

		CATÉGORIE SOCIALE DE LEUR FEMME							
Catégorie sociale des hommes		Agriculteurs	Indépendants	Cadres	Professions intermédiaires	Employés	Ouvriers	Autres	Total
Agriculteurs	1975 2000	76,8 70,7	2,7 3,1	0,2 0,9	1,2 3,8	3,3 9,6	8,7 8,0	7,1 3,9	100 100
Indépendants	1975 2000	2,5 2,1	51,6 36,3	3,2 6,3	6,3 11,6	14,3 25,9	13,0 12,4	9,1 5,4	100 100
Cadres	1975 2000	0,3 0,4	4,9 4,3	22,9 33,9	22,6 27,1	27,5 23,4	6,4 5,0	15,4 5,9	100 100
Professions intermédiaires	1975 2000	1,0 1,2	5,2 5,4	11,8 18,6	27,7 28,1	30,4 27,8	16,6 15,9	7,3 3,0	100 100
Employés	1975 2000	1,3 1,7	5,7 6,8	7,0 9,1	14,6 15,8	26,9 21,8	40,2 42,8	4,2 2,0	100 100
Ouvriers	1975 2000	2,3 1,3	3,6 3,1	1,1 1,8	5,5 8,5	27,9 40,0	48,7 36,7	10,9 8,6	100 100

Lecture : en 2000, 33,9 % des hommes cadres ont épousé une femme de la même catégorie sociale.

Alternatives économiques, Hors-série n°62, 4e trimestre 2004, Calculs Louis Chauvel.

La mise en page, un élément de construction du devoir
La mise en page est un élément de compréhension du devoir car elle permet au lecteur de visualiser sa construction. On peut rappeler que chaque paragraphe est une entité d'une douzaine de lignes qui commence par un alinéa. La transition entre les parties pourra être détachée du corps du devoir, de façon à bien faire comprendre qu'elle est un point de passage. Elle commence également par un alinéa.

COMPRENDRE LE DOCUMENT

1. Comment a évolué l'homogamie entre 1975 et 2000 pour la catégorie des ouvriers et des cadres ?
2. Pourquoi peut-on dire, comme l'auteur du texte 3, que l'homogamie est un facteur de « reproduction sociale » ?
3. Pour quelle raison la connaissance de l'évolution du travail des femmes, sur cette même période, pourrait-elle permettre d'éclairer ces résultats ?

PRÉSENTER LES DOCUMENTS EN LES REGROUPANT

1. Présentez les documents 3 et 4 en montrant qu'ils reposent sur une approche commune.

▶ **Réponse rédigée :** Les documents 3 et 4 relèvent tous les deux de l'analyse sociologique. Celle-ci s'appuie sur le repérage de constantes dans la constitution des couples pour bâtir la théorie de l'homogamie sociale.

2. Présentez le document 4 en montrant qu'il est une illustration du document 3.

ÉCRIRE

Pourquoi peut-on dire que des séries comme *Grey's Anatomy*, *The Mentalist*, ou *Sex and the City* sont le reflet de cette forte homogamie sociale ? D'autres séries ou d'autres films illustrent-ils cette homogamie sociale ?

L'amour est-il conditionné par les valeurs de la société dans laquelle on vit ?

Texte 1

Dans cet extrait, le philosophe Alain Badiou, interrogé par Nicolas Truong, dénonce la dérive à laquelle certaines valeurs fortes de la société actuelle soumettent le sentiment amoureux.

Paris a été couvert d'affiches pour le site de rencontres Meetic, dont l'intitulé m'a profondément interpellé. Je peux citer un certain nombre de slogans de cette campagne publicitaire. Le premier dit – et il s'agit du détournement d'une citation de théâtre – « Ayez l'amour sans le hasard ! ». Et puis, il y en a un autre : « On peut être amoureux sans tomber amoureux ! » Donc, pas de chute, n'est-ce pas ? Et puis, il y a aussi : « Vous pouvez parfaitement être amoureux sans souffrir ! » Et tout ça grâce au site de rencontres Meetic... qui vous propose de surcroît – l'expression m'a paru tout à fait remarquable – un « coaching amoureux ». Vous aurez donc un entraîneur qui va vous préparer à affronter l'épreuve. Je pense que cette propagande publicitaire relève d'une conception sécuritaire de « l'amour ». C'est l'amour assurance tous risques : vous aurez l'amour, mais vous aurez si bien calculé votre affaire, vous aurez si bien sélectionné d'avance votre partenaire en pianotant sur Internet – vous aurez évidemment sa photo, ses goûts en détail, sa date de naissance, son signe astrologique, etc. – qu'au terme de cette immense combinaison vous pourrez vous dire : « Avec celui-là, ça va marcher sans risques ! » Et ça, c'est une propagande, c'est intéressant que la publicité se fasse sur ce registre-là. Or, évidemment, je suis convaincu que l'amour, en tant qu'il est un goût collectif, en tant qu'il est, pour quasiment tout le monde, la chose qui donne à la vie intensité et signification, je pense que l'amour ne peut pas être ce don fait à l'existence au régime de l'absence totale de risques. Ça me paraît un petit peu comme la propagande qu'avait faite à un moment donné l'armée américaine pour la guerre « zéro mort ». [...] La guerre « zéro mort », l'amour « zéro risque », pas de hasard, pas de rencontre, je vois là, avec les moyens d'une propagande générale, une première menace sur l'amour, que j'appellerai la menace sécuritaire. Après tout, ce n'est pas loin d'être un mariage arrangé. Il ne l'est pas au nom de l'ordre familial par des parents despotiques, mais au nom du sécuritaire personnel, par un arrangement préalable qui évite tout hasard, toute rencontre, et finalement toute poésie existentielle, au nom de la catégorie fondamentale de l'absence de risques. Et puis, la deuxième menace qui pèse sur l'amour, c'est de lui dénier toute importance. La contrepartie de cette menace sécuritaire consiste à dire que l'amour n'est qu'une variante de l'hédonisme généralisé, une variante des figures de la jouissance. Il s'agit ainsi d'éviter toute épreuve immédiate, toute expérience authentique et profonde de l'altérité dont l'amour est tissé. Ajoutons tout de même que, le risque n'étant jamais éliminé pour de bon, la propagande de Meetic, comme celle des armées impériales, consiste à dire que le risque sera pour les autres ! Si vous êtes, vous, bien préparé pour l'amour, selon les canons du sécuritaire moderne, vous saurez, vous, envoyer promener l'autre, qui n'est pas conforme à votre confort. S'il souffre, c'est son affaire, n'est-ce pas ? Il n'est pas dans la modernité. De la même manière que « zéro mort », c'est pour les militaires occidentaux. Les bombes qu'ils déversent tuent quantité de gens qui ont le tort de vivre dessous. Mais ce sont des Afghans, des Palestiniens... Ils ne sont pas modernes non plus. L'amour sécuritaire, comme tout ce dont la norme est la sécurité, c'est l'absence de risques pour celui qui a une bonne assurance, une bonne armée, une bonne police, une bonne psychologie de la jouissance personnelle, et tout le risque pour celui en face de qui il se trouve. Vous avez remarqué que partout on vous explique que les choses se font « pour votre confort et votre sécurité », depuis les trous dans le trottoir jusqu'aux contrôles de police dans les couloirs du métro. Nous avons là les deux ennemis de l'amour, au fond : la sécurité du contrat d'assurance et le confort des jouissances limitées. [...]

Il faut réinventer le risque et l'aventure, contre la sécurité et le confort.

ALAIN BADIOU avec **NICOLAS TRUONG**, *Éloge de l'amour*, 2009.

APPROFONDISSEMENT

COMPRENDRE LE TEXTE

1. Quel rôle joue l'exemple du site de rencontres dans l'argumentation de l'auteur ?
2. Pourquoi Alain Badiou parle-t-il de propagande ?
3. Quels sont les deux dangers contre lesquels il nous met en garde ?

ORAL

Organisez la classe en deux groupes : les uns défendent « le confort et les jouissances limitées » dans la relation amoureuse ; les autres préconisent plutôt « le risque et l'aventure ».

EXPOSÉ

1. **Lisez le chapitre 3** du *Supplément au voyage de Bougainville* de Diderot. Comment fonctionnent les relations amoureuses dans la société tahitienne ? Quelles sont les valeurs sous-jacentes ?
2. **Lisez le chapitre « Bons sauvages »**, dans la partie intitulée « Bororos » de *Tristes Tropiques* de Claude Lévi-Strauss. Comment fonctionnent les relations amoureuses dans cette société ? Quelles sont les valeurs sous-jacentes ?

L'amour est-il conditionné par les valeurs de la société dans laquelle on vit ?

Texte 2

Cet article retrace l'itinéraire d'un chercheur américain qui, depuis quarante ans, cherche à modéliser les relations amoureuses des couples qui viennent le voir grâce à des outils mathématiques. Aujourd'hui, celui que l'on nomme « Docteur Love » est devenu une référence aux États-Unis en ce qui concerne la gestion de la relation conjugale.

Le « *Love Lab* » n'est qu'un alignement de bureaux anonymes bourrés d'équipements électroniques. La routine des expériences n'a rien de spectaculaire. Deux conjoints sont assis face à face dans des fauteuils truffés de senseurs et de détecteurs de mouvements. D'autres capteurs sont fixés sur la poitrine, le lobe des oreilles, les doigts des deux cobayes. Leurs visages sont cadrés très serré dans l'objectif des caméras du laboratoire. Sur un signe de Gottman, ils commencent à discuter d'un aspect de leur vie de couple. Ce qu'ils vont se dire ne présente que peu d'intérêt pour l'expérience. Les couples peuvent parler de leur chien, d'un ami encombrant ou de l'addiction du mari aux films pornographiques, cela n'influera pas vraiment sur les résultats obtenus. Pour Gottman, seules sont véritablement significatives les micro-expressions que les cobayes affichent involontairement sur leurs visages.

À la fin de l'entretien de quinze minutes, chaque seconde de l'enregistrement est codée selon une grille d'analyse à vingt entrées qui correspondent à toutes les émotions – dégoût, mépris, tendresse, colère, enthousiasme, indifférence... – que des conjoints peuvent ressentir pendant une conversation. Une fois le décryptage achevé, la prestation du couple s'exprime en une suite de 1 800 chiffres qui donne aux chercheurs du *Love Lab* une image très précise de l'état de la relation conjugale et de son évolution. Ce premier résultat est complété par les informations physiologiques qui sont également recueillies pendant l'entretien. L'ensemble de ces données est rassemblé dans une équation aussi complexe que celles que les météorologues utilisent pour établir leurs prévisions.

John Gottman affirme que ses calculs lui permettent de prédire si un couple va se séparer et à quelle date se fera la rupture, bien avant que ne se forment les premières turbulences. Le taux de réussite de ses prévisions faites sur les 3000 couples qui sont passés au *Love Lab* ces vingt dernières années varie de 90 à 95 %. [...]

La méthode est désormais parfaitement rodée. Elle pourrait bientôt être exploitée sur tout le terrain américain. Dans quelques années, les couples se rendront peut-être au *Love Lab* le plus proche de chez eux pour une prise de sentiments. En une heure, ils pourraient mesurer leur indice d'estime mutuelle ou de frustration aussi sûrement qu'un taux de cholestérol.

JEAN-MARIE HOSATTE, « John Gottman oracle du couple »,
Le Monde magazine, 17 septembre 2011.

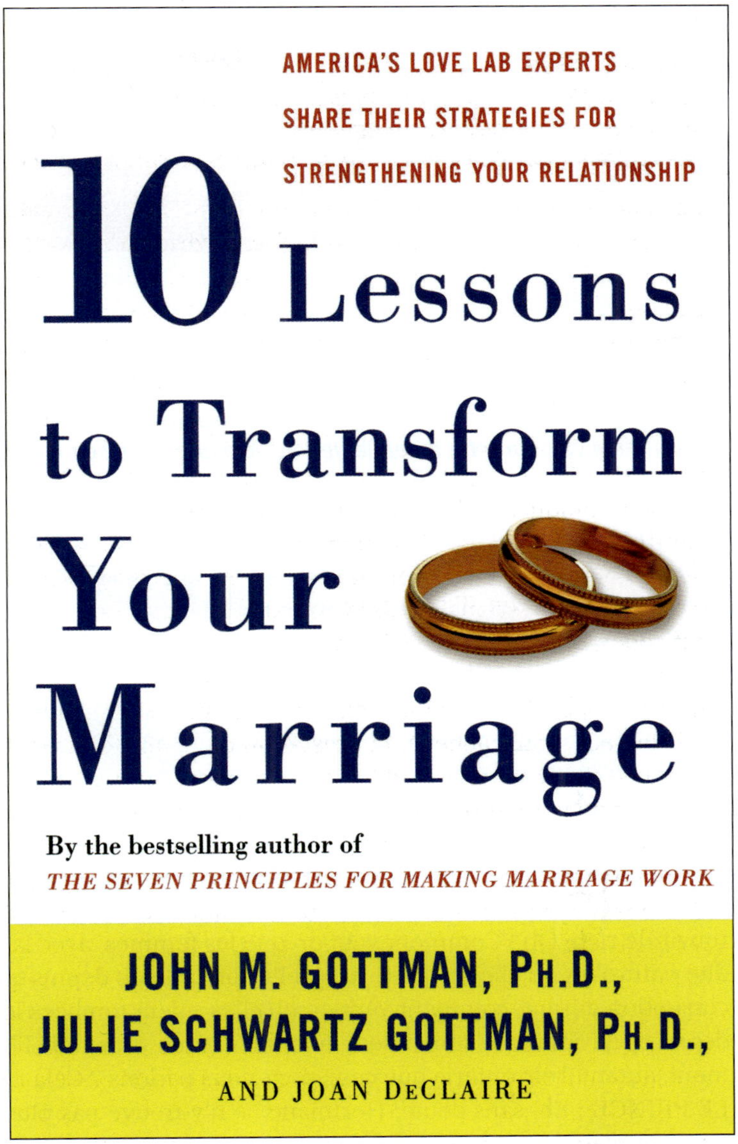

Couverture du best-seller de John gottman,
10 leçons pour transformer votre mariage, 2006.

COMPRENDRE LE TEXTE

1. La démarche de John Gottman est-elle scientifique ?

2. **Formulez l'hypothèse** qui sert de grille d'analyse au sentiment amoureux.

3. Quelle perspective imagine le journaliste à partir des résultats du *Love Lab* ? Quelle conséquence cette perspective aurait-elle sur la constitution des relations amoureuses ?

ÉCRIRE

En vous appuyant sur ce texte mais aussi sur les nouvelles technologies, **rédigez trois paragraphes argumentés** pour dire si vous pensez que le progrès technologique a une influence sur les relations amoureuses aujourd'hui, leurs modes d'expression, leur évolution.

Étude d'une œuvre intégrale : Marivaux, *La dispute*, 1744

1

Présentation de la pièce

Dans cette courte pièce de théâtre, Marivaux se propose de faire réfléchir au sentiment amoureux en posant une question très précise : Qui de l'homme ou de la femme trompe l'autre en premier ? Pour apporter une réponse, il imagine un dispositif original : quatre enfants des deux sexes sont élevés depuis leur naissance à l'écart du monde et de ses conventions. La pièce commence au moment où, pour la première fois, on va les mettre en présence et observer la façon dont naissent le sentiment amoureux, la jalousie, la tromperie.

2

Étude de trois extraits

Extrait 1

Cet extrait s'inscrit dans la scène d'exposition lorsque le prince présente à Hermiane le dispositif qui va permettre d'étudier le fonctionnement du sentiment amoureux.

Scène première : Le Prince, Hermiane, Carise, Mesrou

HERMIANE : Où allons-nous, Seigneur ? Voici le lieu du monde le plus sauvage et le plus solitaire, et rien n'y annonce la fête que vous m'avez promise.

LE PRINCE, *en riant*. Tout y est prêt.

HERMIANE : Je n'y comprends rien ; qu'est-ce que c'est que cette maison, où vous me faites entrer, et qui forme un édifice si singulier ? Que signifie la hauteur prodigieuse des différents murs qui l'environnent ? Où me menez-vous ?

LE PRINCE : À un spectacle très curieux ; vous savez la question que nous agitâmes hier au soir. Vous souteniez contre toute ma cour que ce n'était pas votre sexe, mais le nôtre, qui avait le premier donné l'exemple de l'inconstance et de l'infidélité en amour.

HERMIANE : Oui, Seigneur, je le soutiens encore. La première inconstance ou la première infidélité n'a pu commencer que par quelqu'un d'assez hardi pour ne rougir de rien. Oh ! Comment veut-on que les femmes, avec la pudeur et la timidité naturelles qu'elles avaient, et qu'elles ont encore depuis que le monde et sa corruption durent, comment veut-on qu'elles soient tombées les premières dans des vices de cœur qui demandent autant d'audace, autant de libertinage de sentiment, autant d'effronterie que ceux dont nous parlons ? Cela n'est pas croyable.

LE PRINCE : Eh, sans doute, Hermiane, je n'y trouve pas plus d'apparence que vous, ce n'est pas moi qu'il faut combattre là-dessus, je suis de votre sentiment contre tout le monde, vous le savez.

HERMIANE : Oui, vous en êtes par pure galanterie, je l'ai bien remarqué.

LE PRINCE : Si c'est par galanterie, je ne m'en doute pas. Il est vrai que je vous aime, et que mon extrême envie de vous plaire peut fort bien me persuader que vous avez raison, mais ce qui est de certain, c'est qu'elle me le persuade si finement que je ne m'en aperçois pas. Je n'estime point le cœur des hommes, et je vous l'abandonne ; je le crois sans comparaison plus sujet à l'inconstance et à l'infidélité que celui des femmes ; je n'en excepte que le mien, à qui même je ne ferais pas cet honneur-là si j'en aimais une autre que vous.

HERMIANE : Ce discours-là sent bien l'ironie.

LE PRINCE : J'en serai donc bientôt puni, car je vais vous donner de quoi me confondre, si je ne pense pas comme vous.

HERMIANE : Que voulez-vous dire ?

LE PRINCE : Oui, c'est la nature elle-même que nous allons interroger, il n'y a qu'elle qui puisse décider la question sans réplique, et sûrement elle prononcera en votre faveur.

HERMIANE : Expliquez-vous, je ne vous entends point.

LE PRINCE : Pour bien savoir si la première inconstance ou la première infidélité est venue d'un homme, comme vous le prétendez, et moi aussi, il faudrait avoir assisté au commencement du monde et de la société.

HERMIANE : Sans doute, mais nous n'y étions pas.

LE PRINCE : Nous allons y être ; oui, les hommes et les femmes de ce temps-là, le monde et ses premières amours vont reparaître à nos yeux tels qu'ils étaient, ou du moins tels qu'ils ont dû être; ce ne seront peut-être pas les mêmes aventures, mais ce seront les mêmes caractères ; vous allez voir le même état de cœur, des âmes tout aussi neuves que les premières, encore plus neuves s'il est possible. (*À Carise et à Mesrou.*) Carise, et vous Mesrou, partez, et quand il sera temps que nous nous retirions, faites le signal dont nous sommes convenus. (*À sa suite.*) Et vous, qu'on nous laisse.

Quels sont les sentiments du prince pour Hermiane ? Que signifie « c'est la nature elle-même que nous allons interroger » ? Montrez que l'expérience que propose le prince implique un dispositif voyeuriste.

Extrait 2

Cet extrait est une « scène de première vue », Églé rencontre Azor, et entre eux va naître un sentiment qui les surprend tous les deux.

ÉGLÉ, *continuant et se tâtant le visage.* Je ne me lasse point de moi. (*Et puis, apercevant Azor avec frayeur.*) Qu'est-ce que c'est que cela, une personne comme moi... N'approchez point. (*Azor étendant les bras d'admiration et souriant. Eglé continue.*) La personne rit, on dirait qu'elle m'admire. (*Azor fait un pas.*) Attendez... Ses regards sont pourtant bien doux... ? Savez-vous parler ?

AZOR : Le plaisir de vous voir m'a d'abord ôté la parole.

ÉGLÉ, *gaiement* : La personne m'entend, me répond, et si agréablement !

AZOR : Vous me ravissez.

ÉGLÉ : Tant mieux.

AZOR : Vous m'enchantez.

ÉGLÉ : Vous me plaisez aussi.

AZOR : Pourquoi donc me défendez-vous d'avancer ?

ÉGLÉ : Je ne vous le défends plus de bon cœur.

AZOR : Je vais donc approcher.

ÉGLÉ : J'en ai bien envie. (*Il avance.*) Arrêtez un peu... Que je suis émue !

AZOR : J'obéis, car je suis à vous.

ÉGLÉ : Elle obéit; venez donc tout à fait, afin d'être à moi de plus près. (*Il vient.*) Ah ! la voilà, c'est vous, qu'elle est bien faite ! En vérité, vous êtes aussi belle que moi.

AZOR : Je meurs de joie d'être auprès de vous, je me donne à vous, je ne sais pas ce que je sens, je ne saurais le dire.

ÉGLÉ : Eh, c'est tout comme moi.

AZOR : Je suis heureux, je suis agité.

ÉGLÉ : Je soupire.

AZOR : J'ai beau être auprès de vous, je ne vous vois pas encore assez.

ÉGLÉ : C'est ma pensée, mais on ne peut pas se voir davantage, car nous sommes là.

AZOR : Mon cœur désire vos mains.

ÉGLÉ : Tenez, le mien vous les donne ; êtes-vous plus contente ?

AZOR : Oui, mais non pas plus tranquille.

ÉGLÉ : C'est ce qui m'arrive, nous nous ressemblons en tout.

AZOR : Oh ! Quelle différence ! Tout ce que je suis ne vaut pas vos yeux, ils sont si tendres !

ÉGLÉ : Les vôtres si vifs !

AZOR : Vous êtes si mignonne, si délicate !

ÉGLÉ : Oui, mais je vous assure qu'il vous sied fort bien de ne l'être pas tant que moi, je ne voudrais pas que vous fussiez autrement, c'est une autre perfection, je ne nie pas la mienne, gardez-moi la vôtre.

AZOR : Je n'en changerai point, je l'aurai toujours.

ÉGLÉ : Ah ça, dites-moi, où étiez-vous quand je ne vous connaissais pas ?

AZOR : Dans un monde à moi, où je ne retournerai plus, puisque vous n'en êtes pas, et que je veux toujours avoir vos mains ; ni moi ni ma bouche ne saurions plus nous passer d'elles.

ÉGLÉ : Ni mes mains se passer de votre bouche ; mais j'entends du bruit, ce sont des personnes de mon monde : de peur de les effrayer, cachez-vous derrière les arbres, je vais vous rappeler.

AZOR : Oui, mais je vous perdrai de vue.

ÉGLÉ : Non, vous n'avez qu'à regarder dans cette eau qui coule, mon visage y est, vous l'y verrez.

Comment naît le sentiment amoureux d'après cette rencontre ?
D'où cette scène tire-t-elle son comique ?

Extrait 3

Églé a aimé Azor dès cette première rencontre. Puis elle rencontre Mesrin qui lui plaît tout autant. Dans cette scène, sa nourrice et confidente Carise l'aide à analyser ses sentiments.

CARISE : Eh ! Dites-moi, ne rougissez-vous pas un peu de votre inconstance ?

ÉGLÉ : Il me paraît que oui, mon accident me fait honte, j'ai encore cette ignorance-là.

CARISE : Ce n'en est pas une, vous aviez tant promis de l'aimer constamment.

ÉGLÉ : Attendez, quand je l'ai promis, il n'y avait que lui, il fallait donc qu'il restât seul, le camarade n'était pas de mon compte.

CARISE : Avouez que ces raisons-là ne sont point bonnes, vous les aviez tantôt réfutées d'avance.

ÉGLÉ : Il est vrai que je ne les estime pas beaucoup ; il y en a pourtant une excellente, c'est que le camarade vaut mieux qu'Azor.

CARISE : Vous vous méprenez encore là-dessus, ce n'est pas qu'il vaille mieux, c'est qu'il a l'avantage d'être nouveau venu.

ÉGLÉ : Mais cet avantage-là est considérable, n'est-ce rien que d'être nouveau venu ? N'est-ce rien que d'être un autre ? Cela est fort joli au moins, ce sont des perfections qu'Azor n'a pas.

CARISE : Ajoutez que ce nouveau venu vous aimera.

ÉGLÉ : Justement, il m'aimera, je l'espère, il a encore cette qualité-là.

CARISE : Au lieu qu'Azor n'en est pas à vous aimer.

ÉGLÉ : Eh non, car il m'aime déjà.

CARISE : Quels étranges motifs de changement ! Je gagerais bien que vous n'en êtes pas contente.

ÉGLÉ : Je ne suis contente de rien, d'un côté le changement me fait peine, de l'autre il me fait plaisir ; je ne puis pas plus empêcher l'un que l'autre ; ils sont tous deux de conséquence ; auquel des deux suis-je le plus obligée ? Faut-il me faire de la peine ? Faut-il me faire du plaisir ? Je vous défie de le dire.

CARISE : Consultez votre bon cœur, vous sentirez qu'il condamne votre inconstance.

ÉGLÉ : Vous n'écoutez donc pas ; mon bon cœur le condamne, mon bon cœur l'approuve, il dit oui, il dit non, il est de deux avis, il n'y a donc qu'à choisir le plus commode.

CARISE : Savez-vous le parti qu'il faut prendre ? C'est de fuir le camarade d'Azor ; allons, venez, vous n'aurez pas la peine de combattre.

ÉGLÉ, *voyant venir Mesrin*. Oui, mais nous fuyons bien tard : voilà le combat qui vient, le camarade arrive.

CARISE : N'importe, efforcez-vous, courage ! Ne le regardez pas.

À quoi Mesrin doit-il d'être avantage aimé qu'Azor ? Quelle image de l'amour est proposée dans cet extrait ? Quelle conception de l'amour Carise défend-elle ?

3

Confrontation avec les documents du chapitre

Constituez un sujet de synthèse en choisissant l'un de ces trois extraits et trois autres documents du chapitre. **Rédigez l'introduction de ce corpus.**

4

Écrire

Peut-on analyser le sentiment amoureux ? Quelle réponse proposent les documents de ce chapitre à cette question ?

1. Vous commencerez par expliquer ce que votre lecture de *La Dispute* vous invite à répondre.

2. Parmi les types d'analyses présentées dans ce chapitre, laquelle vous a le plus intéressé ? Pourquoi ?

POUR ALLER PLUS LOIN

LIVRES

- Marivaux, *On ne badine pas avec l'amour*, 1834.
- Edmond Rostand, *Cyrano de Bergerac*, 1897.
- Raymond Radiguet, *Le diable au corps*, 1923.
- Marguerite Duras, *L'amant*, 1984.
- Ian McEwan, *Sur la plage de Chésil*, 2008.

FILMS

- Garry Marshall, *Pretty Woman*, 1990.
- Clint Eastwood, *Sur la route de Madison*, 1995.
- Roger Michell, *Coup de foudre à Notting Hill*, 1998.
- Michel Gondry, *Eternal Sunshine of the Spotless Mind*, 2004.

CHAPITRE 7 L'information : contenus, supports et modes de circulation

Culture générale
- L'information : contenus et supports.
- Les nouveaux modes de circulation de l'information.

Améliorer l'expression écrite
Langue : La coordination
Lexique : Dénotation/Connotation

Méthode/Compétences à acquérir
Comment lire et comprendre un sujet d'écriture personnelle ?

SOMMAIRE

Compétences sollicitées dans ce chapitre

- Comment lire et comprendre le sujet d'écriture personnelle ?
  - Étudier les termes clés du sujet d'écriture personnelle.
  - Comprendre la question posée par le sujet (la problématique).
- Comment lancer les premières idées ?
  - Mettre en relation la problématique et les documents du corpus.
  - Comprendre la démarche attendue dans l'écriture personnelle.
  - Travailler le sujet au brouillon et trouver les premières idées.

COMPRENDRE LES DOCUMENTS

DOCUMENT 1

1. Dans quel lieu se trouve la jeune femme photographiée ? **Vous appuierez** votre réponse sur des éléments de description précis.
2. D'après sa tenue et les objets qui l'entourent, qui est-elle ? Pourquoi est-elle dans cet endroit ?
3. Quel est l'effet provoqué par le choix du cadrage (plan d'ensemble) ?
4. En quoi la photographie illustre-t-elle le slogan « Informer est une vocation » ?

DOCUMENT 2

Observez les touches du téléphone. Quelles sont les fonctions du téléphone portable présentées ici ? Quels avantages l'affiche met-elle en avant ?

CONFRONTER LES DEUX DOCUMENTS

Dans un paragraphe de quelques lignes, **vous comparerez** les deux affiches en montrant plus particulièrement :
- leur cible (le public visé) ;
- leur vision de l'information.

RELIER LE DOCUMENT À DES QUESTIONNEMENTS

1. Voici une liste de mots-clés qui ont un lien avec l'information et ses supports : vitesse/précision/vérité/mensonge/rumeur/Internet/télévision/presse/journal/Facebook/Twitter/scoop/indépendant/collectif/individuel/censure. Quels sont les mots qui, d'après vous, reflètent le mieux le thème de l'information ? Choisissez-en trois. Justifiez vos choix.
2. Citez des termes qui ne figurent pas dans cette liste et qui peuvent être associés au thème de l'information.
3. Les nouveaux moyens de communication rendent-ils l'information moins fiable ?
Reformulez cette question de façon à interroger les raisons qui pourraient rendre l'information moins fiable.

SOLLICITER SA CULTURE GÉNÉRALE

1. Quelles différences faites-vous entre l'information et la communication ?
2. Dans quels domaines ces mots sont-ils utilisés ? Donnez des exemples précis.
3. Cherchez des synonymes pour chacun de ces mots.

Un thème, DES questions

Document 1
Publicité pour la radio France Info.

Document 2
Affiche publicitaire.

Compétences sollicitées pour analyser une affiche publicitaire

- Identifier l'émetteur et le public visé par l'affiche.
- Décrire (plan, cadrage...) et interpréter les éléments décrits.
- Faire le lien entre image et slogan.
- Formuler l'objectif de la publicité.

L'information : le statut du journaliste ; les contenus et les supports

SUJET D'ÉCRITURE PERSONNELLE

Pensez-vous que les nouveaux supports de l'information, comme Twitter et plus largement Internet, modifient le rôle du journaliste ? Vous répondrez à cette question en vous appuyant sur les documents du corpus.

Liberté et censure de la presse en France

Les premiers journaux apparaissent au XVe siècle : l'État censure rapidement ceux qui ne sont pas conformes à la pensée officielle. Au XVIIIe siècle, des écrivains comme Beaumarchais s'indignent contre cette censure et critiquent la conduite du pouvoir politique dans ce domaine. La presse est régulièrement censurée jusqu'en 1871, date à laquelle une loi consacre la liberté de publication. La presse est à nouveau bâillonnée pendant la Seconde Guerre mondiale. La liberté de la presse est solennellement proclamée dans la déclaration universelle des droits de l'homme de 1948, reprise dans le Préambule de la Constitution de 1958.

Texte 1

Dans* Le mariage de Figaro*, comédie de Beaumarchais, Figaro, qui est au service du comte Almaviva, doit épouser Suzanne, suivante de la comtesse. Mais le comte entend utiliser son « droit » de cuissage. Dans le monologue de la scène 3 de l'acte V, Figaro, pensant avoir été trompé, se livre à un véritable réquisitoire contre les dysfonctionnements de la société du XVIIIe siècle.

Las de nourrir un obscur pensionnaire, on me met un jour dans la rue ; et comme il faut dîner, quoiqu'on ne soit plus en prison, je taille encore ma plume et demande à chacun de quoi il est question : on me dit que, pendant ma retraite économique, il s'est établi dans Madrid un système de liberté sur la vente des productions, qui s'étend même à celles de la presse ; et que, pourvu que je ne parle en mes écrits ni de l'autorité, ni du culte, ni de la politique, ni de la morale, ni des gens en place, ni des corps en crédit, ni de l'Opéra, ni des autres spectacles, ni de personne qui tienne à quelque chose, je puis tout imprimer librement, sous l'inspection de deux ou trois censeurs. Pour profiter de cette douce liberté, j'annonce un écrit périodique, et, croyant n'aller sur les brisées d'aucun autre, je le nomme Journal inutile. Pou-ou ! Je vois s'élever contre moi mille pauvres diables à la feuille, on me supprime, et me voilà derechef sans emploi !

BEAUMARCHAIS, *Le Mariage de Figaro*, acte V, scène 3, 1784.

COMPRENDRE LE TEXTE

1. Nommez toutes les institutions que recouvre l'énumération : « ni de l'autorité… ni de personne qui tienne à quelque chose » (l. 6-9) ?

2. Cherchez la signification du terme « censeur » au XVIIIe siècle.

3. Que révèle l'énumération (l. 6-9) à propos du statut de la presse au XVIIIe siècle ?

4. « Pour profiter de cette douce liberté » (l. 10-11). Quel ton Figaro utilise-t-il dans cette phrase ? Quel est l'effet recherché par Beaumarchais ?

5. Pourquoi le nom de ce personnage, Figaro, a-t-il été choisi pour titre d'un journal ?

Texte 2

Ex-directeur du* Monde diplomatique*, Ignacio Ramonet publie un livre sur « l'explosion » de l'information à l'heure du numérique.

Libération. Qu'entendez-vous par explosion ?

Ignacio Ramonet. Les médias dominants ont explosé au profit d'une masse des médias, dans un passage des médias-soleil aux médias-poussière. Il y en a partout. Les amateurs ont accédé à l'expression avec une expertise au moins aussi grande que certains journalistes. Les spécialistes n'ont plus besoin d'intermédiaires. Qu'est-ce que le journalisme et qu'est-ce qu'un journaliste aujourd'hui ? Il suffisait de voir le JT de France 2 l'autre soir sur le Japon : une majorité de vidéos prises par des citoyens français était diffusée. Le journaliste se justifie dans la mesure où il garantit l'information, par sa rigueur, la vérification, le contraste. Seulement, il se trouve aujourd'hui en concurrence avec l'ensemble des autres supports. Il est pris dans un affolement, dans la tyrannie de l'urgence. Et de plus en plus de médias sont tentés de conférer le statut de journaliste à n'importe quel témoin.

J'y vois notamment comme conséquence la disparition du journalisme d'investigation. De moins en moins de journaux ont les moyens de financer des enquêtes. Une initiative comme WikiLeaks[1] n'aurait pas été possible s'il y avait eu un vrai journalisme d'investigation. Elle vient combler une carence. En même temps, WilkiLeaks a eu l'intelligence de s'associer avec de grands médias et de faire appel à l'expertise des journalistes pour contextualiser et vérifier. WikiLeaks a accepté l'idée qu'il y ait des journaux qui continuent à être des références.

L. Les rédactions pourraient-elles disparaître ?

I. R. C'est seulement une intuition. Les rédactions représentent l'âme du journal, une ébullition stimulante d'idées. Les journalistes en ligne n'ont pas besoin d'être réunis pour faire un journal. Regardez cette grève de deux ans au *Journal de Montréal*, le quotidien le plus vendu au Québec. Il a continué à paraître grâce à des non-journalistes et a même vu ses ventes augmenter. Un journal sans journalistes… Un choc énorme qui nous oblige à réfléchir.

Interview d'Ignacio Ramonet par F. Roussel, « Le journalisme est pris dans un affolement », *Libération*, 18 mars 2011.

1. il s'agit d'une association qui récupère des « fuites » (*leaks*, en anglais) d'informations essentiellement politiques (de ministères, conseils de ministres…) et les diffuse. En 2010, lorsque ces activités éclatent au grand jour, son directeur, Julian Assange, est arrêté.

COMPRENDRE LE TEXTE

1. Que recouvre le terme « amateurs » ? Quel exemple Ignacio Ramonet donne-t-il ?

2. Quelles sont, d'après lui, les qualités d'un journaliste ? Pourquoi est-il, aujourd'hui, supplanté par « l'amateur » ?

3. « médias-poussière » (l. 3-4). **Expliquez** cette image et **précisez** les médias que cette appellation désigne.

ÉCRIRE

Pensez-vous qu'un journaliste et un non-journaliste ont la même légitimité pour transmettre une information ? **Répondez** à cette réponse dans un paragraphe d'une dizaine de lignes.

L'information : le statut du journaliste ; les contenus et les supports

Texte 3

Avec Twitter, vous pouvez tenir vos amis au courant de vos faits et gestes, et bien plus. Outil de communication, d'information et de marketing : comment ça marche ?

Twitter est une application en ligne qui vous permet de poster des messages visibles par toute la communauté d'utilisateurs ou par vos seuls amis (ou «*followers*»). Et en tant qu'utilisateur de Twitter, vous pouvez lire les messages publics ou postés par ceux que vous suivez (ou «*following*»).

À quoi ça sert ?

Twitter est avant tout un outil de communication. Il vous permet de tenir vos amis au courant de ce que vous faites à un moment donné (« *What are you doing ?* ») et de discuter entre vous. Grâce à la fonction de recherche, c'est aussi devenu un outil d'information puisqu'il est possible de voir ce qui se dit sur un sujet précis en temps réel. Sachant que la communauté est estimée à plusieurs millions d'utilisateurs et ne cesse de grossir, on peut dire que Twitter commence à représenter une source d'information intéressante. Les stars ne s'y sont pas trompées : le service jouit d'une incroyable aura chez les *people* de tout poil, de Demi Moore à Britney Spears, en passant par Oprah Winfrey. Twitter est aussi un outil de promotion et de marketing, de plus en plus de sociétés l'utilisent pour faire leurs annonces et rester en contact avec leur base de clients.

RAPHAËLE LAMAZE-BEYSSAC, «Qu'est-ce que Twitter ? Pourquoi et comment utiliser l'étoile montante des réseaux sociaux ?», suite101.fr, 4 août 2009.

Texte 4

Parler avec Obama, suivre la révolution égyptienne en direct... Twitter abolit le temps et l'espace. Du moins en théorie. Et en pratique, comment ça marche ? Petit mode d'emploi...

Pourquoi s'intéresser à Twitter ? Parce que Darwin. Parce que l'évolution. Parce que si les dinosaures avaient fait un effort, ils n'auraient peut-être pas fini dans un muséum. [...]

S'inscrire sur Twitter, c'est affronter le vide. D'ailleurs, un grand nombre d'inscrits ne vont pas au-delà de l'inscription. Sur Facebook, on devient vite « ami » avec ses copains d'enfance. Sur Twitter, personne ne vous attend. Il faut apprendre à exister. Ravaler le génie de ses saillies et la primeur de ses infos et se contenter de suivre (« *follower* » dans le jargon) ceux qui vous intéressent, journalistes, avocats, profs, médecins, scientifiques, chauffeurs routiers, ou restaurateurs... Les lire, assimiler les codes, et puis se lancer. [...]

En février, en Chine, la journaliste Cheng Jianping était condamnée à un an de « rééducation par le travail » pour un tweet qui moquait une manifestation nationaliste. En Égypte, sur la place Tahrir assiégée, Gigi Ibrahim pianotait sans arrêt sur son smartphone. Elle coordonnait la révolution sur Twitter. Plus tôt, en Tunisie, Slim Amamou, cyber-dissident et figure de proue de la révolution, se servait lui aussi de Twitter. Devenu secrétaire d'État aux sports (aujourd'hui démissionnaire), il avait même *live* tweeté son premier Conseil des ministres. Twitter, comme Facebook, a servi d'outil dans ces révolutions... Il lui arrive aussi de pédaler dans la semoule [...]. En revanche, il demeure un outil idéal de mobilisation : on l'a vu à propos des réfugiés tunisiens du 36 rue Botzaris à Paris, dont le sort a été ignoré par les médias jusqu'à ce que des activistes inondent Twitter de messages d'alerte.

E. ANIZON, **E. TELLIER** et **N. DELESALLE**, « Toi aussi, deviens un twitto », *Télérama*, n° 3208, 6 juillet 2011.

Près de la place Tahrir au Caire (Égypte), pendant la révolution de février 2011.

COMPRENDRE LES TEXTES 3 ET 4

1. D'après le texte 3, quels sont les trois rôles de Twitter ?
2. Quelles différences faites-vous entre ces trois rôles ?
3. Quels aspects de l'usage de Twitter le texte 3 révèle t-il ?
4. Quel rôle Twitter peut-il jouer d'après l'auteur du texte 4 ?

BILAN DE L'ÉTUDE DU CORPUS DE DÉCOUVERTE

COMPÉTENCES TRAVAILLÉES

- Lire et dégager le sens de textes de genres différents (fictions, essais, articles de presse).
- Interroger les termes clés du thème d'un corpus (l'information et ses supports).
- Effectuer une recherche puis prélever des informations (dans des documents papier ou internet) et les ordonner.
- Compléter ses connaissances sur le thème.

Comment lire et comprendre un sujet d'écriture personnelle ?

1. Repérer et étudier les mots-clés du sujet

Le sujet d'écriture personnelle est un sujet argumentatif.

Il contient des mots-clés qu'il faut savoir repérer, définir et mettre en relation avec les autres termes du sujet en relevant les articulations logiques (mots de liaison).

Repérer et mettre en relation les mots-clés, c'est le point de départ de votre réflexion. Cette étape du travail est essentielle car :

- elle vous permet de faire le lien entre le sujet d'écriture et un des thèmes étudiés au cours de vos deux années d'étude ;
- elle vous évite de faire un hors sujet, très pénalisé à l'examen.

2. Travailler au brouillon : étudier les mots-clés et lancer les idées

Pour être efficace, vous devez noter au brouillon le ou les mots-clés ainsi que le thème auquel il est associé.

Vous pourrez ensuite **dresser une liste de termes, de références auxquels vous devez associer ces mots-clés**. Pour cela, vous pouvez avoir recours à un tableau ou un schéma de type « arborescent » (schéma heuristique).

À ce stade, vous allez étudier les mots-clés :

- dans leur sens premier, dénoté (explicite) ;
- dans leur sens connoté (implicite). Voir **Lexique** p. 166.

Exemple

Sujet d'écriture personnelle : Le texte comique a-t-il pour seule vocation de divertir ?
Les mots-clés : « texte comique », « divertir »

Présentation 1 : tableau

Texte comique	Divertir
Comédie Sketches **Différentes formes de comique :** ironie, farce... **Auteurs littéraires :** Molière, Voltaire... **Auteurs de sketches :** Devos, Bedos... **Titres d'œuvres comiques :** *Le Bourgeois gentilhomme, L'Avare, Candide*...	Amuser Rire, faire rire Distraire Égayer

Ce tableau met déjà en valeur le décalage entre les deux notions : le **texte comique** a une visée plus large que celle de **divertir**.

Présentation 2 : schéma heuristique

- **Texte comique**
  - Comédie : *L'Avare, Le Bourgeois gentilhomme,* Molière
  - Sketches : Bevos, Dedos...
  - Différentes formes de comiques : ironie, farce...

3. Faire le lien avec une problématique étudiée au cours de l'année

◢ Le sujet d'écriture personnelle est composé d'une question et d'une consigne.

La question : elle porte sur un des deux thèmes au programme.
La consigne : elle est formulée de la manière suivante : *Vous appuierez votre réponse sur les éléments du corpus et vos connaissances personnelles.*

◢ De quelles connaissances s'agit-il ?

Au cours de l'année, vous étudiez des thèmes (le sport, le rire, les discriminations...) imposés par les instructions officielles. Cette étude s'appuie sur des questions, des problématiques.

◢ Qu'est-ce qu'une problématique ?

Problématiser un thème, un sujet, c'est le questionner. De ce questionnement doit surgir une réflexion, une argumentation. Le sujet d'écriture personnelle est problématisé et il s'agit de faire le lien entre **le sujet** qui vous est soumis et **une des problématiques** étudiées en cours, même si la formulation est différente.

◢ Exemple

Thème étudié : Le sport, reflet de la société ?

Sujet d'écriture personnelle : Pensez-vous que le sport reproduise les travers qui existent dans la société : comportements racistes, homophobes, attitudes violentes ? Vous appuierez votre réponse sur les éléments du corpus et vos connaissances personnelles.

Problématiques étudiées en cours d'année :
1. Le sport est-il le reflet de la société ?
2. Retrouve-t-on dans le sport les écueils présents dans la société ?
3. Le sport reproduit-il la violence qui existe dans la société ?

La problématique pertinente est la 2.

EXERCICES

1. Repérer les mots-clés du sujet et étudier leurs liens entre eux

A. Soulignez le ou les mots-clés dans les sujets suivants.

Sujet 1 Pensez-vous que le sport soit l'occasion d'une véritable fête collective ?
Vous appuierez votre réponse sur les éléments du corpus et vos connaissances personnelles.
(2007, La fête dans ses dimensions collectives)

Sujet 2 Vous répondrez d'une manière argumentée à la question suivante en vous appuyant sur les documents du corpus et vos connaissances personnelles : Y a-t-il aujourd'hui raison de croire au progrès scientifique ?
(2008, Risque et progrès)

Sujet 3 Selon vous, l'important est-il d'arriver à ses fins, quel que soit le détour utilisé ?
Vous répondrez d'une façon argumentée à cette question en vous appuyant sur les documents du corpus, vos lectures de l'année et vos connaissances personnelles.
(2009, Le détour)

B. Faîtes le lien entre les mots-clés

Sujet « Twitter est avant tout un outil de communication, il vous permet de tenir vos amis au courant de ce que vous faites à un moment donné et de discuter entre vous. Grâce à la fonction de recherche, c'est aussi devenu un outil d'information. »
Pensez-vous que les réseaux sociaux comme Twitter sont à la fois un outil d'information et un moyen de communication entre amis ?

1. Quel est le thème du sujet ?
2. Quels sont les mots ou expressions clés du sujet ?
3. Par quelle locution sont-ils reliés dans la question ?
4. Quels sont les deux aspects du thème que vous pouvez étudier ?

2. Travailler au brouillon : étudier les mots-clés et lancer les idées

Dans le sujet suivant, relevez les mots-clés et associez-les à des termes, des références que vous pourrez emprunter aux textes des corpus 1 et 2 ; vous pouvez réaliser le travail sous la forme d'un catalogue ou d'un schéma.

Sujet Pensez-vous que les contributions aux encyclopédies en ligne gratuites, telles que Wikipédia, doivent être le fait de non professionnels ou qu'elles doivent être prises en charge par des spécialistes et des experts ?

3. Faire le lien avec une problématique étudiée au cours de l'année

A. Reliez chacun des thèmes à une problématique. Une problématique peut concerner plusieurs thèmes.

Thèmes

1. L'éducation
2. Le bonheur
3. La ville et ses évolutions
4. L'utopie de l'Antiquité à nos jours
5. Les réseaux sociaux

Problématiques

1. Peut-on vivre heureux sans culture ?
2. Le bonheur est-il individuel ou collectif ?
3. Les ensembles architecturaux des années 1950 ont-ils permis à leurs habitants de mieux vivre ensemble ?
4. Communiquer davantage permet-il d'être plus heureux ?
5. La circulation de l'information sur Internet rend-elle cette dernière plus fiable ?

B. Reliez chacun des sujets d'écriture personnelle à une problématique.

Sujets d'écriture personnelle

1. Les nouveaux modes de circulation de l'information (Twitter, par exemple) ne permettent pas toujours de vérifier son exactitude. Que pensez-vous de cette affirmation ?
2. Le développement des réseaux sociaux sur Internet favorise les relations entre les personnes. Que pensez-vous de cette affirmation ?

Problématiques

1. Peut-on affirmer qu'Internet n'est pas fiable ?
2. Pensez-vous que l'on doit développer Internet pour améliorer les rapports sociaux ?

Améliorer l'expression écrite

La coordination

Les conjonctions (du latin *conjunctio*, « union ») de coordination unissent deux mots ou deux propositions de même classe grammaticale et de même fonction.

Emploi des conjonctions de coordination

CONJONCTIONS	SENS	EXEMPLES
et	ajout succession	Il aime le bleu et le vert. Elle lira et surfera sur Internet.
ou	alternative ou disjonction	Veux-tu aller au cinéma ou écouter de la musique ?
ni (+ ne)	négation	Ni lui ni elle n'arriveront à le convaincre.
mais	opposition	Elle n'aime pas les légumes mais en mange pour des raisons de santé.
or	second élément d'un raisonnement	Tous les hommes sont mortels Or Socrate est un homme Donc Socrate est mortel.
car	cause	Je l'aide car il est en difficulté.
donc	conclusion ou conséquence	C'est un ami donc je lui rends visite quand il est malade.

EXERCICES

1. COMPRENDRE

Voici trois phrases au sein desquelles les propositions sont séparées par une marque de ponctuation. Remplacez-la par une conjonction de coordination.

- Peu de gens vont au-delà de l'inscription sur Twitter ; écrire sur Twitter, c'est affronter le vide.
- Nous utilisons quotidiennement Internet ; nous ne sommes pas certains de la fiabilité des informations qui y circulent.
- Je n'ai pas de compte Twitter ; je n'ai pas de compte Facebook non plus.

2. S'ENTRAÎNER

- **Il existe un lien logique entre les deux phrases suivantes. Expliquez ce lien puis reliez ces phrases par une conjonction de coordination.**

Les encyclopédies collaboratives sont rédigées par des personnes qui ne sont pas nécessairement expertes. Cela rend accessible au plus grand nombre les articles ainsi proposés.

3. PROGRESSER

- **Rédigez trois phrases composées de deux propositions.**

Dans la première, vous présenterez une alternative, dans la deuxième une opposition et dans la troisième une cause.

EXERCICES

Lexique
Dénotation et connotation

La plupart des mots, quelle que soit leur classe grammaticale, ont un sens dénoté et un sens connoté.

- Le sens dénoté : c'est le sens premier du terme, celui que l'on trouve dans le dictionnaire. Par exemple, le sport est défini par *le Petit Robert* comme «une activité physique exercée dans le sens du jeu, de la lutte et de l'effort.»
- Le sens connoté : c'est le sens implicite du mot suivant le contexte dans lequel il est employé. Un mot peut recevoir plusieurs connotations qui peuvent être mélioratives ou péjoratives. Par exemple, le sport peut renvoyer à la santé, à la compétition, à la notion de collectif, mais aussi au dopage.

▸ Pourquoi s'attacher aux connotations d'un mot ?

Lire un sujet d'écriture personnelle, c'est analyser les différents sens des mots-clés. Or, si l'on saisit facilement le sens premier d'un terme, il est plus difficile d'en comprendre les sous-entendus, l'implicite et s'assurer ainsi que l'écriture personnelle couvrira tout le champ du sujet.

Exemple

Sujet d'écriture personnelle : « L'écosystème médiatique a changé. [...] L'ensemble de l'habitat du journaliste, comme pour un animal, est bouleversé. Il n'y a plus autant d'oxygène, la nourriture n'est plus la même qu'avant et il faut rapidement trouver de nouveaux repères ». Êtes-vous d'accord avec cette affirmation ?

Un des mots-clés du sujet est « écosystème ». Dans cette citation, il faut travailler non pas à partir du **sens dénoté** de ce mot en sciences (ensemble d'êtres vivants dans un environnement biologique) mais de **ses connotations** : le terme, associé à « médiatique », renvoie aux nouveaux modes de transmission de l'information que le journaliste doit prendre en compte.

- **Cherchez les connotations liées aux mots suivants : la fête, Internet, jeux.**
- **Dans le sujet d'écriture personnelle suivant, relevez les mots-clés. Précisez, en travaillant sur leurs connotations, quels domaines recouvre chaque mot-clé. Vous pourrez présenter votre travail sous la forme d'un schéma heuristique.**

Sujet Pensez-vous que les nouveaux supports de l'information comme Twitter, et plus largement Internet, modifient le rôle du journaliste ?

Les nouveaux modes de circulation de l'information

COMPÉTENCES VISÉES

- Comprendre et étudier les mots-clés du sujet.
- Faire le lien avec un des thèmes au programme.

SUJET D'ÉCRITURE PERSONNELLE

La rapidité des nouveaux moyens de communication ne présente-t-elle que des avantages ?
Vous répondrez à cette question en vous appuyant sur les documents du corpus.

Texte 1

Le roman de Zola,* L'Argent *présente le monde financier, et plus spécifiquement celui de la Bourse, sous le second Empire. L'écrivain y dénonce plus particulièrement les effets de la spéculation. Dans cet extrait, le narrateur décrit les fluctuations des cours de la Bourse en fonction des informations qui arrivent, ou non, de l'extérieur.

La corbeille des agents de change à la Bourse de Paris, 1867, gravure.

Une heure sonna, la cloche annonça l'ouverture du marché. Ce fut une Bourse mémorable, une de ces grandes journées de désastre, d'un de ces désastres à la hausse, si rares, dont le souvenir reste légendaire. Dans l'accablante chaleur, au début, les cours baissèrent encore. Puis, des achats brusques, isolés, <u>comme des coups de feu</u> de tirailleurs avant que la bataille s'engage, étonnèrent. Mais les opérations restaient lourdes quand même, au milieu de la méfiance générale. Les achats se multiplièrent, s'allumèrent de toutes parts, à la coulisse, au parapet ; on n'entendait plus que les voix [...] à la corbeille, criant qu'ils prenaient toutes les valeurs, à tous les prix ; et ce fut <u>alors</u> un frémissement, <u>une houle croissante</u>, sans que personne pourtant osât se risquer, dans le désarroi de ce revirement inexplicable. Les cours avaient légèrement monté, Saccard eut le temps de donner de nouveaux ordres à Massias, pour Nathansohn. Il pria également le petit Flory qui passait en courant, de remettre à Mazaud une fiche, où il le chargeait d'acheter, d'acheter toujours ; si bien que Flory, ayant lu la fiche, frappé d'un accès de foi, joua le jeu de son grand homme, acheta lui aussi pour son compte.

ENTRAÎNEMENT GUIDÉ

Les nouveaux modes de circulation de l'information

Et ce fut à cette minute, à deux heures moins un quart, que le tonnerre éclata en pleine Bourse l'Autriche cédait la Vénétie[1] à l'empereur, la guerre était finie. D'où venait cette nouvelle ? Personne ne le sut, elle sortait de toutes les bouches à la fois, des pavés eux-mêmes. Quelqu'un l'avait apportée, tous la répétaient dans une clameur, qui grossissait avec la voix haute d'une marée d'équinoxe. Par bonds furieux, les cours se mirent à monter, au milieu de l'effroyable vacarme. Avant le coup de cloche de la clôture, ils s'étaient relevés de quarante, de cinquante francs. Ce fut une mêlée inexprimable, une de ces batailles confuses où tous se ruent, soldats et capitaines, pour sauver leur peau, assourdis, aveuglés, n'ayant plus la conscience nette de la situation. Les fronts ruisselaient de sueur, l'implacable soleil qui tapait sur les marches, mettait la Bourse dans un flamboiement d'incendie.

ÉMILE ZOLA, *L'Argent*, 1891.

1. région d'Italie du Nord.

COMPRENDRE LE TEXTE

1. À quelle époque cette scène se déroule-t-elle ?
2. Quel événement l'adverbe « alors » (l. 11) souligne-t-il ?
3. **Nommez** les figures de style soulignées. À quel élément chacune renvoie-t-elle ? Quel effet cherchent-elles à provoquer sur le lecteur ? **Vous en relèverez d'autres et les nommerez.**
4. Combien de temps l'information concernant l'Autriche met-elle pour se propager à l'intérieur de la Bourse ? **Vous justifierez** votre réponse en citant le texte.

Wall Street, Bourse de New York.

Texte 2

Le mini-krach du 6 mai 2010 à Wall Street a braqué les projecteurs sur le trading algorithmique ou « algotrading », qui désigne les échanges d'actions automatisés. Cette pratique représenterait jusqu'à 70 % des échanges aux États-Unis et connaît une forte croissance en Europe. Si elle a des effets positifs sur la liquidité[1] du marché et la baisse des prix des ordres, la vitesse vertigineuse des opérations qu'elle permet (quelques millisecondes) interroge. Qui a désormais la maîtrise des mouvements boursiers ? Y a-t-il, là aussi, un besoin nouveau de régulation ?

L'essor vertigineux du trading algorithmique

Qu'est-il donc arrivé le jeudi 6 mai 2010 à la Bourse de New York ? En quelques minutes, l'indice phare Dow Jones a chuté de plus de 9 %. Un vent de panique s'est emparé des marchés et 1 000 milliards de dollars se sont envolés. Si plusieurs causes sont évoquées, l'une d'elles, l'*algotrading*, est mise en avant. Peu connue, cette technique boursière a pourtant assuré en 2009 70 % du volume des 10 milliards d'échanges quotidiens réalisés sur les différentes places boursières aux États-Unis, selon Tabb Group, une société américaine de conseil et de recherche sur la finance.

L'*algotrading*, contraction de « trading algorithmique » (aussi appelé « *high frequency trading* », « trading à haute fréquence »), ne cesse

1. fluidité.

de gagner en importance. Cette pratique repose sur « *des machines capables d'exécuter des ordres à toute vitesse et de tirer ainsi profit des écarts de prix minimes sur les valeurs* [...]. *Ces outils d'un nouveau genre arbitrent, fractionnent, achètent et vendent. Leur dieu est le même que celui du trader à tête d'homme : le temps. À la différence que leur échelle de temps est le millième de seconde et que, en guise de cerveau, ils disposent de formules algorithmiques* » (Mathieu Rosemain, *Les Échos*, 14 avril 2010). Le phénomène est à relier au « *turbo-capitalisme* » identifié par le sociologue Paul Virilio dans une interview à *Libération* (25 mai 2010) devenu, pour certains, emblématique de cette « finance folle » qui a gagné la planète.

Son histoire est récente. Né aux États-Unis à la suite de l'informatisation des ordres sur les marchés financiers dans les années 1970 [...], le trading algorithmique a pris son essor au début des années 2000, quand la décimalisation a modifié la taille des ordres en fractionnant leur valeur, passée d'un minimum de 1/16 de dollar (0,0625 dollar) à 0,01 dollar. Cela a changé la microstructure du marché en créant des différences plus petites entre prix offerts et prix proposés, favorables aux opérations automatisées. [...]

Les enjeux sont donc considérables et le ticket d'entrée ne cesse de s'élever. Les teneurs du marché comme Getco, les fonds spéculatifs et les Bourses elles-mêmes se livrent à une bataille technologique coûtant des centaines de millions de dollars d'investissements – pour gagner les quelques fractions de seconde qui leur permettront d'empocher des bénéfices juteux. Les opérateurs boursiers ont aussi compris leur intérêt. Progressivement, ils proposent à leurs membres de louer des serveurs à quelques mètres, voire quelques centimètres du cœur des échanges électroniques. C'est ce qu'on appelle la « co-location ». On estime qu'à chaque centaine de miles (160 kilomètres) supplémentaire de distance du lieu de l'opération, 1 millième de seconde est ajoutée à celle-ci : ce qui peut faire perdre une opération ou gagner des millions.

ÉDOUARD PFLIMLIN, Le Monde.fr, 18 juin 2010.

COMPRENDRE LE TEXTE

1. En vous appuyant sur l'article du *Monde*, tentez de définir ce qu'est *l'algotrading* et dites quel est son rôle dans la transmission des ordres en Bourse.

2. Pour quelle raison l'*algotrading* a-t-il occupé une place aussi importante, dans les Bourses américaines, à partir de 2000 ?

3. Que souligne la dernière phrase de l'article ?

ÉCRIRE

« Le phénomène est à relier au turbo-capitalisme identifié par le sociologue Paul Virilio » (l. 20-21). En vous appuyant sur les éléments de l'article, **expliquez** ce que Virilio entend par « turbo-capitalisme ».

TRAVAIL SUR LE CORPUS

QUESTIONS SUR LES TEXTES 1 ET 2

1. Combien d'années séparent l'écriture des deux textes ?
2. Quel est leur thème commun ?
3. Cette pratique repose sur « *des machines capables d'exécuter des ordres à toute vitesse et de tirer ainsi profit des écarts de prix minimes sur les valeurs* [...]. *Ces outils d'un nouveau genre arbitrent, fractionnent, achètent et vendent. Leur dieu est le même que celui du trader à tête d'homme : le temps* » (texte 2, l. 13-17).
Quelle est la figure de style utilisée dans cette citation au sujet de l'*algotrading* ? Quelle est l'intention de l'auteur ? Quelle différence souligne-t-elle avec la description du texte 1 ?

Texte 3

Paul Virilio présente les méfaits que risquent de provoquer les nouveaux moyens de communication (Internet, notamment).

Le phénomène de l'immédiateté, de l'instantanéité, est un des problèmes majeurs posés actuellement aussi bien aux stratèges politiques qu'aux stratèges militaires. Le temps réel l'emporte désormais sur l'espace réel [...]. Le primat du temps réel, de l'immédiateté, sur l'étendue est un fait accompli, et inaugural. C'est ce que traduit, par exemple, une publicité pour des téléphones cellulaires : « La Terre n'a jamais été aussi petite. » C'est un événement gravissime pour le rapport au monde et pour la vision du monde. Il y a trois murs : du son, de la chaleur et de la lumière. Les deux premiers ont été franchis. Le mur du son, c'est l'avion supersonique et hypersonique. Le mur de la chaleur, c'est la fusée qui permet d'exorbiter un homme et de le faire atterrir sur la Lune. Le troisième, le mur de la lumière, on ne le passe pas, on rentre dedans. C'est ce mur du temps auquel l'histoire est affrontée maintenant. Le fait d'avoir atteint le mur de la lumière, de la vitesse de la lumière, est un événement historique qui désoriente l'histoire et qui désoriente le rapport de l'être au monde. Si on ne souligne pas cela, on trompe et on désinforme les citoyens. Il y a là un fait majeur qui met en cause la géopolitique, la géostratégie, et bien évidemment la démocratie qui était liée à un lieu, à une cité. [...]. Toucher à distance, sentir à distance, c'est déplacer la perspective vers un domaine qui lui échappait : le contact, le télé-contact. Une désorientation fondamentale. Avec le développement des autoroutes de l'information, nous nous trouvons devant un phénomène nouveau : la désorientation. [...] Ce qui se prépare, c'est un trouble de la perception du réel ; c'est un traumatisme. Et il faudrait s'intéresser à cet effet. Pourquoi ? Parce qu'on n'a jamais fait progresser une technique sans combattre sa négativité spécifique. Or la négativité spécifique des autoroutes de l'information est précisément cette désorientation de l'altérité, du rapport à l'autre et du rapport au monde.

PAUL VIRILIO, « Alerte dans le cyberespace ! »,
Le Monde diplomatique, août 1995.

Texte 4

La révolution de l'information, c'est donc d'abord la démocratisation de l'écriture publique. Pour les médias classiques, traditionnels, les médias du patrimoine, l'événement technologique de la décennie écoulée est le développement d'outils et de services d'auto-publication, faciles d'utilisation et bon marché, dans un univers connecté en permanence (« *Always on !* »). Cette prise de contrôle des moyens de production et de distribution – dont l'usage est baptisé « médias sociaux » – s'est encore accélérée récemment avec l'essor du Web en temps réel, le Web instantané. Les gens délaissent les vieux médias pour se tourner davantage les uns vers les autres, pour échanger *via* les réseaux sociaux, qui n'en sont qu'à leurs débuts. Chacun a sa propre imprimerie (blog), sa station de radio (podcast) ou sa télévision (YouTube). Chacun contribue à un grand tableau d'affichage nommé Facebook ! Chacun va dire et partager ce qu'il sait ! Chacun est devenu un média !

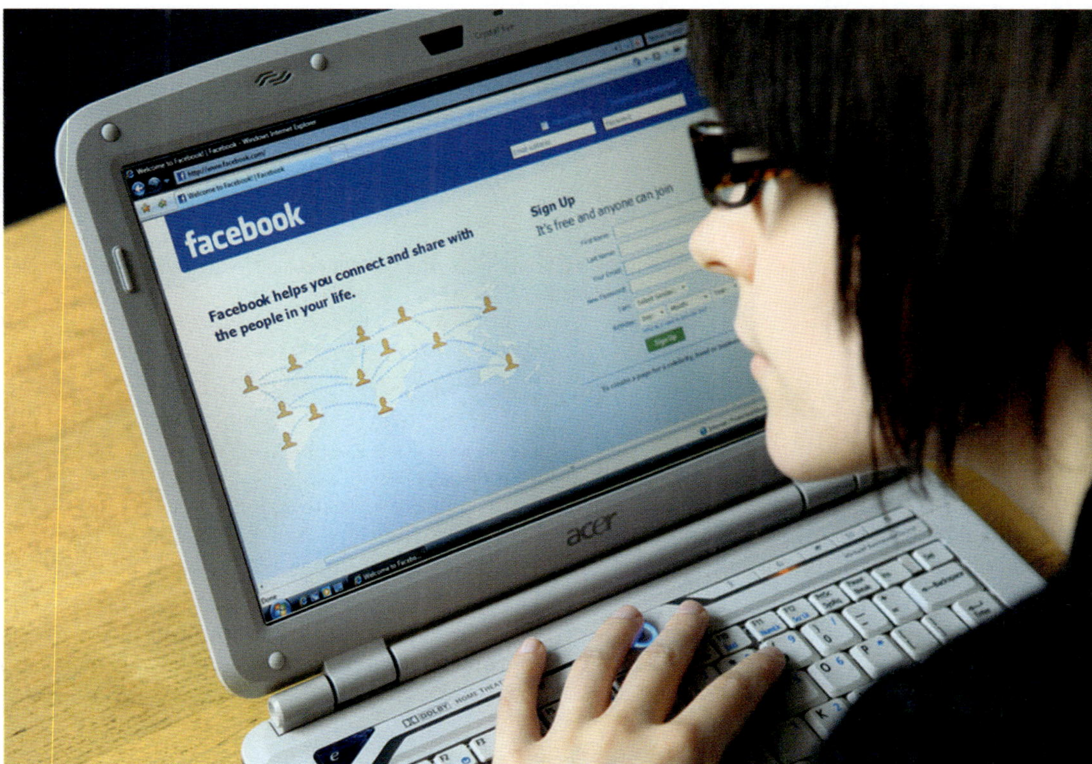

Ces nouveaux outils alimentent le partage planétaire de cette denrée essentielle qu'est l'information, carburant de la révolution numérique. Sur la Toile, les flux d'information en réseau (*many to many*) ont remplacé la vieille logique des *mass media* (*one to many*). Ils ne circulent plus de manière verticale et isolée, mais de façon horizontale et reliée. Jusqu'ici, l'information « descendait » des pouvoirs et des grands médias vers chaque foyer individuel. Désormais, elle se propage et s'étend parmi des gens connectés entre eux. Devenue ubiquitaire[1], cette information circule de plus en plus vite et sous des formes toujours plus différentes. [...]

Internet est désormais sur soi, et plus seulement chez soi. L'Internet mobile va rapidement dépasser l'Internet fixe. Son adoption par la population est huit fois plus rapide. Tout ce que nous faisions à la maison ou au bureau, nous le faisons désormais en déplacement. Dans la rue, les gens ne parlent plus seulement tout seuls, mais marchent, penchés en avant, tête baissée, le regard sur leurs écrans d'iPhone ou de BlackBerry. Dans les cafés, les *laptops* sont ouverts, les tablettes fleurissent dans les avions. Très vite, chacun en aura une. La vidéo est consommée partout, *via* les smartphones et maintenant les lecteurs *e-book* en couleur.

Avec les écrans tactiles, les applications iPhone et l'essor hyperrapide des tablettes, le Web n'est plus seulement un lieu de publication, mais, de plus en plus, un endroit où l'on vit, un environnement présent à chaque instant autour de nous. Pour les 17-34 ans, le premier écran est celui du smartphone, avant même l'ordinateur, et non celui de la télévision.

ÉRIC SCHERER, *A-t-on encore besoin des journalistes ? Manifeste pour un journalisme augmenté*, 2011.

1. adjectif qualificatif construit à partir du nom « ubiquité » qui signifie capacité à être présent dans plusieurs lieux à la fois.

TRAVAIL SUR LE CORPUS

QUESTIONS SUR LES TEXTES 3 ET 4

1. Quels sont les « trois murs » définis par Paul Virilio dans le texte 3 ?
2. Que signifie le slogan : « La Terre n'a jamais été aussi petite » (texte 3, l. 6-7) ?
3. Quels dangers, d'après l'auteur du texte 3, le fait d'avoir franchi le mur de la lumière (l'abolition de la distance et du temps) présente t-il ? Partagez-vous ce point de vue ? Expliquez pourquoi.

▶ **Réponse rédigée :**

- *le fait d'avoir franchi « le mur de la vitesse de la lumière » désoriente les gens car cela provoque chez eux « Un trouble de la perception du réel ». En effet, leur perception du réel est transformée du fait de l'abolition des distances. D'après Paul Virilio, cette désorientation risque d'avoir des conséquences graves et notamment une remise en cause de la démocratie.*
- *Je partage ce point de vue. En effet, l'abolition de la distance et du temps entraîne une instantanéité de l'information. De ce fait, les gens ne sont plus en mesure de trier les informations et de faire, par exemple, la distinction entre les informations qui concernent leur environnement proche, et celles qui concernent d'autres pays.*

4. Dans le texte 4, faites la liste de ce qui différencie les « médias » des nouveaux modes de communication.

RECHERCHE

L'instantanéité, la simultanéité. **Cherchez** le sens de ces deux termes dans un dictionnaire. **Employez**-les pour construire deux phrases différentes.

BILAN DE L'ÉTUDE DU CORPUS D'ENTRAÎNEMENT

COMPÉTENCES TRAVAILLÉES

1. Situer un texte littéraire dans son époque.
2. Justifier une réponse en citant le texte.
3. Relever et étudier les mots-clés dans un sujet d'écriture personnelle.
4. Faire le lien entre le sujet et un des thèmes.

ENTRAÎNEMENT GUIDÉ

METTRE EN ŒUVRE LES COMPÉTENCES

Sujet d'écriture personnelle : La rapidité des nouveaux moyens de communication ne présente-t-elle que des avantages ? Vous répondrez à cette question en vous appuyant sur les documents du corpus.

Étapes à suivre

1. Relevez les mots-clés dans l'intitulé du sujet.
2. Dressez une liste de termes auxquels vous associez chaque mot-clé.
3. Parmi les problématiques proposées, dites quelles sont celles qui ont un lien avec le sujet :
   - La rapidité des nouveaux moyens de communication est-elle importante dans nos sociétés ?
   - La rapidité des nouveaux moyens de communication a-t-elle un impact positif ou négatif ?
   - Les nouveaux moyens de communication modifient-ils de manière importante les relations entre les gens ?
   - Quels sont les dangers liés à la rapidité des moyens de communication ?
4. Reformulez, avec vos mots, le sujet d'écriture.

CHAPITRE 8 Cultures, multiculturalisme, interculturalisme

Culture générale
- Le regard sur sa propre culture et la culture de l'Autre.
- Multiculturalisme et interculturalisme.

Améliorer l'expression écrite
Langue : Les reprises nominales et pronominales
Lexique : L'étymologie des mots

Méthode/Compétences à acquérir
Comment formuler une thèse et trouver les arguments ?

SOMMAIRE

Compétences sollicitées dans ce chapitre

- **Comment formuler une thèse ?**
  - Comprendre la thèse d'un auteur et ses arguments.
  - Formuler une ou deux thèses.
- **Comment formuler des arguments pour défendre cette thèse ?**
  - Comprendre les arguments dans un texte.
  - Trouver des idées et formuler des arguments à partir des textes et images proposés.

Un thème, DES questions

Cette photographie est prise en Grande-Bretagne.

Compétences sollicitées pour analyser une photographie

- Lire la source de la photographie (date, lieu, support...).
- Décrire (champ, plan, cadrage, personnes...) et interpréter les éléments décrits (dénotation/connotation, symbolisme...).
- Formuler l'intention du ou de la photographe.

COMPRENDRE LA PHOTOGRAPHIE

1. Quelle est la profession des deux hommes photographiés ?
2. Qu'est-ce qui différencie l'homme à gauche de la photo de son collègue ? Comment interprétez-vous cette différence ?
3. Qu'en déduisez-vous de la loi britannique sur le port de signes religieux ?
4. Que cherche à souligner le photographe ?

RELIER LE DOCUMENT À DES QUESTIONNEMENTS

Voici une liste de mots-clés qui ont un lien avec la notion de culture : traditions/nourriture/mélange/littérature/arts/tolérance/histoire/religion/pluralité/singularité/éducation/civilisation/ethnie.
1. D'après vous, quels mots reflètent le mieux le thème en question ? Vous en choisirez trois et justifierez vos choix.
2. En puisant dans cette liste, **rédigez** deux questions qui éclairent différents aspects du débat sur la cohabitation de cultures différentes.

SOLLICITER SA CULTURE GÉNÉRALE

1. Donnez des titres de livres, de films dans lesquels les personnages appartiennent à des cultures différentes.
2. Quels sens donnez-vous au mot « culture » ? **Vous développerez** votre réponse dans un paragraphe de cinq à dix lignes.

Le regard sur sa propre culture et la culture de l'Autre

SUJET D'ÉCRITURE PERSONNELLE

Pour quelles raisons la rencontre avec les autres permet-elle de changer à la fois son regard sur eux mais également sur soi ? Vous répondrez à cette question en vous appuyant sur les documents du corpus.

Texte 1

Montaigne défend les Indiens d'Amérique appelés « sauvages » par ses contemporains.

Or je trouve, pour revenir à mon propos, qu'il n'y a rien de barbare et de sauvage en cette nation, à ce qu'on m'en a rapporté ; sinon que chacun appelle barbarie ce qui n'est pas de son usage ; comme de vrai, il semble que nous n'avons autre étalon[1] de la vérité et de la raison que l'exemple et l'idée des opinions et usances du pays où nous sommes. Là[2] est toujours la parfaite religion, la parfaite police, parfait et accompli usage de toutes choses.

MONTAIGNE, « Des Cannibales », *Essais* 1580.

1. instrument de mesure.
2. le pays où l'on vit.

Les *Essais* de Montaigne

Les *Essais* de Montaigne sont composés de trois livres. L'écrivain y confie ses expériences sur des sujets et des thèmes qui lui sont contemporains. Ainsi consacre-t-il tout un chapitre aux Indiens d'Amérique qui sont alors considérés comme des « sauvages ». À travers ces délibérations, Montaigne donne au lecteur matière à réflexion.

Lire un essai

L'essai est un texte argumentatif en prose. L'auteur de l'essai présente et discute une thèse personnelle. On nomme cette démarche « la délibération ». L'essai est écrit à la première personne et l'on y relève des marques de son intervention (modalisateurs). De ce fait, il peut avoir un caractère partisan, polémique (le pamphlet, par exemple, texte court et virulent, révèle l'engagement de l'écrivain). On ne confondra pas « essai » et « autobiographie ».

Amerigo Vespucci et l'Amérique, dessin de Jan van der Straet, gravé par Théodore Galle, 1859.

COMPRENDRE LE TEXTE

1. Quel regard Montaigne porte-t-il sur les habitudes culturelles des Indiens d'Amérique ? Pour répondre à cette question, **citez** précisément le texte.
2. « Là est toujours la parfaite religion... toutes choses » (l. 6-7). Quel ton l'auteur des *Essais* adopte-t-il dans cette phrase ? Quelle attitude de ses contemporains cherche-t-il à dénoncer ?
3. **Formulez**, en une ou deux phrases, l'idée principale de cet extrait.

Texte 2

Claude Lévi-Strauss est ethnologue. Il a étudié, notamment, les tribus indiennes d'Amazonie et d'Amérique du Nord.

Des sociétés, qui nous paraissent féroces à certains égards, savent être humaines et bienveillantes quand on les envisage sous un autre aspect. Considérons les Indiens des plaines de l'Amérique du Nord qui sont ici doublement intéressants, parce qu'ils ont pratiqué certaines formes modérées d'anthropophagie, et qu'ils offrent un des rares exemples de peuple primitif doté d'une police organisée. Cette police n'aurait jamais conçu que le châtiment du coupable dût se traduire par une rupture des liens sociaux. Si un indigène avait contrevenu aux lois de la tribu, il était puni par la destruction de tous ses biens : tente et chevaux. Mais du même coup, la police contractait une dette à son égard ; il lui incombait d'organiser la réparation collective du dommage dont le coupable avait été, pour son châtiment, la victime. Cette réparation faisait de ce dernier l'obligé du groupe, auquel il devait marquer sa reconnaissance par des cadeaux que la collectivité entière l'aidait à rassembler, ce qui inversait de nouveau les rapports ; et ainsi de suite, jusqu'à ce que, au terme d'une série de cadeaux et de contre-cadeaux, le désordre antérieur fût progressivement amorti et que l'ordre initial soit restauré.

CLAUDE LÉVI-STRAUSS, *Tristes tropiques*, 1955.

COMPRENDRE LE TEXTE

1. Quel regard les Occidentaux portent-ils sur les Indiens d'Amérique du Nord en 1955 ?
2. Quels adjectifs valorisants l'auteur utilise-t-il au début du texte pour qualifier la culture indienne ?
3. À travers ces adjectifs, quels aspects de la justice (« la police ») occidentale l'auteur dénonce-t-il ?
4. Quel est le point de vue de Lévi-Strauss sur la justice des Indiens des plaines de l'Amérique du Nord ? Quelle est, d'après lui, la qualité essentielle de cette forme de justice ?

EXPOSÉ

Faites un exposé sur la notion d'**ethnocentrisme**.

Démarche

Définissez le terme « ethnocentrisme » ; **vous vous appuierez**, notamment, sur l'étymologie du mot.

Étudiez ce phénomène d'un point de vue chronologique en suivant ces étapes :

- les grandes découvertes des XVe et XVIe siècles (pays découverts, dates, noms des explorateurs) ;
- les manifestations de l'ethnocentrisme au XXe siècle ;
- les œuvres qui ont dénoncé (et dénoncent toujours) ce phénomène.

DÉBAT

À partir de cette citation, organisez un débat au sein de la classe.

- **La citation :**

  « Ainsi l'Antiquité confondait-elle tout ce qui ne participait pas à la culture grecque (puis gréco-romaine) sous le même nom de *barbare* : la civilisation occidentale a ensuite utilisé le terme de *sauvage* dans le même sens... Dans les deux cas, on refuse d'admettre le fait même de la diversité culturelle. » Claude Lévi-Strauss, *Race et histoire*, 1952.
- **Après la lecture de la citation, dites si vous partagez ce point de vue et pourquoi.**

La notion d'exotisme en peinture

Dans la première moitié du XIXe siècle, on rêve de contrées récemment découvertes et lointaines. Cette curiosité se manifeste, notamment en peinture, par le choix de sujets empruntés à l'Afrique. C'est surtout en France que se développe ce goût pour l'exotisme avec des artistes comme Eugène Delacroix qui a fait un voyage en Afrique. Cependant, pour réaliser certaines de ses œuvres (*Femmes d'Alger dans leur appartement*, 1834, *Le Sultan du Maroc*, 1845), Delacroix s'est surtout inspiré de récits de voyages. Nombreux sont les peintres qui, au XIXe siècle, peignent des sujets « exotiques », sans jamais avoir voyagé en Orient. Leurs toiles sont, bien souvent, le reflet d'un idéal fantasmé et non d'une réalité.

Texte 3

Au travers du regard de l'autre : rencontre avec des guides touristiques

Pour beaucoup, l'expérience du tourisme serait celle d'une rencontre entre touristes et populations locales, rencontre de découvertes et d'apprentissages mutuels ou rencontre dévastatrice et asymétrique. Qu'en est-il du point de vue des guides eux-mêmes ? On en parle peu, alors même qu'ils se situent de manière critique au point de rencontre des deux populations. Leur profession peut aussi permettre tant aux touristes qu'aux populations locales de construire un autre rapport aux territoires et au monde. [...]

Sadia (seule femme guide de montagne en exercice au Maroc) a été amenée à ce qu'elle nomme la modernité, par sa découverte du monde des touristes : l'autre lointain. Mais son métier l'a aussi conduite à découvrir son propre pays, l'autre proche. Elle a en effet découvert, d'une manière qu'elle raconte comme ayant été très bouleversante, la pauvreté des habitants de son pays, en marchant dans les régions reculées (les villages dans la montagne ; les nomades dans le désert). Elle découvre l'isolement, l'abattement, la dépendance, des femmes surtout. Elle est très touchée par cette découverte. Cela l'amène à faire un retour sur elle-même. Et elle cherche, par suite, à leur venir en aide : les aider à s'en sortir, tout en leur permettant de rester sur leurs territoires. Elle ressent la nécessité de s'investir pour contribuer à changer les choses. Elle engage alors des projets associatifs, de coopératives de tissage, pour que les femmes puissent acquérir une certaine forme d'indépendance économique sans pour autant quitter leurs régions d'origine. Elle participe par la suite également à une forme de fixation sur les territoires. Qu'elle analyse comme la possibilité d'une mobilité mentale, symbolique ; et une manière qui est offerte aux femmes de se projeter dans un ailleurs, dans un avenir, quand bien même elles ne bougeraient pas de leurs villages. [...]

Eugène Delacroix, *Femmes d'Alger dans leur appartement*, 1834.

L'expérience du tourisme : un « retour vers soi informé par le contact avec l'autre »

Beaucoup de travaux soulignent les effets pervers du tourisme relatifs à l'assignation à résidence et à la réification[1] des identités. Les risques de naturaliser et d'esthétiser le mode de vie de l'autre, et de favoriser une certaine homogénéité culturelle par le regard touristique, sont bien présents, même lorsque l'on cherche pourtant à valoriser la différence et la rencontre. « Ici [en Thaïlande, mais valable ailleurs], le regard touristique se nourrit d'une violence physique et symbolique : parce qu'il considère les gens comme des paysages, il impose une forme d'exotisme comme on assigne à résidence. La mobilité des uns présuppose l'immobilité des autres et les entretient dans leur marginalité». Les risques de naturaliser et d'esthétiser le mode de vie de l'autre, au cours d'une relation sociale temporaire et inégale productrice de stéréotypes, sont bien souvent présents (Mac Cannel, 1984). «Lorsque la définition touristique du groupe prévaut, la communauté est figée en une image d'elle-même, un objet de musée. Le groupe devient une chose, et c'est là précisément ce que des gens ne peuvent pas être». Remplacer un stéréotype négatif par un stéréotype positif ne change pas fondamentalement le type de rapport à l'autre.

Pour autant, cela ne subsume pas toutes les déclinaisons de la rencontre touristique. Dans ces mises en scène pour le regard de l'autre, des mouvements se dessinent, dans lesquels se construisent aussi des identités contemporaines qui empruntent aux catégories des touristes ; mais également aux catégories de son propre univers culturel et permettent de faire retour sur soi. Le tourisme peut constituer une voie inattendue de connaissance de sa propre culture ; un moyen de revisiter les rapports sociaux traditionnels ; un moyen de se les réapproprier . Les guides que nous avons rencontrés ont témoigné très vivement des transformations identitaires occasionnées par l'exercice de leur activité, notamment du fait de sa dimension de rencontre de l'altérité. [...] On peut apprendre de l'autre pour se transformer.

STÉPHANIE PRYEN (sociologue, Maître de conférences
à l'Université de Lille 3, membre du laboratoire Clersé/CNRS),
www.cafe-geo.net, décembre 2008.

1. transformation en objet.

COMPRENDRE LE TEXTE

1. Quelle est la profession de Sadia ?

2. De quoi a-t-elle pris conscience par son contact avec les touristes ? À quelles actions cela la mène-t-elle ?

3. Quels sont les risques du tourisme de masse pour les identités culturelles des pays visités ?

4. **Expliquez** en quoi le terme «exotisme» est utilisé ici de manière péjorative.

5. «Remplacer un stéréotype négatif par un stéréotype positif ne change pas fondamentalement le type de rapport à l'autre» (l. 49-50). **Cherchez** la définition du mot «stéréotype». Quel est, dans cette phrase, le reproche adressé à une certaine forme de tourisme ?

6. «Les risques [...] de favoriser une certaine homogénéité culturelle par le regard touristique, sont bien présents.» (l. 43-45)
- **Expliquez** ce que l'auteur veut dire par «homogénéité culturelle».
- **Reformulez** ce point de vue en explicitant (et en développant) le groupe nominal «regard touristique».
- **Formulez** le point de vue opposé.

ÉCRIRE

Choisissez un des deux points de vue formulés à la question 5 et **donnez** deux arguments pour le défendre.

Document 4

Joann Sfar,
Le chat du rabbin,
Poisson pilote, 2010.

COMPRENDRE LA PLANCHE DE BANDE DESSINÉE

1. Quels aspects de Paris le jeune homme cherche-t-il à montrer à son beau-père ?

2. Que pense le vieil homme de Paris ? Quels aspects de son mode vie ses répliques évoquent-elles ?

3. Quelles différences vestimentaires et langagières existent-il entre les deux hommes ?

4. Par quels moyens Joann Sfar, à travers le dessin, montre-t-il qu'il partage les sentiments du vieil homme ?

SYNTHÈSE

Complétez ce tableau en précisant :

1. le thème commun traité par la planche de bande dessinée et les trois textes ;

2. la thèse défendue par chacun des documents sur ce thème.

Thème commun aux 4 documents :	
	Thèse défendue par le document
TEXTE 1	
TEXTE 2	
TEXTE 3	
DOCUMENT 4	

BILAN DE L'ÉTUDE DU CORPUS DE DÉCOUVERTE

COMPÉTENCES TRAVAILLÉES

- Décrire et dégager le sens d'une photographie et d'une planche de bande dessinée.
- Interroger les mots-clés du thème d'un corpus.
- Comprendre et reformuler un point de vue et le point de vue inverse.
- Compléter ses connaissances sur le thème.

Comment formuler une thèse et trouver les arguments ?

1. Trouver le thème du sujet (voir chapitre 7)

C'est ce dont on parle. Le sujet d'écriture personnelle porte sur un des deux thèmes étudiés au cours de vos deux années d'études.

2. Formuler une ou des thèses

Le sujet d'écriture personnelle vous demande une réflexion personnelle qui s'appuie sur des connaissances.
On distingue deux types de sujets.

Les sujets qui comportent une ou deux thèses (implicite ou explicite)

Après avoir travaillé sur le sujet (voir chapitre 7), vous devez formuler de manière explicite **la ou les thèses induites par le sujet**.
La thèse ou les deux thèses peuvent être suggérées dans **l'énoncé du sujet**. C'est à vous de les expliciter. Pour cela, vous pouvez vous aider des documents du corpus.
Comment ? En faisant **un travail de repérage** de la thèse défendue dans chacun des documents de type argumentatif. Vous pouvez, par exemple, **surligner la thèse de l'auteur** et éventuellement **la reformuler avec vos propres mots**.
Ensuite, **répondez à la question posée** en prenant parti pour l'une ou l'autre thèse.

Exemple

Sujet d'écriture personnelle
Pensez-vous qu'aller vers l'autre a pour seule conséquence de modifier son regard sur lui ?

S'appuyer sur les textes
1. **Texte 1**. Par ses rencontres avec les Indiens, Lévi-Strauss les connaît davantage, mais ces rencontres lui permettent aussi un autre regard sur sa société (l'exemple de la justice).
2. **Texte 3**. Sadia, par sa profession, apprend à connaître des étrangers et leur culture, mais également les habitants de son propre pays.

Thèses
1. Aller vers l'autre permet de modifier son regard sur lui.
2. Aller vers l'autre permet également de mieux se connaître soi-même.

Les sujets qui posent une question ouverte

Dans ce cas, on attend du candidat qu'il propose **une réponse explicative ou informative**, articulée autour de deux ou trois idées. Il n'est pas question ici d'opposer deux points de vue mais de **présenter le sujet** de la manière la plus complète possible.

Exemple

Sujet d'écriture personnelle
Pour quelles raisons la rencontre avec les autres permet-elle de changer à la fois son regard sur eux mais également sur soi ?

Thèses
1. La rencontre avec les autres permet de modifier son regard sur eux.
2. La rencontre permet également de modifier son regard sur soi.

Thèse et énonciation

L'objectif de votre écriture personnelle est **de convaincre par le développement d'une argumentation** qui s'appuiera sur la ou les thèses. Celles-ci doivent être présentées de manière claire.
Vous pouvez exprimer **votre point de vue à la première personne du singulier** (« je ») ou avec le pronom « on ». Mais vous devez veiller à rester nuancé dans votre propos.

3. Trouver des arguments

Qu'est-ce qu'un argument ? Comment le différencier d'une information?

Lorsque vous avez formulé la thèse que vous voulez défendre, vous devez trouver **des arguments pour la soutenir**.
L'argument est subordonné à la thèse et sert à la justifier.
On l'utilise dans une démonstration avec l'intention de remporter l'adhésion du lecteur ou de l'interlocuteur. L'argument peut être **introduit par la conjonction de subordination « parce que »**.

- L'argument est **subjectif**, il manifeste **le point de vue du locuteur**. Il est souvent accompagné **de termes modalisateurs** (mots qui soulignent l'engagement du locuteur).

Exemples de termes modalisateurs

- Les murs de la salle étaient <u>blanchâtres</u> : *le suffixe « -âtre », péjoratif, montre que le locuteur insiste sur la saleté du mur.*
- Elle a eu une idée <u>de génie</u> et a su résoudre cette difficulté : *le complément du nom « de génie » souligne l'admiration du locuteur.*
- Les étudiants se sont <u>particulièrement</u> investis dans leur stage : *l'adverbe « particulièrement » met en valeur la satisfaction du locuteur quant à l'implication des étudiants.*
- Il <u>a manqué de discernement</u> dans cette affaire : *le groupe verbal « manquer de discernement » montre la posture critique du locuteur à l'égard de « il ».*

- Au contraire, l'information est **objective** et repose sur **des faits vérifiés** ; on doit pouvoir **en citer la source**. On la donne pour éclairer le lecteur/l'interlocuteur sur un thème. Mais attention, l'information peut être parfois utilisée au service d'une argumentation.

Exemples

- De plus en plus de gens possèdent un, voire deux téléphones portables : *c'est un fait.*
- L'utilisation du téléphone portable peut nuire aux relations sociales : *c'est un argument (le verbe modalisateur « nuire » souligne la critique du téléphone portable) ; cet argument défend la thèse suivante : on doit encourager les gens à utiliser moins souvent le téléphone portable.*

Où trouver les arguments ?

Pour construire votre écriture personnelle, vous trouverez des arguments dans les documents du corpus (textes et images) et vos connaissances personnelles ainsi que celles acquises au cours de vos 1re et 2e années de BTS.

EXERCICES

1. Formuler et développer une thèse à partir de l'énoncé d'un sujet

A. Dites quelle est la démarche attendue dans ces sujets d'écriture personnelle : présentation de deux thèses opposées ou développement d'une thèse à partir d'une question ouverte.

Sujet 1 La vitesse est une dimension essentielle de notre époque. Partagez-vous ce point de vue ?

Sujet 2 Montrez dans quelle mesure Internet a pris le pas sur la télévision, notamment chez les jeunes gens.

Sujet 3 Le progrès technologique ne présente t-il que des avantages pour l'humanité ?

Sujet 4 Pensez-vous que l'artiste doit se contenter de copier la nature ?

B. Ces sujets d'écriture personnelle ont un thème commun. Lequel ? Pour chacun des sujets, énoncez les thèses qu'ils sous-tendent.

2. Trouver des arguments. Faire le lien entre thèse et arguments

A. Voici une série de thèses et une série d'arguments. Reliez chaque thèse à un argument (A). Puis trouvez, pour chacune des thèses, un second argument (B).

Thèses

1. Les voyages ouvrent l'esprit.
2. Nous devons exiger une égalité de traitement entre les hommes et les femmes.
3. L'environnement est devenu une préoccupation.
4. Le progrès peut être nuisible.

Arguments

A. En effet, les personnes doivent être rémunérées en fonction de leurs compétences seulement.
B.
A. En effet, ils permettent d'aller à la rencontre de cultures différentes.
B.
A. En effet, nous n'avons pas toujours le recul nécessaire pour évaluer ses effets.
B.
A. Nos vies sont fragilisées par la pollution.
B.

B. Voici une liste de thèses et une liste d'arguments. Reliez les arguments à la thèse qu'ils défendent.

Thèses

1. « L'humanité s'installe dans la monoculture ; elle s'apprête à produire la civilisation en masse, comme la betterave »... (C. Lévi-Strauss, *Tristes tropiques*, 1955)
2. Le sport de haut niveau est souvent réservé aux hommes...
3. L'expansion des villes a pour conséquence une paupérisation de la population...
4. La fraude aux examens est un fléau...
5. La mondialisation est bénéfique...

Arguments

A.. parce que cela provoque des injustices et une rupture de l'égalité.
B. parce que la société est discriminante à l'égard des femmes.
C. parce qu'elle permet une meilleure circulation de l'information.
D. parce que ce phénomène entraîne, notamment, la création de bidonvilles.
E. parce que la mondialisation homogénéise les sociétés.

C. Distinguez, dans ces énoncés, les arguments et les informations. Pour chaque argument, énoncez la thèse qu'il peut défendre.

A. La Terre tourne autour du soleil.
B. Facebook est un moyen de retrouver des personnes que l'on a perdues de vue.
C. Facebook peut nuire à la vie professionnelle d'une personne.
D. Twitter abolit le temps et l'espace.
E. Twitter permet à des personnes qui vivent dans des dictatures d'accéder à des informations.

Améliorer l'expression écrite

Les reprises nominales et pronominales

Dans un texte, lorsque l'on veut reprendre un terme déjà utilisé, on peut avoir recours à deux procédés :

1. La reprise nominale

Il s'agit de reprendre un mot :
- soit par **un mot équivalent** (un synonyme, notamment) ou un mot générique ;

Exemple

« Si **un indigène** avait contrevenu aux lois de la tribu, il était puni par la destruction de tous ses biens : tente et chevaux. Mais du même coup, la police contractait une dette à son égard ; il lui incombait d'organiser la réparation collective du dommage dont le coupable avait été, pour son châtiment, la victime. »

- soit par **un groupe nominal plus précis :** un nom + un adjectif qualificatif ou une proposition subordonnée relative qui peut expliquer ou comporter une opinion.

Exemples

- J'ai rencontré **une amie**. Cette personne, qui m'avait aidé à rédiger mon CV, m'a donné des précisions sur le poste à pourvoir.
- Le voisin a **un chien**. L'animal féroce m'a déjà attaqué.

2. La reprise pronominale

Dans ce cas, on reprend le terme déjà employé **par un pronom** (personnel, démonstratif ou possessif).

Exemple

« **Sadia** (seule femme guide de montagne en exercice au Maroc) a été amenée à ce qu'elle nomme la modernité [...]. Mais son métier l'a aussi conduite à découvrir son propre pays, l'autre proche. »

Ces deux procédés permettent **d'enchaîner les idées et évitent les répétitions.**

EXERCICES

1. COMPRENDRE

• **Relevez dans cet extrait les reprises nominales et/ou pronominales des noms ou groupes nominaux soulignés.**

« Pour beaucoup, l'expérience du tourisme serait celle d'une rencontre entre touristes et populations locales, rencontre de découvertes et d'apprentissages mutuels ou rencontre dévastatrice et asymétrique. Qu'en est-il du point de vue des guides eux-mêmes ? On en parle peu, alors même qu'ils se situent de manière critique au point de rencontre des deux populations. »

STÉPHANIE PRYEN, www.cafe-geo.net, décembre 2008.

2. S'ENTRAÎNER

• **Dans ce paragraphe, remplacez les mots répétés par des reprises nominales ou pronominales.**

« Il y a deux messages. D'abord aider le public à identifier les métissages, c'est-à-dire à apprendre au public à reconnaître le mélange des sociétés et des cultures. Pour aider le public, [...] il s'agit de faire comprendre ce qui se cache derrière ces mélanges. Et derrière, il y a l'histoire, la mondialisation, la colonisation, l'esclavage, mais aussi la mode, le plaisir, le hasard des rencontres. Toute une série d'histoires (au pluriel) et ces histoires, nous allons les évoquer. »

D'après un entretien avec Serge Gruzinski, à propos d'une exposition au musée du quai Branly en 2008, *Sciences et Avenir*, mars 2008.

3. PROGRESSER

• **Rédigez une phrase dans laquelle vous remplacerez le mot souligné par un groupe nominal qui apportera soit une explication, soit une opinion.**

- L'étudiante a acheté <u>un livre</u>.
- Il a remarqué <u>une personne</u> dans la rue.
- On trouve des animaux sauvages dans <u>des zoos</u>.

Lexique

1. L'étymologie des mots

L'étymologie est l'**étude de l'origine des mots**. Le français provient, notamment, du **latin** et du **grec**. Certains mots sont construits à partir de **racines/préfixes/suffixes latins ou grecs**.
On retrouve certaines de ces racines dans de nombreux mots. Les **mémoriser** vous permettra de comprendre le sens de ces mots, même si vous ne les connaissez pas.

2. Quelques racines fréquentes

- « **anthropo** » (on le retrouve dans « anthropologie » et « anthropophagie ») : ce préfixe vient du grec *anthropos* qui signifie « homme » ;
- « **homo** » : cet affixe vient du grec *homos* qui signifie « le même » ;
- « **logie** » (« anthropologie », « ethnologie ») : ce suffixe vient du grec *logos* qui signifie le « discours » ;
- « **phage** » (« anthropophage ») : ce suffixe vient du grec *phagos* qui signifie « manger » ;
- « **poly** » (« polygone ») : ce préfixe vient du grec *polus* qui signifie « nombreux ».

• **À partir de leur étymologie, cherchez le sens premier des mots :** « charmer », « étonner », « travailler »

• **Construisez des mots français à partir des racines grecques et latines :** « graphe » (de *graphein*, « écrire »), « logie » (de *logos*, « le discours »), « télé » (« à distance »), « syn » (« avec »).

Multiculturalisme et interculturalisme

COMPÉTENCES VISÉES

- Trouver des idées dans un texte.
- Formuler une thèse.
- Formuler des arguments.

SUJET D'ÉCRITURE PERSONNELLE

Être confronté à des cultures différentes évite-t-il la tentation de l'ethnocentrisme ?
Vous répondrez à cette question de manière argumentée en vous appuyant sur les éléments du corpus.

Texte 1

Un groupe de marins britanniques qui s'est mutiné et a tué son capitaine, décide de partir à la recherche d'une île et de s'y installer. Les marins s'arrêtent à Tahiti, où Purcell, l'un deux, a des amis tahitiens. Les Britanniques proposent à des Tahitiens de les rejoindre, ce qu'ils acceptent. Ils leur prêtent des armes à feu alors qu'ils n'en n'avaient jamais eues jusque-là et les incitent à s'entraîner au tir. Les Tahitiens se disputent les armes et veulent tirer sans attendre leur tour. L'un d'eux se met en colère. Purcell constate qu'ils ont perdu leur douceur habituelle. Mason, le nouveau capitaine, exige que les Tahitiens lui rendent les armes.

« — Monsieur Purcell, dit Mason, coupant court à ces effusions, dites aux Noirs de rendre les balles. »

Purcell traduisit, et aussitôt Mehani[1] passa de l'un à l'autre, recueillit les balles, et les remit à Mason. En même temps, il fit tout un discours plein d'élégance et de dignité. Ses gestes, avec moins de rondeur, rappelaient ceux d'Otou[2].

« — Monsieur Purcell ? dit Mason.

— Il vous présente ses excuses pour les mauvaises manières des Tahitiens et vous assure qu'à l'avenir, ils vous traiteront avec le respect dû à un père.

— C'est bien dit Mason, je suis heureux que nous les ayons de nouveau bien en main. »

Il se tourna pour s'en aller.

« — Remerciez-le, dit-il par-dessus son épaule.

— Est-il fâché ? dit Mehani, les sourcils froncés. Pourquoi s'en va-t-il sans répondre ? »

Selon l'étiquette tahitienne, Mason aurait dû répliquer à son discours par un discours d'une longueur égale.

« — C'est moi qui dois répondre », dit Purcell.

Et il improvisa une harangue où le reproche était si voilé qu'il pouvait presque passer pour un compliment. Mais les Tahitiens ne s'y trompèrent pas. Tout le temps que Purcell parla, ils gardèrent les yeux baissés.

Purcell n'eut pas le temps d'aller jusqu'au bout de son improvisation : Mason l'appela. Il se tenait sur la dunette, les yeux fixés sur le ressac.

1. nom d'un Tahitien.
2. nom d'une Tahitienne.

Bougainville abordant la Polynésie, le 6 avril 1768.
Gravure extraite de l'*Histoire générale de la Marine* par Van Tenac, 1850.

« — Que leur racontez-vous donc ? dit-il avec méfiance.

— Je leur dis merci d'avoir fait leur soumission.

— C'est si long "merci" en tahitien ?

— Avec les fleurs et les épines, oui.

— Pourquoi tous ces bavardages ? dit Mason en penchant en avant son front carré.

— C'est la coutume. Ne pas faire de discours après les excuses de Mehani, c'était rompre avec eux.

— Je vois, » dit Mason, mais il n'avait pas l'air convaincu.

ROBERT MERLE, *L'île*, 1962.

COMPRENDRE LE TEXTE

1. Qu'est-ce qui montre la désinvolture et le mépris de Mason à l'égard des Tahitiens ?

2. Quelle perception les Tahitiens ont-ils de cette attitude ?

3. Que pensez-vous de l'attitude de Mason ? de Purcell ? de Mehani ? Que traduisent, selon vous, ces différences de conduite ?

Texte 2

Il nous faut partir d'un constat : nos sociétés sont structurellement et durablement marquées par la pluralité et la diversité culturelle. Au sein de chaque groupe, voire au sein de chaque individu, on constate une pluralisation de plus en plus forte. L'hétérogénéité est devenue le point commun de tous les groupes, que ceux-ci soient nationaux, sociaux, religieux ou ethniques. On assiste à une hétérogénéisation de fait, liée à la mondialisation notamment. La mondialisation favorise et multiplie les contacts entre les cultures, les lectures, les rencontres et entraîne une ouverture des identités. Chaque individu, même le plus casanier, est, par ses lectures, par la télévision, par Internet, etc. en contact avec le monde entier. [...]

Pour comprendre la diversité culturelle d'aujourd'hui, il ne suffit pas de diviser la société en une succession d'homogénéités selon le principe, malheureusement non remis en question, que les individus qui ont une même nationalité, une langue commune, une religion partagée sont identiques et ont une obligation de ressemblance. [...] Ainsi, par exemple, un patronyme ne peut plus, de nos jours, être considéré comme une marque d'appartenance à un groupe ethnique, national ou linguistique. Il en est de même pour la religion ou tout autre critère d'identification. On ne peut plus

Le quartier de Belleville dans le 20e arrondissement de Paris.

penser l'hétérogénéité en termes de catégories d'autant que chaque individu ne représente que lui-même et a ses manières personnelles d'exprimer sa ou ses appartenances. On ne peut estimer qu'il est le représentant d'une culture, il ne représente que lui-même. [...] On assiste à une définition de l'appartenance culturelle non plus par filiation mais par personnalisation et création, par affiliation. L'individu n'est plus au cœur d'une seule identité mais de plusieurs identités qui ne sont pas exclusives les unes des autres, et qui sont parfois en harmonie, parfois en contradiction. On se trouve dans une réalité sociale polychrome[1], labile[2] et mouvante. C'est pourquoi, il devient de plus en plus difficile de définir l'individu à partir de sa seule appartenance culturelle, ethnique ou même nationale. Les marqueurs traditionnels d'identification (nom, nationalité, âge, culture, statut social...) ont perdu leur pertinence et ne permettent plus d'identifier autrui encore moins de le catégoriser. [...]
L'utilisation synonymique des termes « multiculturel/interculturel » révèle le flou sémantique mais aussi les enjeux symboliques et politiques. Le terme de « pluralité » renvoie à un état, à une situation. Le multiculturalisme est un mode de traitement de cette pluralité qui consiste à reconnaître la coprésence de groupes distincts et homogènes. Le préfixe « inter » de « interculturel » indique, au contraire, une mise en relation et une prise en considération des interactions entre les groupes et les individus.

MARTINE A. PRETCEILLE, *Éducation et formations interculturelles : regards critiques*, communication de novembre 2010.

1. qui est de plusieurs couleurs.
2. qui n'est pas fixe.

COMPRENDRE LE TEXTE

1. « L'individu n'est plus au cœur d'une seule identité mais de plusieurs identités qui ne sont pas exclusives les unes des autres, et qui sont parfois en harmonie, parfois en contradiction. » (l. 27-29) **Expliquez** cette phrase. **Donnez** des exemples pour illustrer votre propos.

2. Quelle influence la mondialisation a-t-elle sur la ou les cultures ?

3. Recherche lexicale : **cherchez** la signification des préfixes « multi » et « inter ». **Trouvez une définition** d'« interculturel » et de « multiculturel ».

4. Relevez, dans le texte, des éléments qui montrent que la culture d'un individu n'est pas figée.

5. Quel est le point de vue de Martine Pretceille à propos de la cohabitation entre des cultures différentes ?

▶ **Réponse rédigée des questions 4 et 5 :** Pour Martine Pretceille, la cohabitation entre cultures différentes a des conséquences sur les individus. En effet, du fait de la mondialisation, les cultures ne sont plus figées. Par ailleurs, elles ne sont pas juxtaposées les unes à côté des autres. Pour l'auteur, il y a une interaction entre les groupes. De plus, chaque individu est influencé par d'autres personnes appartenant à un groupe *a priori* différent. Martine Pretceille évoque un phénomène interculturel.

6. Quels sont ses arguments ? **Relevez-en** au moins deux.

ÉCRIRE

Partagez-vous la thèse de Martine Pretceille ? **Donnez votre point de vue**. **Proposez** au moins deux arguments.

Démarche

1. Formulez les deux thèses induites par l'énoncé du sujet : celle de Martine Pretceille et la thèse inverse.

2. Choisissez une des deux thèses et **trouvez** deux arguments pour la soutenir.

Texte 3

Le Conseil de l'Europe : la reconnaissance de la diversité culturelle et la nécessité d'une éducation interculturelle pour éviter les conflits.

Parmi les instances représentatives de l'Europe, c'est le Conseil de l'Europe qui s'intéresse le premier au terme « interculturel », notamment à partir des années 1980 :

« L'emploi du mot "interculturel" implique nécessairement, si on attribue au préfixe "inter" sa pleine signification, interaction, échange, élimination des barrières, réciprocité et véritable solidarité. Si au terme "culture" on reconnaît toute sa valeur, cela implique reconnaissance des valeurs, des modes de vie et des représentations symboliques auxquels les êtres humains, tant les individus que les sociétés, se réfèrent dans les relations avec les autres et dans la conception du monde » (Conseil de l'Europe, 1986).

Les travaux du Conseil de l'Europe, puis les programmes européens, vont donc faire abondamment référence à l'interculturel. À partir de l'expérience de l'Office franco-allemand pour la jeunesse, la pédagogie des échanges scolaires va s'appuyer sur la pédagogie interculturelle.

Les ministres européens de l'Éducation vont généraliser et systématiser une éducation aux droits de l'homme dans la scolarité obligatoire en lui attribuant une double dimension : la transmission des connaissances, mais aussi celle des valeurs en s'appuyant sur l'éducation interculturelle, afin de dépasser les discordances des différences. [...]

Il est également question de favoriser la « démocratie interculturelle » pour éviter les dérives communautaires. La déclaration des droits culturels du Conseil de l'Europe en 1997 découle d'une réflexion relative aux questions du communautarisme et de l'universalisme. [...]

Plus récemment, suite aux problèmes relatifs à la montée de l'intégrisme religieux, la notion de laïcité devient récurrente au sein du Conseil de l'Europe. Il ne s'agit pas de s'appuyer sur la conception politique issue des « Lumières », mais sur l'héritage humaniste qui en découle et le dépasse.

Il s'établit ainsi un parallèle entre la laïcité et l'interculturel, non pas en termes d'appartenance, mais à partir de la notion de décentration, c'est-à-dire la capacité à se distancier de ses propres schèmes culturels, de ses préjugés ou de ses représentations.

Veille scientifique et technologique, www.inrp.fr/vst.

COMPRENDRE LE TEXTE

1. Quelle définition de l'adjectif « interculturel » ce texte donne t-il ?
2. Quel est le contenu de « l'éducation interculturelle » que le Conseil de l'Europe souhaite voir se développer en Europe ?
3. Exposez toutes les raisons pour lesquelles « l'éducation interculturelle » est, pour le Conseil de l'Europe, une priorité ?

SYNTHÈSE

Complétez ce tableau en précisant :
- le thème commun aux trois textes ;
- la thèse défendue par chacun ;
  le ou les arguments utilisés.

Thème commun aux trois textes :		
	Thèse	Arguments
TEXTE 1		
TEXTE 2		
TEXTE 3		

ENTRAÎNEMENT GUIDÉ

BILAN DE L'ÉTUDE DU CORPUS D'ENTRAÎNEMENT

COMPÉTENCES TRAVAILLÉES

1. Comprendre un texte argumentatif extrait d'une fiction.
2. Comprendre un texte argumentatif de type essai et en dégager la structure.
3. Formuler une thèse personnelle.
4. Dégager des idées et des arguments d'un texte.
5 Défendre une thèse avec des arguments.

METTRE EN ŒUVRE LES COMPÉTENCES

Sujet d'écriture personnelle : Être confronté à des cultures différentes évite-t-il la tentation de l'ethnocentrisme ? Vous répondrez à cette question de manière argumentée en vous appuyant sur les éléments du corpus.

Étapes à suivre

1. Relevez les mots-clés dans l'intitulé du sujet.
2. Dressez une liste de termes auxquels vous associez chaque mot-clé.
3. Formulez de manière claire les deux thèses induites par le sujet d'écriture.
4. Parmi les arguments suivants, relevez ceux qui peuvent être utilisés pour soutenir une des deux thèses. Certains d'entre eux ne peuvent pas être utilisés pour ce sujet d'écriture :
   - Certaines différences culturelles sont trop fortes.
   - L'ethnocentrisme est un phénomène qui remonte à la Renaissance.
   - Les différences peuvent engendrer des conflits, des tensions.
   - On peut enrichir notre culture en s'inspirant d'autres cultures.
   - Cela peut permettre de sortir de nos préjugés, d'être plus tolérants.

LA NAISSANCE DE L'ORIENTALISME

L'orientalisme : que cache ce drôle de nom ? Ce n'est pas un mouvement artistique, plutôt une tendance générale. Au XIXe siècle, les artistes se passionnent pour les pays arabes, mais ne quittent pas forcément la France pour aller les découvrir sur place ! Mais alors, à quoi peut bien ressembler leur fameux Orient ?

Baron Antoine-Jean Gros, *Bonaparte visitant les pestiférés de Jaffa*, 1804.
Huile sur toile, 532 x 720 cm.
Paris, musée du Louvre.

DES COMBATTANTS **IMAGINAIRES**

Tout commence avec la campagne d'Égypte de Napoléon. En 1804, il commande une toile au baron Gros : *Bonaparte visitant les pestiférés de Jaffa.* On y voit le général soutenir le moral de ses soldats atteints de la peste. À l'arrière, la bataille fait rage : les fumées s'échappent des remparts de la ville. Pourtant, la scène n'a rien à voir avec la réalité. Gros ne se trouvait pas en Égypte, et Napoléon n'a jamais rendu visite aux soldats malades ! C'est juste une toile destinée à flatter le futur empereur en le présentant comme un héros courageux. Malgré les détails de l'architecture orientale et les hommes en costume local, la scène sort tout droit de l'imagination du peintre.
Tout comme celle de *La mort de Sardanapale*, l'un des plus célèbres tableaux de Delacroix. Elle représente un roi oriental qui fait exécuter ses esclaves avant de se donner la mort. C'est un Orient inventé : Delacroix s'inspire en fait d'un drame écrit par un poète anglais, Byron, en 1821. Comme Gros, le peintre n'a encore jamais mis les pieds en Orient. Pourtant, le public français demeure fasciné par ces œuvres qui lui donnent l'impression de voyager. La violence des combats, la chaleur, les couleurs n'ont plus rien à voir avec la manière qu'on avait de peindre jusqu'ici, dite néoclassique. Une véritable révolution artistique s'annonce.

Eugène Delacroix, *La Mort de Sardanapale*, 1827.
Huile sur toile, 392 x 496 cm. Paris, musée du Louvre.

DE BIEN JOLIES **BAIGNEUSES**

Les guerriers ne sont pas les seuls à représenter l'Orient. Les femmes aussi fascinent, surtout celles des harems. Elles sont tellement différentes des Européennes ! On se les imagine plus douces et plus sensuelles. Ingres est obsédé par ces images de l'Orient. Prenez *Le Bain turc* : c'est une scène de harem peuplée de baigneuses. Mais le peintre ne s'est jamais rendu en Turquie, et on ne l'aurait de toute manière jamais laissé entrer dans la partie réservée aux femmes. Dans un cadre français, il n'aurait pas pu représenter de telles femmes nues sans choquer le public, à moins d'en faire des muses ou des déesses antiques. Il se sert donc de l'Orient pour traiter un thème qui lui est cher : le nu féminin.

Jean-Auguste Dominique Ingres, *Le Bain turc*, 1862.
Huile sur bois, et toile,
108 x 110 cm.
Paris, musée du Louvre.

CHAPITRE 9 Les rôles de l'art

Culture générale
- Qu'est-ce que le beau ?
- Qu'est-ce que l'art ?
- L'art, reflet de la société ?

Améliorer l'expression écrite
Langue : Les compléments (essentiels et circonstanciels) : comment enrichir sa pensée ?
Lexique : Synonymie/Antonymie

Méthode/Compétences à acquérir
Comment trouver des exemples pour illustrer des arguments ?

SOMMAIRE

Compétences sollicitées dans ce chapitre
Comment lire les documents pour construire des références et des corpus d'exemples ?
- Étudier une œuvre picturale et la situer dans son contexte.
- Étudier un essai et le situer dans son contexte.
- Illustrer des arguments avec des exemples précis et variés.

COMPRENDRE LES DOCUMENTS

Document 1

1. Qui sont les personnages représentés ? Qu'est-ce qui révèle la classe sociale de chacun ?
2. Que raconte cette scène ? Vous vous appuierez sur l'attitude et les regards des personnages pour répondre à cette question.
3. Quel est l'effet recherché par le peintre ?

Document 2

4. Que représente le tableau ?
5. Quels moyens Picasso utilise-t-il pour montrer le personnage sous différentes perspectives ? Comment nomme-t-on le mouvement artistique qui a recours à ce procédé ?

Confrontation des documents

6. Aimez-vous ces deux tableaux ? En préférez-vous un ? Pourquoi ?

RECHERCHE

Faites une recherche documentaire sur les peintres Georges de La Tour et Pablo Picasso : dates de naissance et de mort, titres des principaux tableaux, appartenance à un mouvement artistique.

RELIER LES DOCUMENTS À DES QUESTIONNEMENTS

1. Voici une liste de termes qui ont un lien avec l'art : esthétique/goût/beau/règles/travail/inspiration/liberté/unique/agréable/détente/musée/plaisir/génie/création. Lesquels, d'après vous, qualifient le mieux le rôle de l'art (vous en choisirez deux) ? **Justifiez** votre choix.
2. Donnez des critères qui permettent, selon vous, de définir une œuvre d'art.
3. Quelle différence faites-vous entre les mots « art » et « artisanat » ? **Vérifiez** ensuite dans un dictionnaire leur définition.

SOLLICITER SA CULTURE GÉNÉRALE

1. Cherchez des noms de peintres et de sculpteurs ainsi que des titres de tableaux et de sculptures des époques de Georges de La Tour et Pablo Picasso.
2. Dans quel musée ces œuvres sont-elles conservées ?
La Joconde de Léonard de Vinci ; *La Liberté guidant le peuple* d'Eugène Delacroix ; *Guernica* de Pablo Picasso ; *Olympia* d'Édouard Manet.

Un thème, DES questions

Document 1

Georges de La Tour, *Le Tricheur à l'as de carreau* (vers 1635).

Document 2

Pablo Picasso, *La femme qui pleure* (1937).

Compétences sollicitées pour analyser un tableau

- Situer un peintre dans son époque et le rattacher, éventuellement, à un mouvement artistique.
- Décrire le tableau : sujet, scène, premier et second plans...
- Interpréter les procédés utilisés par le peintre : couleurs (couleurs chaudes ou froides, contrastes), proportions, perspective...

Éléments pour une définition du beau

SUJET D'ÉCRITURE PERSONNELLE

Existe t-il, d'après vous, des critères qui permettent de définir le beau de manière universelle ?
Vous répondrez à cette question en vous appuyant sur les documents du corpus.

Texte 1

Le texte présente un dialogue entre deux personnages : Socrate et Hippias. Le premier a demandé au second ce qu'est le beau.

SOCRATE – [...] Je crois que je viens de faire une bonne découverte. Vois si le beau n'est pas ce qui nous donne du plaisir ; et je ne dis pas toute espèce de plaisirs, mais ceux de l'ouïe et de la vue. Qu'avons-nous en effet à opposer à cela ? Les beaux hommes, Hippias, les belles tapisseries, les belles peintures, les belles sculptures nous font plaisir à voir ; les beaux sons, toute la musique, les beaux discours et les belles fables produisent le même effet, de sorte que, si nous répondions à notre téméraire interlocuteur[1] : «Mon ami, le beau n'est autre chose que ce qui nous cause du plaisir par l'ouïe et par la vue», ne penses-tu pas que nous rabattrions son insolence ?
HIPPIAS – Il me paraît, Socrate, que ceci explique bien la nature du beau.
SOCRATE – Mais quoi ! dirons-nous, Hippias, que les belles mœurs et les belles lois sont belles parce qu'elles causent du plaisir par l'ouïe ou par la vue ? Ou que leur beauté est d'une autre espèce ? [...]
HIPPIAS – Il me paraît aussi, depuis que tu me l'as fait remarquer, que la beauté des lois est différente.
SOCRATE – Arrête un moment, Hippias ; il me semble que nous nous flattons d'avoir trouvé quelque chose sur le beau, tandis que nous sommes à cet égard tout aussi peu avancés que nous l'étions auparavant.
HIPPIAS – Comment dis-tu ceci, Socrate ?
SOCRATE – Je vais t'expliquer ma pensée ; tu jugeras si elle a quelque valeur. Peut-être pourrait-on montrer que la beauté des lois et des mœurs n'est point si étrangère aux sensations qui nous viennent par les oreilles et par les yeux. Mais supposons la vérité de cette définition, que le beau est ce qui nous cause du plaisir par ces deux sens, et qu'il ne soit point du tout ici question des lois. Si cet homme dont je parle ou tout autre nous demandait : «Hippias et Socrate, pourquoi avez-vous séparé de l'agréable en général une certaine espèce d'agréable, que vous appelez le beau, et prétendez-vous que les plaisirs des autres sens, comme ceux du manger, du boire, de l amour, et les autres semblables, ne sont point beaux ? Est-ce que ces sensations ne sont pas agréables, et ne causent, à votre avis, aucun plaisir, et ne s'en trouve-t-il nulle part ailleurs que dans les sensations de la vue et de l'ouïe ?» Que répondrons-nous, Hippias ?

PLATON, *Hippias majeur* , 421-415.

Le dialogue socratique et ses enjeux

Le dialogue socratique est ainsi nommé car c'est Socrate (philosophe grec, 470 av. J.-C. – 399 av. J.-C.) qui l'a inauguré.
Le genre est repris par ses disciples, Platon notamment. Par le dialogue, le philosophe ne cherche pas à transmettre une vérité mais à renvoyer chacun à ce qu'il sait et ne sait pas. Il incite le lecteur à s'interroger et à prolonger sa réflexion.

1. celui à qui il faudrait expliquer ce qu'est le beau.

COMPRENDRE LE TEXTE

1. Quelle définition du beau Socrate tente-t-il de donner ?
2. Par quels exemples illustre-t-il son propos ?
3. En quoi cette définition ne le satisfait-elle pas tout à fait ?

Portrait d'Emmanuel Kant, gravure de Birck (XVIIIe siècle).

DÉCOUVERTE

Texte 2

Lorsqu'il s'agit de ce qui est agréable, chacun consent à ce que son jugement, qu'il fonde sur un sentiment personnel et en fonction duquel il affirme qu'un objet lui plaît, soit restreint à sa seule personne. Aussi bien disant : « Le vin des Canaries est agréable », il admettra volontiers qu'un autre corrige l'expression et lui rappelle qu'il doit dire : cela m'est agréable. Il en est ainsi non seulement pour le goût de la langue, du palais et du gosier, mais aussi pour tout ce qui peut être agréable aux yeux et aux oreilles de chacun. La couleur violette sera douce et aimable pour celui-ci, morte et éteinte pour celui-là. Celui-ci aime le son des instruments à vent, celui-là aime les instruments à cordes. Ce serait folie que de discuter à ce propos, afin de réputer erroné le jugement d'autrui, qui diffère du nôtre, comme s'il lui était logiquement opposé ; le principe : « À chacun son goût » (s'agissant des sens) est un principe valable pour ce qui est agréable.

Il en va tout autrement du beau. Il serait (tout juste à l'inverse) ridicule que quelqu'un, s'imaginant avoir du goût, songe en faire la preuve en déclarant : cet objet (l'édifice que nous voyons, le vêtement que porte celui-ci, le concert que nous entendons, le poème que l'on soumet à notre appréciation) est beau pour moi. Car il ne doit pas appeler beau, ce qui ne plaît qu'à lui. Beaucoup de choses peuvent avoir pour lui du charme ou de l'agrément ; personne ne s'en soucie ; toutefois lorsqu'il dit qu'une chose est belle, il attribue aux autres la même satisfaction ; il ne juge pas seulement pour lui, mais aussi pour autrui et parle alors de la beauté comme si elle était une propriété des choses. C'est pourquoi il dit : la chose est belle et dans son jugement exprimant sa satisfaction, il exige l'adhésion des autres, loin de compter sur leur adhésion, parce qu'il a constaté maintes fois que leur jugement s'accordait avec le sien.

EMMANUEL KANT, *Critique de la faculté de juger*, trad. A. Philonenko, 1790.

COMPRENDRE LE TEXTE

1. De quelle manière Kant définit-il ce qui est « agréable » ? Quels mots sont associés à cette notion ?
2. Quels exemples donne-t-il pour illustrer son point de vue ?
3. Quelle différence Kant fait-il entre « agréable » et « beau » ?

ÉCRIRE

Expliquez, en quelques lignes, la différence que vous faites entre « agréable » et « beau ». **Donnez des exemples précis**.

Éléments pour une définition du « beau »

Texte 3

Baudelaire photographié par Nadar, 1860.

En 1855 se tient la première Exposition universelle de Paris. À cette occasion a lieu une grande exposition d'art contemporain. De nombreux peintres sont exposés. Baudelaire rend compte de sa visite de cette exposition.

Le beau est toujours bizarre. Je ne veux pas dire qu'il soit volontairement, froidement bizarre, car dans ce cas il serait un monstre sorti des rails de la vie. Je dis qu'il contient toujours un peu de bizarrerie, de bizarrerie naïve, non voulue, inconsciente, et que c'est cette bizarrerie qui le fait être particulièrement le Beau. C'est son immatriculation, sa caractéristique. Renversez la proposition, et tâchez de concevoir un *beau banal* ! Or, comment cette bizarrerie, nécessaire, incompressible, variée à l'infini, dépendante des milieux, des climats, des mœurs, de la race, de la religion et du tempérament de l'artiste, pourra-t-elle jamais être gouvernée, amendée, redressée, par les règles utopiques conçues dans un petit temple scientifique quelconque de la planète, sans danger de mort pour l'art lui-même ? Cette dose de bizarrerie qui constitue et définit l'individualité, sans laquelle il n'y a pas de beau, joue dans l'art (que l'exactitude de cette comparaison en fasse pardonner la trivialité) le rôle du goût ou de l'assaisonnement dans les mets, les mets ne différant les uns des autres, abstraction faite de leur utilité ou de la quantité de substance nutritive qu'ils contiennent, que par l'*idée* qu'ils révèlent à la langue.

Je m'appliquerai donc, dans la glorieuse analyse de cette belle Exposition, si variée dans ses éléments, si inquiétante par sa variété, si déroutante pour la pédagogie, à me dégager de toute espèce de pédanterie. Assez d'autres parleront le jargon de l'atelier et se feront valoir au détriment des artistes. L'érudition me paraît dans beaucoup de cas puérile et peu démonstrative de sa nature. Il me serait trop facile de disserter subtilement sur la composition symétrique ou équilibrée, sur la pondération des tons, sur le ton chaud et le ton froid, etc. Ô vanité ! Je préfère parler au nom du sentiment de la morale et du plaisir. J'espère que quelques personnes, savantes sans pédantisme, trouveront mon ignorance de bon goût.

On raconte que Balzac (qui n'écouterait avec respect toutes les anecdotes, si petites qu'elles soient, qui se rapportent à ce grand génie ?), se trouvant un jour en face d'un beau tableau, un tableau d'hiver, tout mélancolique et chargé de frimas, clairsemé de cabanes et de paysans chétifs, – après avoir contemplé une maisonnette d'où montait une maigre fumée, s'écria : « Que c'est beau ! Mais que font-ils dans cette cabane ? À quoi pensent-ils ? Quels sont leurs chagrins ? Les récoltes ont-elles été bonnes ? *Ils ont sans doute des échéances à payer ?*» Rira qui voudra de M. de Balzac. J'ignore quel est le peintre qui a eu l'honneur de faire vibrer, conjecturer et s'inquiéter l'âme du grand romancier, mais je pense qu'il nous a donné ainsi, avec son adorable naïveté, une excellente leçon de critique. Il m'arrivera souvent d'apprécier un tableau uniquement par la somme d'idées ou de rêveries qu'il apportera dans mon esprit.

CHARLES BAUDELAIRE, commentaires sur sa visite de l'Exposition universelle de 1855.

COMPRENDRE LE TEXTE

1. Cherchez les définitions de l'adjectif « bizarre ».
2. Quelle acception Baudelaire emploie-t-il ?
3. Dans le premier paragraphe, quels sont les trois adjectifs que Baudelaire utilise pour qualifier la bizarrerie ?
4. Quel risque y aurait-il à réglementer la bizarrerie d'après l'auteur ?
5. Selon quel critère (troisième paragraphe) Baudelaire apprécie-t-il un tableau ? En quoi l'anecdote concernant Balzac illustre-t-elle cet argument ?

ÉCRIRE

« Le beau est toujours bizarre. » **Partagez-vous ce point de vue ? Justifiez** votre réponse en utilisant deux arguments illustrés par deux exemples.

RECHERCHE

Faites une recherche documentaire sur des œuvres qui vous plaisent (peinture, musique, films...). Pour chacune d'entre elles, précisez le titre, l'auteur, la date et ce qui vous plaît tout particulièrement.
Voici un exemple de fiche que vous pourrez rédiger :
- **tableau** : titre, nom du peintre, dimension du tableau, lieu où l'œuvre est exposée, commentaire.
- **musique** : nom du compositeur, auteur des paroles, langue originale, commentaire.
- **film** : titre, nom du réalisateur, année de réalisation, pays de la production, commentaire.

ÉCRIRE

Rédigez, en un paragraphe, votre définition du beau. **Illustrez** votre propos par des exemples personnels.

DÉBAT

En vous appuyant sur les recherches effectuées et le paragraphe argumentatif, **confrontez votre point de vue** sur la notion de beau avec celui d'un autre étudiant.

TRAVAIL SUR LE CORPUS

QUESTIONS SUR LES TEXTES 1 À 3

Quels éléments de réflexion à propos du beau les trois extraits proposent-ils ? Vous pourrez présenter votre travail sous la forme d'une liste.

BILAN DE L'ÉTUDE DU CORPUS DE DÉCOUVERTE

COMPÉTENCES TRAVAILLÉES

- Situer l'auteur d'un tableau ou d'un texte dans un siècle et son appartenance à un mouvement littéraire et artistique.
- Faire le lien entre les documents et comprendre ce qui les oppose ou les rapproche.
- Comprendre et utiliser, dans une argumentation, les références et contruire des exemples à partir des documents.

Comment trouver des exemples pour illustrer les arguments ?

1. Construire des références et formuler des exemples pour illustrer les arguments

Comme vous l'avez vu dans les chapitres 7 et 8, votre écriture personnelle développe une ou deux thèses, chacune étant défendue par des arguments.

Chacun de ces arguments doit être illustré par au moins deux exemples.

Une des difficultés est **de formuler des exemples précis, référencés** et de ne pas s'en tenir à des anecdotes vagues.
Les références précises, les exemples permettent au correcteur d'évaluer **votre maîtrise du thème et vos connaissances.**

2. Qu'est-ce qu'un exemple ?

Il est essentiel de ne pas confondre l'exemple et l'argument.

L'argument a une portée générale et il est souvent abstrait. **L'exemple** a une portée plus restreinte et il est concret. Il renforce l'argument et le rend plus convaincant car il peut toucher le lecteur par sa pertinence.

Exemple

Thèse : L'artiste peut être engagé.
Argument : En effet, certains artistes critiquent, à travers leur art, la société.
Exemple : C'est le cas, par exemple, de l'écrivain Émile Zola.

L'exemple doit être précis et développé.

Illustrer un argument par un ou deux exemples permet de **rédiger un paragraphe** et de ne pas vous contenter d'écrire une seule phrase. C'est, en effet, le défaut fréquemment relevé dans les copies d'examen. L'exemple ne doit pas être réduit à une allusion ou à une simple citation.

Exemple

Thèse : L'artiste peut être engagé.
Argument : En effet, certains artistes critiquent, à travers leur art, la société.
Exemple : C'est le cas, par exemple, de l'écrivain Émile Zola, romancier naturaliste du XIXe siècle. Dans son œuvre, Zola présente la société de son époque et ses dysfonctionnements. Ainsi, son roman *Germinal* raconte les conditions de vie misérables des mineurs et de leur famille.

3. Argument, exemple : dans quel ordre ?

Il arrive qu'à la lecture d'un sujet d'écriture personnelle, des exemples – du fait de leur dimension concrète – viennent plus rapidement à l'esprit que les arguments. Vous pouvez alors **regrouper vos exemples et formuler ensuite des arguments.**

Exemple

Thèse : Les œuvres d'art nous touchent et provoquent des émotions.
Exemples :
1. *Le Radeau de la Méduse*, Géricault
2. *La Joconde*, Vinci
3. *Vénus d'Urbino*, Titien
4. *Olympia*, Manet
5. *Femmes d'Alger dans leur appartement*, Delacroix

Vous pouvez regrouper ces exemples qui appartiennent à un même ensemble d'idées et formuler ainsi un argument :
1 : personnages en situation de désespoir ;
2, 3 et 4 : personnages mystérieux ;
5 : sensualité des personnages.

Quel que soit l'ordre dans lequel vous trouvez les exemples et les arguments, il est conseillé, dans la rédaction du paragraphe argumentatif (voir chapitre 10), **d'annoncer l'argument en premier**.

4. Relier l'exemple à l'argument

L'exemple illustre, éclaire l'argument en lui donnant **une dimension concrète**. Il est donc souvent relié à l'argument par **un connecteur logique** : « ainsi », « c'est le cas de »... Il peut être tout simplement introduit par la locution « par exemple ».

5. Où trouver les exemples ?

Dans les **Instructions officielles**, chaque année, vous trouverez les **deux thèmes** au programme de l'examen de Culture générale et expression. Ils sont accompagnés **d'éléments bibliographiques** précieux. Il s'agit de textes (essais, œuvres littéraires) mais également de films et de documents iconographiques.
Vous n'êtes pas tenu de lire intégralement les œuvres et de voir tous les films proposés. Votre professeur s'appuiera sur cette bibliographie et vous-même pouvez opérer votre propre sélection. **Ceci vous permettra de construire un corpus de références, d'exemples précis et pertinents.**
La seconde source d'exemples, ce sont les textes étudiés pendant l'année ainsi que ceux proposés le jour de l'examen.

EXERCICES

1. Relever des exemples

Dans ce paragraphe, vous relèverez l'argument et les exemples.

« Chez le peintre Édouard Manet, la modernité, qui remet en question les règles des siècles précédents, s'exprime par le choix de ses sujets. C'est le cas, notamment, dans trois de ses tableaux : *Le Chemin de fer* (1873), *Le Bar des Folies Bergères* (1882) et *Olympia* (1863) qui représente une courtisane du second Empire. »

D'après **NICOLAS BAUDOUIN**, lemonde.fr, 28 avril 2011.

2. Distinguer exemple et argument

Parmi les phrases suivantes, distinguez celles qui présentent des arguments et des exemples.

a. L'adaptation filmée du *Seigneur des anneaux* montre des personnages et des scènes qui appartiennent au merveilleux.

b. Certains romans racontent des histoires puisées dans la réalité.

c. Dans le tableau de Georges de La Tour, *Le Tricheur à l'as de carreau*, les personnages féminins ont l'air complice.

3. Formuler des exemples et les relier à un argument

Illustrez cet argument à l'aide de deux exemples.

Sujet : Existe-t-il, d'après vous, des critères qui permettent de définir le beau de manière universelle ?

Thèse 1 : On relève des critères qui permettent de définir le beau de manière universelle.

Thèse 2 : Pourtant, il y a des critères propres à chaque génération, chaque culture ou chaque époque.

Argument : Le beau dépend de la culture d'un pays ou d'un groupe.

Améliorer l'expression écrite

Les compléments essentiels et circonstanciels

Ce point de langue va vous permettre de développer vos exemples et de ne pas vous en tenir à une remarque d'ordre général.
On distingue **deux types de compléments** : les compléments essentiels et les compléments circonstanciels.

1. Les compléments essentiels

Ils complètent le verbe et sont **indispensables à la compréhension de la phrase**. On ne peut pas les supprimer. Il s'agit des compléments d'objet direct et des compléments d'objet indirect. Il peut s'agir **d'un groupe nominal ou d'une proposition**.

Exemples

J'ai besoin d'un ordinateur : *« un ordinateur » est un complément essentiel (COI) et ne peut être supprimé.*
Je veux que tu viennes : *« que tu viennes » est une proposition subordonnée complétive, complément essentiel (COD).*

2. Les compléments circonstantiels

Ils indiquent **les circonstances dans lesquelles un fait se déroule**.
Un complément circonstanciel peut exprimer le temps, le lieu, l'opposition, la condition, la cause...
Dans certains cas, ils peuvent être déplacés, voire supprimés. Néanmoins, **ils sont importants car ils permettent de préciser votre pensée et de développer les exemples**.

Exemple

C'est en 1831, un an après la révolution de juillet 1830, que Delacroix a réalisé son tableau *La Liberté guidant le peuple*.

EXERCICES

1. COMPRENDRE

- **Relevez dans ces phrases les compléments essentiels et les compléments circonstanciels.**

« Mais quoi ! dirons-nous, Hippias, que les belles mœurs et les belles lois sont belles parce qu'elles causent du plaisir par l'ouïe ou par la vue ? [...]
Beaucoup de choses peuvent avoir pour lui du charme ou de l'agrément ; personne ne s'en soucie ; toutefois lorsqu'il dit qu'une chose est belle, il attribue aux autres la même satisfaction. »

PLATON, *Hippias majeur*, 421-415.

2. S'ENTRAÎNER

- **Complétez ces phrases par des compléments essentiels ou circonstanciels.**

- L'étudiant aura terminé son travail...
- Certains œuvres d'art font partie du patrimoine universel...
- Le tableau de Picasso, *La femme qui pleure*, a été peint en 1937...

3. PROGRESSER

- **Rédigez un texte de quelques lignes dans lequel vous présenterez deux tableaux d'époques différentes (vous pourrez prendre ceux présentés en ouverture du chapitre).**

- **Présentez** rapidement l'époque à laquelle chaque tableau a été réalisé.
- **Précisez** si chacun se rattache à un mouvement artistique.
- **Énoncez** le sujet de chacun.
- Enfin, **expliquez** de quelle manière ils ont été reçus à leur époque.

Veillez à utiliser des compléments essentiels et circonstanciels, de manière à être le plus précis possible.

Lexique

1. Les synonymes

Ce sont des mots qui appartiennent **à la même classe grammaticale** (nom, verbe, adjectif...) et qui ont le même ou quasiment **le même sens**. Il peut y avoir des différences dans le degré d'intensité entre des mots synonymes.

Exemples

aimer, chérir, adorer, aduler, idolâtrer
détester, abhorrer, honnir, haïr

Les synonymes peuvent appartenir à **des niveaux de langue différents** (familier, courant, soutenu).

Exemples

futée, maligne, intelligente, brillante
grole, godasse, chaussure, soulier

2. Les antonymes

Ce sont des mots qui appartiennent à **la même classe grammaticale** et qui ont **des sens opposés**.

Exemples

avare/généreux ; honnête/malhonnête ; lâche/courageuse ;
sombre/lumineux ou clair.

- **À partir de la liste suivante, composez des séries de termes :** mot/synonyme/antonyme sombre, lâche, clair, beau, couard, lumineux, pleutre, difforme, gracieux.

- **Cherchez des synonymes de « un livre » et « beau ». Puis, cherchez des antonymes de « oublier » et « sombre ».**

- **Dans le paragraphe suivant, remplacez les mots répétés par des synonymes.**

« La mission de l'art n'est pas de copier la nature, mais d'exprimer la nature. Comment l'artiste parvient-il non pas à copier la nature, mais à exprimer cette nature ? L'artiste tente d'y parvenir en se faisant, non pas copiste, mais poète. »

D'après **BALZAC**, *Le Chef d'œuvre inconnu*, 1845.

Éléments pour une définition de l'art

> **COMPÉTENCES VISÉES**
> - Construire des références.
> - Développer des exemples.
> - Faire le lien entre arguments et exemples.

SUJET D'ÉCRITURE PERSONNELLE

Pensez-vous que les œuvres d'art aient pour seule vocation d'être belles ?

Vous répondrez à cette question de manière argumentée en vous appuyant sur les éléments du corpus.

Texte 1

art

I. Ensemble de moyens, de procédés réglés, qui tendent à une certaine fin.

1. Moyen d'obtenir quelque résultat (par l'effet d'aptitude naturelle) [...]

2. Ce que l'homme ajoute à la nature, ce qui est artificiel [...]

3. Ensemble de connaissances et de règles d'action, dans un domaine particulier [...]

II. Spécialisations d'emplois de I (*Cf.* Beaux-Arts).

1. Expression, par les œuvres de l'homme, d'un idéal esthétique ; ensemble des activités humaines créatrices visant à cette expression. [...]

2. Chacun des modes d'expression de la beauté. [...]

3. Création des œuvres d'art ; ensemble des œuvres. [...]

Petit Robert, article « art ».

COMPRENDRE LE TEXTE

1. Quelles différences l'article du *Petit Robert* fait-il entre les deux définitions du nom commun « art » ?

2. À quels domaines distincts renvoient-elles ?

3. Donnez des exemples pour illustrer chacune des définitions proposées par l'article de dictionnaire.

Texte 2

Devant les premières découvertes d'objets décorés, dans la dernière moitié du XIXe siècle, la réaction initiale fut la perplexité. Elle se manifesta par le silence ou le refus. L'existence d'un art mobilier raffiné s'accordait mal avec la conception d'un homme préhistorique primitif, partagée par tous à l'époque. Édouard Lartet et H. Christy firent part de leur étonnement à cet égard : « Ces œuvres d'art s'accordent mal avec l'état de barbarie inculte dans lequel nous nous représentons ces peuplades aborigènes. » É. Lartet, lorsqu'il avait trouvé un andouiller[1] sculpté en forme de tête d'oiseau, gravé d'une tête d'ours, dans la grotte magdalénienne[2] de Massat (Ariège), s'était contenté de le mentionner sans commentaire. [...]

1. bois de cerf.
2. dernière période du paléolithique supérieur.

ENTRAÎNEMENT GUIDÉ

Les premières explications furent simples et basées sur les idées préconçues de l'époque. Gravures et sculptures n'avaient d'autre but que d'orner des armes et des outils, pour le plaisir. C'est la théorie dite de l'art pour l'art. [...] L'art était donc gratuit et devait se suffire à lui-même. [...]

Mircea Eliade, Andreas Lommel, Weston La Barre, Joan Halifax et Noël Smith, entre autres, ont suggéré que certaines peintures représentaient des chamanes[3] et leurs esprits tutélaires et que l'art paléolithique résultait de pratiques chamaniques. [...]

Au cours des dernières années, David Lewis-Williams a été à l'initiative de recherches visant à approfondir et renouveler ce cadre interprétatif. Les religions chamaniques possèdent certaines caractéristiques susceptibles d'éclairer l'art pariétal[4]. La première est la conception d'un cosmos complexe où au moins deux mondes coexistent. Des interactions existent entre ce(s) monde(s) et le nôtre, où la plupart des événements résultent d'une influence du (ou des) monde(s)-autre(s). Deuxièmement, le groupe croit que certaines personnes peuvent, à leur gré, entrer en relation directe avec le monde parallèle, dans un but pratique : guérir les malades, maintenir une bonne relation avec les forces du monde autre, restaurer une harmonie, favoriser la chasse, etc. Le contact s'opère par la visite et l'aide d'esprits auxiliaires, souvent des animaux, qui viennent au chamane ou vers lesquels il va. [...]

Les hommes modernes du paléolithique supérieur [...] se sont rendus dans les cavernes profondes, pendant vingt millénaires au moins, pour y faire des dessins. Or, partout dans le monde, le domaine souterrain est perçu comme le royaume des esprits ou des morts, une porte sur l'au-delà que l'on se garde le plus souvent de franchir. Aller sous terre, c'était donc braver les peurs ancestrales, s'aventurer délibérément dans le monde surnaturel et partir à la rencontre des esprits. L'analogie avec le voyage chamanique est flagrante, mais le périple souterrain dépassait de loin l'équivalent métaphorique de ce voyage : c'était sa concrétisation dans un milieu où l'on se déplaçait physiquement et où les forces surnaturelles étaient littéralement à portée de la main. Un tel état d'esprit, conforté par l'enseignement reçu, ne pouvait manquer de favoriser la venue des hallucinations que suscite le milieu souterrain. Les grottes pouvaient donc avoir un double rôle, aux aspects fondamentalement liés : faciliter les visions et entrer en contact avec les esprits à travers la paroi.

Les représentations pariétales, par leurs thèmes, leurs techniques et leurs détails sont compatibles avec les perceptions au cours des hallucinations. Les images des animaux, individualisés avec des détails précis, flottent sur les parois, souvent sans ligne de sol ni respect de la gravité, dans l'absence de tout cadre

3. prêtre, guérisseur et sorcier.
4. il s'agit des dessins réalisés sur les parois d'une caverne.

ou décor. Les signes géométriques élémentaires évoquent pour beaucoup ceux perçus dans les divers stades de la transe. Quant aux êtres et aux animaux composites, ils font partie du monde des visions chamaniques.

JEAN CLOTTES, « De "l'art pour l'art" au chamanisme : l'interprétation de l'art préhistorique », *La Revue pour l'histoire du CNRS*, 24 octobre 2006.

COMPRENDRE LE TEXTE

1. Citez des exemples d'œuvres d'art datant de la préhistoire mentionnées par le texte.

2. Quelles sont les deux théories qui ont été avancées par les chercheurs pour expliquer ces différentes formes d'art préhistorique ? Quelle est celle que privilégie l'auteur ?

3. De quelle manière nos connaissances sur la religion chamanique expliquent-elles la présence de représentations d'animaux dans des grottes ?

4. Pour quelles raisons, d'après Jean Clottes, les grottes sont-elles des lieux propices à des représentations ? Sur quel rôle de l'art débouche-t-on si l'on retient cette interprétation ?

RECHERCHE DOCUMENTAIRE

Pour approfondir sa culture et enrichir ses références.

Cherchez des lieux en Europe où l'on a retrouvé des grottes ornées de peintures préhistoriques. **Précisez** le nom du lieu, l'année de découverte, les personnes qui l'ont découvert, le type de dessins qui s'y trouvent (animaux, scènes de chasse…) et l'estimation de l'époque à laquelle la peinture a été réalisée.

Brassaï (1899-1984) est un photographe qui immortalisa différents aspects de Paris, notamment les graffitis sur les murs.

Série VIII, *La Magie* vers 1933-1950.

Série VI, *L'Amour* vers 1935-1950.

Texte 3

Tags, graffitis, fresques murales : arts premiers ?

Que le graffiti ait été inventé par «Taki 183» ou «Stay High 149» n'est qu'anecdote : ce qui compte reste le fait que des dizaines de milliers de «graffeurs» se répandent sur toute la planète et la parsèment de leur démarche et de leur style. Ce n'est pas neuf : depuis toujours l'homme a écrit sur les murs des marques sacrées, des preuves d'amour ou de sexualité, des revendications politiques, toujours selon un mode clandestin et illégal. C'est dans cette longue histoire que s'insèrent le graffiti, le tag, le bombage qui revendiquent – pour leur part – une dimension esthétique. À l'inverse aussi des anciennes manières de marquer un territoire dont il s'empare, le taggeur accorde une place centrale à ce qu'on nomme dans le langage de cet art le «blaze». Il s'agit de la signature du nom de code que se donne le graffeur, le «*writer*» (puisque c'est le premier nom que se sont donnés des taggeurs aux USA en mettant implicitement en avant l'action d'écrire plutôt que de peindre à l'aide de bombes de peinture aérosols).

Le tag est à l'origine une religion de signature dans laquelle un rythme s'incarne, afin de mieux habiter la ville et y imprimer une reconnaissance. Le taggeur peut s'inclure dans ce tissu, s'y faire – à défaut d'entendre – voir. Parfois le tag passe de la signature à la fresque dans une sorte de glissement à la fois d'échelle et de concept. De «*blockletter*», on glisse vers l'image aux couleurs violentes sur béton. Douloureux ou plaisant, pervers ou violent, transgressif forcément un tel art monte à l'assaut de la morale. [...]

Le graffeur doit [...] sans cesse recommencer, répéter ses gestes même si dans certaines villes ou au moins en certains de ses périmètres réservés (comme, par exemple, en France, Chambéry) la fresque a droit officiel de «cité». Parfois aussi de tels dessins sont payés par des propriétaires de magasins (fringue, restauration, tatouage par exemple). Toutefois certains puristes refusent cette possibilité légaliste qui réduirait le principe même et l'essence du tag. Question d'esthétique donc car si le tag apparemment ne signifie « rien » on ne peut parler toutefois de neutralité. Bien au contraire si le graffiti refuse de marquer en des lieux « illégaux » des phrases à significations claires cela n'enlève rien à la puissance poétique d'une telle inscription dont l'écriture n'est plus « logomachique » mais picturale ou « logomagique ».

Travaillant souvent en groupe (la «*crew*») sur les routes, autoroutes, voies ferrées, tunnels, trains, métros, immeubles privés ou publics la production d'un clan s'étend souvent à l'échelle d'une région. Chaque bande agit au cours de « nuits blanches ». Cela permet à de tels artistes de se défendre contre la police, les vigiles ou éventuellement d'autres « crews » qui peuvent venir les affronter. Les « SDK », par exemple, sont un groupe parisien spécialisé dans la peinture sur trains internationaux. Ils ont trouvé d'ailleurs des liens avec un groupe suédois « WUFC ». Des groupes se spécialisent au niveau de leur technique. Certains préfèrent pousser la lettre le plus loin possible, d'autres proposent des techniques qui tiennent plus de la performance quant au lieu choisi : Soli de Lyon qui tente toujours d'atteindre des lieux d'exception en prenant parfois une quantité de risque physiques.

Et si – parce que le « jeu » implique la vitesse, la rapidité d'exécution – certains tags paraissent parfois expédiés, d'autres productions sont très élaborées. Le graffeur est devenu un calligraphe urbain qui fait glisser d'ailleurs le registre de l'écriture vers la problématique du lieu et de la performance[1]. [...]

Rarement reconnu comme art à part entière – sauf en quelques cas ou récupération d'espèce – du graffiti, il ne restera sans doute un jour que des séries de photos et quelques éléments fossiles. On regrettera par exemple de n'avoir pas protégé et conservé certaines rames de métro new-yorkais peintes par Dondi. [...]

Coupé de son mur, le graffiti n'est plus graffiti et la fresque (comme son nom l'indique) n'en est plus une. C'est une plaisanterie commerciale à la Keith Harring de voir le graffiti transférer sur toile[2] puisque c'est le changer de nature donc de propos. [...]

JEAN-PAUL GAVARD-PERRET, www.arts-up.info.

1. la performance artistique est une manifestation réalisée par un artiste ou un collectif d'artistes dans un espace et à un moment précis, créant une œuvre d'art éphémère dont il ne restera, éventuellement, qu'une trace enregistrée.
2. toile de peinture.

COMPRENDRE LE TEXTE

1. Quelles sont les deux fonctions du tag décrites dans le premier paragraphe ?
2. Qu'est-ce qui, d'après l'auteur, fait du tag et du graffiti un art ?
3. Quels sont les supports du tag ou du graffiti ?
4. En quoi le tag est-il aussi une performance ?

Éléments pour une définition de l'art

Document 1

Peinture murale,
Île de France, 2010.

Document 2

Graffiti dans les rues
de Paris, 2010.

COMPRENDRE LES DOCUMENTS

1. Sur quel support chaque graffiti a-t-il été réalisé ? Pour quelles raisons, selon vous, ont-ils été choisis par le photographe ?

2. Quel contraste, du point de vue des couleurs et des formes, notez-vous entre les tags et leur environnement ?

ÉCRIRE

1. En vous appuyant sur une des deux photos de graffitis, vous expliquerez en quoi le graffiti peut avoir une « puissance poétique ». **Illustrez** l'argument par un exemple. Votre réponse pourra commencer ainsi : *Le graffiti peut être considéré comme une forme d'art parce qu'il a, notamment, une puissance poétique forte. C'est le cas, par exemple...*

2. « Coupé de son mur, le graffiti n'est plus graffiti et la fresque (comme son nom l'indique) n'en est plus une. C'est une plaisanterie commerciale à la Keith Harring de voir le graffiti transféré sur toile puisque c'est le changer de nature donc de propos. » (l. 77-80)

- **Partagez-vous ce point de vue ? Répondez à cette question** par un argument illustré de deux exemples précis (en 2009, se sont tenues deux expositions de tags et de graffitis – l'une au Grand Palais, l'autre à la Fondation Cartier. Pour vous aider, vous pourrez chercher des tags qui ont été exposés ainsi que des articles, des points de vue au sujet de ces deux expositions).
- Ce point de vue peut-il s'appliquer à d'autres formes d'art ? Lesquels ? **Donnez des exemples précis**.

BILAN DE L'ÉTUDE DU CORPUS D'ENTRAÎNEMENT

COMPÉTENCES TRAVAILLÉES

- S'approprier des références documentaires.
- Enrichir ses références.
- Illustrer un argument avec des exemples pris dans les textes et les images du corpus.

METTRE EN ŒUVRE LES COMPÉTENCES

Sujet d'écriture personnelle : Pensez-vous que les œuvres d'art aient pour seule vocation d'être belles ?
Vous répondrez à cette question de manière argumentée en vous appuyant sur les éléments du corpus.

Étapes à suivre

1. **Relevez les mots-clés de l'intitulé du sujet.**
2. **Dressez une liste de termes auxquels vous associez chaque mot-clé.**
3. **Énoncez les deux thèses induites par le sujet.**
4. **Formulez au moins un argument pour défendre chaque thèse.**

Pour chacun des arguments, donnez au moins deux exemples. Vous pourrez vous appuyer sur les réponses aux questions des textes 2 et 3.

ENTRAÎNEMENT GUIDÉ

LE GRAFFITI ET LE MONDE DE L'ART

POUR LES UNS, LE GRAFFITI EST UNE FORME D'ART ; POUR LES AUTRES NON, D'AUTANT QUE CERTAINS GRAFFEURS EUX-MÊMES NE LE DÉFINISSENT PAS AINSI. MAIS UNE CHOSE EST SÛRE : DÈS LES ANNÉES 1970, LA FRONTIÈRE ENTRE GRAFFITI ET MONDE DE L'ART N'A CESSÉ D'ÊTRE FRANCHIE. DES GALERIES EXPOSENT DU GRAFFITI ET DES PEINTRES S'EN INSPIRENT, TANDIS QUE CERTAINS GRAFFEURS IMAGINENT DES ŒUVRES QUI VONT BIEN AU-DELÀ DU SIMPLE GRAFFITI.

LES GALERIES FONT PORTES OUVERTES

LA GALERIE FASHION MODA ouvre en 1978, dans un ancien entrepôt de l'Armée du Salut, situé dans le Bronx. Ce n'est pas une galerie conventionnelle. Stefan Eins, son fondateur, a voulu créer un lieu communautaire, qui relie la rue au monde de l'art... La porte est ouverte à tous les artistes ! La première exposition montrant des graffitis se déroule à l'automne 1980, organisée par Crash, un graffeur de 19 ans, qui invite 11 amis des communautés noires et portoricaines. Le public y découvre des graffitis faits à la bombe sur les murs ou sur des toiles, par des artistes comme Mitch, Futura 2000, Lady Pink…

PEU APRÈS, AVEC LA FUN GALLERY, le graffiti réveille Manhattan ! Profitant d'un petit local que son ami Bill Stelling y possède, l'actrice Patti Astor ouvre avec lui une galerie en 1981. Pendant quatre années, elle y montre tous les jeunes talents qu'elle croise sur sa route. Ce sont surtout des graffeurs, mais pas seulement : tout le monde doit avoir sa chance et avoir droit à une première exposition ! La liste des artistes exposés est donc très longue : Zephyr, Lady Pink, Rammellzee, Crash, Tracy 168, Seen, Futura 2000, Lee Quinones…

Patti Astor organise également la première

exposition d'un jeune artiste qui deviendra rapidement célèbre, Jean-Michel Basquiat. Selon elle, cette exposition a même été la seule exposition totalement libre qu'il ait pu faire ! De même, la Fun Gallery donne carte blanche à Keith Haring : avec le graffeur LA2, il peint la galerie du sol au plafond, y compris les vêtements de Patti et la neige à l'extérieur ! La Fun Gallery porte bien son nom.

Lisa Kahane, Inauguration de la première exposition de graffiti à la galerie Fashion Moda, 15 octobre 1980. Photographie. New York. © 1980 Lisa Kahane, NYC.

CHAPITRE 10 Les nouvelles formes d'addiction

Culture générale
- Jeux de hasard et risques de dépendance
- Jeux vidéos : lien social ou addiction ?

Améliorer l'expression écrite
Langue : L'expression de la cause et de la conséquence
Lexique : L'expression de l'opinion

Méthode/Compétences à acquérir
Comment construire un paragraphe argumentatif ?

SOMMAIRE

Compétences sollicitées dans ce chapitre

Comment construire un paragraphe argumentatif ?
- Relever dans un texte toutes les étapes d'une argumentation.
- Maîtriser l'emploi des liens logiques pour articuler les étapes du paragraphe.
- Maîtriser l'expression de la cause et de la conséquence.
- Construire les quatre étapes d'un paragraphe argumentatif :
  - annonce de la thèse ;
  - formulation d'un argument ;
  - présentation de deux exemples ;
  - rédaction d'une conclusion partielle.

OBSERVER ET COMPRENDRE LE DOCUMENT

1. Quel effet la différence de couleurs noir/vert produit-elle ?

2. Qui est la cible de cette affiche (tranche d'âge...) ? **Justifiez** votre réponse en vous appuyant sur des éléments de l'affiche.

3. Le texte : observez à quels verbes est associé le groupe nominal « jeu vidéo ». Que pensez-vous de ces associations ?

RELIER LE DOCUMENT À DES QUESTIONNEMENTS

Voici une liste de mots-clés à introduire dans un questionnement sur les risques de dépendance liés aux jeux et aux nouvelles technologies : pathologie/geek/nerd/isolement/asocial/compétition/excès/passion/addiction/fascination/désintoxication.

ORAL

1. Quelle définition donnez-vous à chacun de ces termes ? Quels sont, d'après vous, les deux termes qui définissent le mieux ces risques ? Pourquoi ?

2. Vous paraît-il nécessaire d'encadrer l'utilisation des jeux vidéo chez les enfants et les adolescents ? Quelle que soit votre réponse, **vous donnerez deux arguments** pour défendre votre point de vue.

SOLLICITER SA CULTURE GÉNÉRALE

1. Citez des titres de films, de romans qui traitent du jeu (de hasard, vidéo) et de ses effets.

2. Cherchez des titres de jeux vidéo et **classez-les** en trouvant vous-même vos critères de classement.

Projet d'étude (6 octobre 2008), « Communiquer sur le phénomène d'addiction aux jeux vidéo chez les jeunes de 10 à 18 ans. »

Jeux de hasard et risques de dépendance

SUJET D'ÉCRITURE PERSONNELLE

Jouer à des jeux de hasard vous paraît-il une activité sans danger ? Vous répondrez à cette question en vous appuyant sur les documents du corpus.

Texte 1

Honoré de Balzac

L'étonnement manifesté par le jeune homme en recevant une fiche numérotée en échange de son chapeau, dont heureusement les bords étaient légèrement pelés, indiquait assez une âme encore innocente ; aussi le petit vieillard, qui sans doute avait croupi dès son jeune âge dans les bouillants plaisirs de la vie des joueurs, lui jeta-t-il un coup d'œil terne et sans chaleur, dans lequel un philosophe aurait vu les misères de l'hôpital, les vagabondages des gens ruinés, les procès-verbaux d'une foule d'asphyxies, les travaux forcés à perpétuité, les expatriations au Guazacoalco[1]. Cet homme, dont la longue face blanche n'était plus nourrie que par les soupes gélatineuses de Darcet, présentait la pâle image de la passion réduite à son terme le plus simple. Dans ses rides, il y avait trace de vieilles tortures, il devait jouer ses maigres appointements le jour même où il les recevait. Semblable aux rosses sur qui les coups de fouet n'ont plus de prise, rien ne le faisait tressaillir ; les sourds gémissements des joueurs qui sortaient ruinés, leurs muettes imprécations, leurs regards hébétés le trouvaient toujours insensible. C'était le jeu incarné. Si le jeune homme avait contemplé ce triste cerbère, peut-être se serait-il dit : « Il n'y a plus qu'un jeu de cartes dans ce cœur-là ! » L'inconnu n'écouta pas ce conseil vivant, placé là sans doute par la Providence, comme elle a mis le dégoût à la porte de tous les mauvais lieux. Il entra résolument dans la salle, où le son de l'or exerçait une éblouissante fascination sur les sens en pleine convoitise.

BALZAC, *La Peau de chagrin*, 1831.

1. c'était, à l'époque, une colonie française au Mexique.

COMPRENDRE LE TEXTE

1. Qu'est-ce qui, dans ce portrait, montre que le personnage est un joueur ? Quelle image du jeu cette description suggère t-elle ?

2. « C'était le jeu incarné ». (l. 17) Comment nomme-t-on cette figure de style ? Que souligne-t-elle chez le personnage ?

3. En replaçant le texte dans son siècle, dites à quoi tient, selon vous, cette image du joueur.

Texte 2

Les personnes à faible revenu ont tendance à jouer plus souvent aux jeux de hasard comme le Loto. On constate que cela contribue à les appauvrir davantage encore.

À peu près une chance sur quatorze millions de gagner !! C'est ce que devraient se dire tous les joueurs au moment de valider leur grille de Loto. Pourtant, depuis sa création, en 1976, son succès ne se dément pas. Selon une étude de l'Université Carnegie Mellon, à Pittsburgh, les personnes à faible revenu investissent en jouant un pourcentage plus élevé de leur capital que les couches les plus aisées de la société. Dans le *Journal of Behavioral Decision Making*, les chercheurs relatent toute une série d'expériences tentant d'expliquer ce phénomène. Selon eux, c'est la pauvreté qui joue un rôle central dans la décision de miser ou d'acheter un billet de loterie. En fait, plus que l'état financier en lui-même, c'est le sentiment de pauvreté qui déclenche l'action de jouer. Les personnes qui le font considèrent que la loterie est leur meilleure chance d'améliorer rapidement leur compte en banque alors qu'en fait, pour un euro misé, le Loto reverse un peu moins de 60 centimes aux joueurs.

Dans les expériences qu'ils ont menées sous forme de jeux, après avoir influencé les participants pour qu'un groupe se sente riche et l'autre pauvre, les chercheurs ont pu observer de sensibles différences. Ainsi, le groupe «pauvre» a acheté pratiquement deux fois plus de billets que le groupe «riche» (1,27 contre 0,67 en moyenne).

Pour les auteurs, cette constatation impose, aux administrateurs des sociétés de jeu, la mise en place de mesures protégeant les ménages à faible revenu. Sans pour autant nuire à la rentabilité du jeu, qui reste une source de revenus pour l'État. Une des possibilités, déjà en vogue dans certains pays anglo-saxons, expliquent-ils, serait d'associer des comptes épargne avec des jeux de hasard. Ce que fait l'État anglais qui propose des *Premium Savings Bonds*, des comptes épargne permettant aux souscripteurs de participer à des tirages au sort dont les lots vont jusqu'à un million de livres sterling. En France, depuis 2003, les Mutuelles du Mans proposent MMmax, un livret procurant un taux d'intérêt de 2,5 % auquel s'ajoute une loterie trimestrielle permettant d'obtenir 5 %, 10 % ou 20 % d'intérêts supplémentaires si les trois derniers numéros du contrat sont tirés.

«Trompeuse loterie», sciencesetavenir.com, 28 juillet 2008.

COMPRENDRE LE TEXTE

1. Quelles sont les personnes qui sont le plus attirées par les jeux de hasard ?
2. Comment ce phénomène s'explique-t-il ?
3. Quelles mesures ont été proposées pour protéger les joueurs ? Que pensez-vous de ces mesures ?

Jeux de hasard et risques de dépendance

Le Nain, *Les joueurs de carte*, XVIIe siècle.

Texte 3

Du jeu social au jeu problématique et au jeu pathologique

Bien que l'existence de joueurs pathologiques ait été décrite dès 1929, la notion de jeu pathologique est apparue dans la littérature scientifique vers la fin des années 1980. Le joueur excessif a tout d'abord été considéré comme présentant des troubles impulsifs, puis ces troubles ont été inclus progressivement dans le groupe des «addictions sans substances» ;

Deux concepts se dégagent :

– le «joueur pathologique», dont l'état ou le comportement répond à certains critères d'un diagnostic clinique ou d'un questionnaire-test, notamment une incapacité à contrôler son comportement (besoin impérieux de jouer, sommes investies de plus en plus importantes...) et la poursuite de ce comportement malgré ses conséquences négatives (endettement, problèmes familiaux et professionnels...). Il s'agit d'une addiction comportementale ou addiction sans substance.

– le «joueur problématique», non classé comme pathologique mais montrant des difficultés en lien avec son comportement de jeu.

Existe-t-il un profil type du joueur pathologique ?

Différentes approches ont été développées pour comprendre les ressorts d'une pratique excessive, voire irrépressible du jeu de hasard et d'argent.

Dès le XVIIIe siècle, la littérature donne une représentation tragique du joueur que sa passion destructrice mène à la déchéance, à la ruine et à la mort. Cette représentation culmine au XIXe siècle avec la figure emblématique du *Joueur* de Dostoïevski. [...]

Dans l'approche psychanalytique, Bergler (1936 - 1957) élabore une liste des critères permettant de «définir» le joueur pathologique, par opposition au joueur «social» ou «récréatif» : prise habituelle de risques, envahissement de la vie par le jeu, optimisme pathologique, incapacité de s'arrêter de jouer, escalade des enjeux, «frisson du jeu». Selon Marc Valleur (1991), «s'il ne joue certes pas pour gagner, il ne joue pas non plus pour systématiquement perdre mais pour les instants vertigineux où tout – le gain absolu, la perte ultime – devient possible».

Certains travaux se sont intéressés aux «croyances irrationnelles» observées chez les joueurs, telles que l'illusion de contrôle, la méconnaissance de «l'indépendance des tours», les superstitions et corrélations illusoires. Si ces croyances sont retrouvées chez tous les joueurs,

elles sont sans doute plus fréquentes chez les joueurs excessifs. [...] Certains auteurs décrivent chez les joueurs problématiques une stratégie de fuite de la réalité et des affects négatifs, la recherche de distraction par un engagement dans une tâche de substitution.
L'approche psychologique place l'impulsivité (ou difficulté d'autocontrôle) au cœur du jeu pathologique, en tant que facteur prédictif de la sévérité des symptômes. La plupart des études ayant utilisé des questionnaires d'impulsivité montrent en effet des niveaux d'impulsivité plus élevés chez des joueurs pathologiques que chez des participants témoins. Cette impulsivité résulterait d'une difficulté d'autorégulation ou d'autocontrôle du joueur.

Dossier de presse, « Une expertise collective de l'Inserm », Paris, inserm.fr, 22 juillet 2008.

Textes en écho

TEXTES 1 ET 3
À la lecture de ces deux textes, expliquez en quoi l'image du joueur a changé en l'espace de deux siècles.

COMPRENDRE LE TEXTE

1. « addictions sans substances » (l. 6-7) Que signifie ce groupe nominal ? Pourquoi le terme « addictions » est-il entre guillemets ?
2. À quels adjectifs le jeu « pathologique » est-il associé ?
3. **Faites la liste** de tous les critères recensés par les auteurs du texte pour définir « le joueur pathologique ».

ÉCRIRE

Le verbe « jouer » reçoit plusieurs acceptions (il est polysémique). **Vous l'emploierez** dans deux phrases où il aura, dans chacune, un sens différent.

Texte 4

Jeux en ligne : le nombre de joueurs accros va augmenter, redoute un addictologue

Avec l'ouverture à la concurrence des jeux d'argent et de hasard sur Internet, le nombre de ludopathes, c'est-à-dire de joueurs pathologiques, va mécaniquement augmenter, met en garde [...] le Dr Jean-Claude Matysiak, chef de service de la consultation d'addictologie à l'hôpital de Villeneuve-Saint-Georges (Val-de-Marne). Il observe cependant que l'immense majorité des joueurs ne sont pas concernés par le phénomène. Selon lui, environ 5 % des joueurs sont considérés comme accros. « Internet n'a pas créé le jeu d'argent pathologique, ça n'est qu'un phénomène accélérateur », explique-t-il dans un entretien à l'Associated Press. « Ça permet la rapidité du jeu, on n'a plus besoin de se déplacer, il y a une forme d'isolement, une virtualité de l'argent. » Il met ainsi en garde contre les risques liés à l'ouverture à la concurrence des jeux d'argent et de hasard sur Internet, qui devait être adoptée mardi après-midi par les députés. Selon lui, elle va mécaniquement augmenter le nombre de personnes concernées. « Quand on ouvre largement les vannes, il faut savoir que ça aura des conséquences. Plus on met à disposition un objet source de plaisir, plus il va être utilisé [...].

Jeux de hasard et risques de dépendance

Comme en général, la tranche pathologique reste la même, mathématiquement, ça augmente», poursuit le psychiatre, tout en insistant sur le fait que «l'immense majorité des joueurs n'a aucun problème avec le jeu».

Si les hommes sont les plus touchés par le phénomène, «on s'aperçoit qu'avec l'apparition des jeux en ligne de casino, de poker, il commence à y avoir une représentation féminine en hausse, surtout chez les jeunes», constate l'addictologue, observant que le poker est «devenu un phénomène de mode».

Pour répondre au risque d'addiction, le texte oblige les opérateurs à consulter le fichier des personnes interdites de jeu ou exclues à leur demande. Ils devront <u>par ailleurs</u> clôturer tout compte dont le titulaire viendrait à être touché par une interdiction. Le projet de loi leur demande également d'adresser aux joueurs des messages d'avertissement.

Selon le Dr Matysiak, le joueur pathologique se distingue du joueur professionnel par la place qu'occupe le jeu dans sa vie. Dans un premier temps, avec la chance du débutant, «la personne joue, gagne et en éprouve un tel plaisir que c'est nécessaire pour elle de recommencer». Puis, le joueur perd de l'argent et «veut se refaire». Au bout d'un certain temps, l'addiction devient «le centre de sa vie» et la personne «commence à perdre son travail, sa famille, ses amis» et essaie de s'arrêter sans y parvenir, poursuit-il.

Une fois que le ludopathe demande de l'aide, il peut être mis sous traitement et suivre une psychothérapie. Des groupes de soutien, sur le modèle des alcooliques anonymes, existent également. Il s'agit aussi d'aider la personne à ne pas remplacer cette dépendance par une autre. Mais dans tous les cas, «rejouer devient extrêmement compliqué», note le Dr Matysiak. «La logique et la sécurité voudraient de ne pas tenter le diable».

La dernière heure, 6 avril 2010.

BILAN DE L'ÉTUDE DU CORPUS DE DÉCOUVERTE

- Distinguer thèse, argument, exemples.
- Repérer les liens logiques dans un texte.
- Expliciter la signification de ces liens logiques

COMPRENDRE LE TEXTE

1. Quel est l'avis de Jean-Claude Matysiak à propos du rôle d'Internet dans la pratique des jeux d'argent et de hasard ?

2. Quel argument met-il en avant pour défendre ce point de vue ?

3. Quelles différences y a-t-il, d'après le médecin, entre un «joueur professionnel» et un «joueur pathologique» ?

4. **Expliquez**, étymologiquement la construction du terme «ludopathe».

5. «cependant», «ainsi», «par ailleurs» : ces termes relient deux idées et ont chacun un sens bien précis. **Pour chacun d'eux :**

- **recopiez** les deux idées qu'il relie ;
- **expliquez** quelle relation logique (opposition...) il établit entre ces deux idées.

Comment construire un paragraphe argumentatif ?

Le **paragraphe argumentatif** est à la base de votre écriture personnelle.
Si vous développez une thèse, on attend que vous rédigiez au moins deux paragraphes, si vous développez deux thèses, vous devrez rédiger au moins un paragraphe par thèse (voir chapitre 11).

1. Présenter un paragraphe structuré

Le paragraphe commence avec un alinéa.

Votre paragraphe argumentatif doit présenter les étapes suivantes :

- la **thèse** (votre point de vue, ce que vous voulez montrer) ;
- un **argument** qui soutient la thèse ;
- deux **exemples** précis qui illustrent l'argument ;
- une **conclusion** partielle qui clôt le premier paragraphe en reprenant (sans les répéter textuellement) les termes de l'argument.

2. Rédiger le paragraphe argumentatif

« On », « je », « nous » ?

Écriture personnelle : l'intitulé de l'exercice vous invite à développer un point de vue personnel. **Vous êtes libre de choisir le pronom personnel utilisé.**
« On » marque une distance moindre entre le locuteur et son propos.
« Je » montre une adhésion totale à l'avis défendu.
« Nous » induit une distance importante entre le locuteur (vous) et ce que vous dites.

La cohérence du paragraphe

Le paragraphe argumentatif présente un raisonnement et une **progression** dans ce raisonnement. **L'articulation** des étapes est donc essentielle.

- **La thèse**

Elle doit être formulée au début du premier paragraphe mais les autres paragraphes s'ouvriront sur un argument. La thèse doit faire référence (par un terme, un groupe nominal, une proposition) au thème (ce dont il est question)

Exemple

Sujet : Pensez-vous qu'être souvent connecté sur Internet rend asocial ?
Le thème du sujet est la connexion à Internet, la formulation de la thèse devra inclure le terme « Internet »
Thèse : Passer du temps sur Internet ne rend pas/peut rendre asocial.

- **L'argument**

L'argument doit être explicité voire expliqué en deux ou trois phrases.
Il est subordonné à la thèse et le lien logique entre les deux doit être clairement énoncé. Ce lien peut être **un mot de liaison** : « **en effet** »

- **Les exemples**

On en attend **au moins deux par argument**. L'exemple est concret et, comme il est précisé au chapitre 9, il doit être précis et référencé. Enfin, **il est relié à l'argument par un mot de liaison :** « ainsi », « par exemple »... et les exemples sont reliés entre eux par un mot de liaison : « et », « de plus », « par ailleurs »...

- **La conclusion partielle**
Elle clôt le paragraphe en une ou deux phrases. Elle résume le contenu du paragraphe.
La conclusion **peut être annoncée par un connecteur qui fait le lien avec ce qui précède :** « donc ».

EXERCICES

1. Recomposer un paragraphe argumentatif

Les étapes du raisonnement qui suit sont dans le désordre. Remettez-les dans l'ordre de manière à rédiger un paragraphe cohérent.

- On peut citer un autre exemple : celui des sites de téléchargement qui évitent d'aller chez le disquaire.
- Internet a changé notre vie d'une manière plus profonde que la télévision.
- On voit donc bien qu'Internet n'est pas un simple loisir au même titre que les autres : il bouscule nos habitudes et incite à modifier nos comportements.
- Ainsi, avec Internet, on n'a plus besoin de se déplacer – si on a les moyens ! –, En quelques clics, vous recevez chez vous livres, nourriture…
- En effet, la télévision a changé seulement nos loisirs, alors qu'Internet a bouleversé toute notre vie quotidienne.

2. Rédiger un paragraphe argumentatif

Sujet : Les enfants qui passent plusieurs heures par jour sur des jeux vidéo risquent de ne plus faire la différence entre l'univers du jeu et la réalité.
Êtes-vous d'accord avec cette affirmation. Vous répondrez dans un paragraphe argumenté.

- Vous aurez recours aux **connecteurs logiques** suivants : « ainsi », « en effet », « par ailleurs ».
- Vérifiez, avec **la grille de réussite** qui suit, si vous avez atteint les **compétences attendues** dans ce type d'exercice.

Compétences	Oui	Non	Que faire pour progresser ?
Mon **paragraphe** commence avec un alinéa.			
La **thèse** est clairement exprimée en début de paragraphe.			
L'**argument :** - est pertinent ; - est relié à la thèse.			
Les **exemples :** - sont reliés à l'argument ; - sont cohérents par rapport à la thèse ; - sont au nombre de deux.			
La **conclusion** partielle : - est reliée au paragraphe - reprend l'argument			
J'ai utilisé des **reprises nominales et pronominales**			
J'ai utilisé des **connecteurs logiques**			

Améliorer l'expression écrite

L'expression de la cause et de la conséquence

Défendre un point de vue, une thèse, c'est développer une démonstration qui s'appuie nécessairement sur l'expression de la cause. La cause s'exprime par différents procédés.

1. La coordination

La conjonction de coordination « car » ou l'adverbe « en effet » introduisent un lien de cause entre deux propositions.

2. La juxtaposition

Deux points (:) ou une virgule peut annoncer l'expression de la cause.

3. La subordination

La cause peut être introduite par « pace que », « comme » ou « puisque ».

EXERCICES

1. COMPRENDRE

- **Relevez dans ces phrases les propositions qui expriment une cause.**
- Comme les jeux vidéo valorisent la violence, celle-ci tend à être banalisée.
- Avec l'ouverture à la concurrence des jeux d'argent et de hasard sur Internet, le nombre de joueurs pathologiques, va mécaniquement augmenter.

2. S'ENTRAÎNER

- **Complétez ces phrases avec des propositions circonstancielles de cause.**
- Les jeux de hasard peuvent provoquer des addictions parce que...
- Les jeux en ligne entraînent, pour les plus jeunes, un risque d'isolement...
- ..., les adolescents ont parfois du mal à se concentrer dans la journée.

Lexique
L'expression de l'opinion

- **Rédiger une écriture personnelle, c'est à la fois développer son point de vue, le défendre mais également éviter d'affirmer son avis de manière trop tranchée.**

Voici une liste de verbes que vous pouvez utiliser pour introduire une opinion. Ils n'ont pas tous la même portée.

- Si vous voulez marquer une distance avec ce que vous écrivez : *se demander si, s'interroger sur, douter, remarquer...*
- Si vous voulez marquer une implication : *admettre, affirmer, décréter, démontrer, penser...*

- **Vous présentez un projet qui défend l'interdiction des jeux de hasard en ligne (poker, loto...). Insistez sur les motifs (les causes) de cette interdiction et utilisez des mots de la leçon sur l'expression de l'opinion.**

Jeux vidéo : lien social ou addiction ?

COMPÉTENCES VISÉES
- Repérer les étapes du paragraphe argumentatif.
- Articuler ces étapes.

SUJET D'ÉCRITURE PERSONNELLE

Antoine Frankart, co-fondateur de Gamersband.com affirme : « Être connecté ne rend pas asocial. Au contraire, les Français les plus connectés ont aussi l'activité sociale et culturelle la plus intense. [...] » (cité par mobifrance.com)
Partagez-vous ce point de vue ?
Vous répondrez à cette question de manière argumentée en vous appuyant sur les éléments du corpus.

Document 1

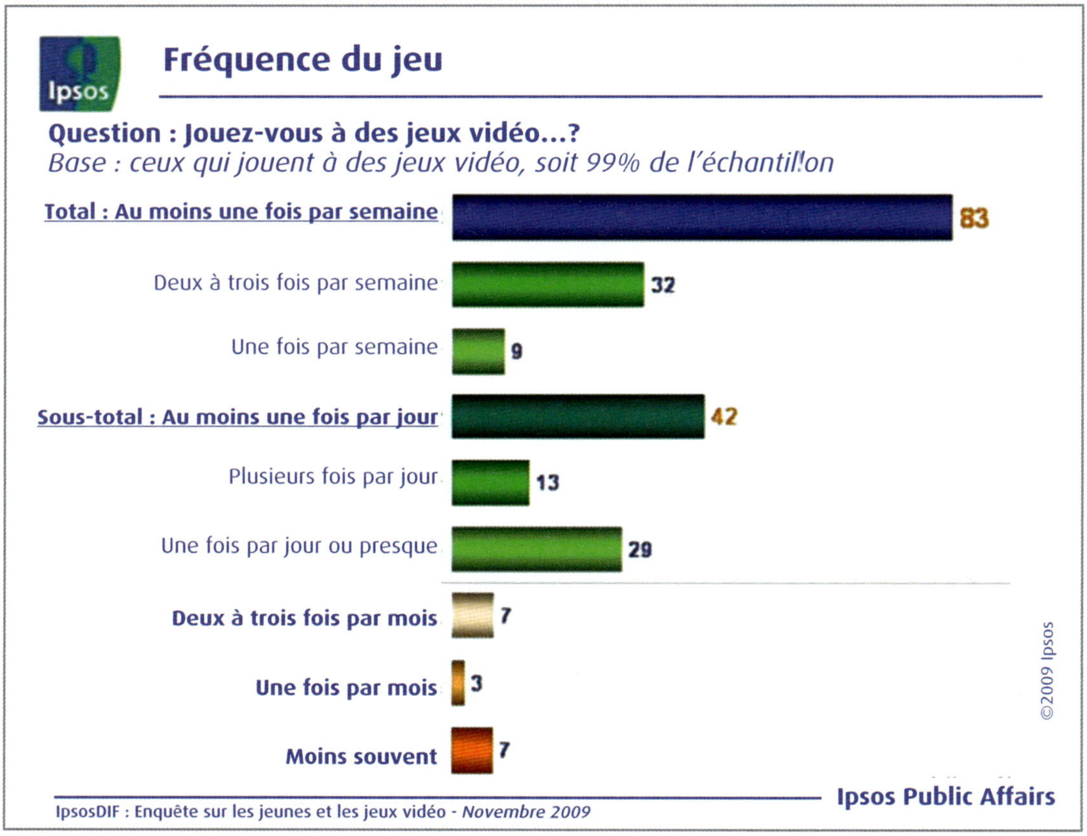

Étudier des documents graphiques

Un document graphique propose des données chiffrées et met en évidence leurs relations et/ou leur évolution.

1. Quels sont les documents graphiques ?
Parmi les documents graphiques, on trouve : les cartes géographiques, les courbes qui permettent de voir des évolutions dans le temps, les « camemberts » (cercles) qui permettent une comparaison rapide, les tableaux disposés sous forme de lignes et de colonnes et qui permettent de classer des informations selon différents critères.

2. Comment lire ces documents ?
Il s'agit de transposer des statistiques, des chiffres en phrases, de manière à pouvoir les utiliser dans votre écriture personnelle.

Étapes
- Lire le titre du document pour le comprendre ;
- Comparer les différentes catégories présentées (exemples : tranches d'âge, catégories sociales…).
Les documents graphiques peuvent être accompagnés de commentaires.

3. Comment interpréter ces documents ?
Il faut veiller à ne retenir que les informations qui ont un lien avec votre sujet d'écriture. Lorsque des graphiques montrent des évolutions, des écarts, il s'agit non seulement de les relever mais surtout de formuler des hypothèses sur leurs causes.
Ces interprétations vous serviront à illustrer vos arguments : ce sont des exemples.

Document 2

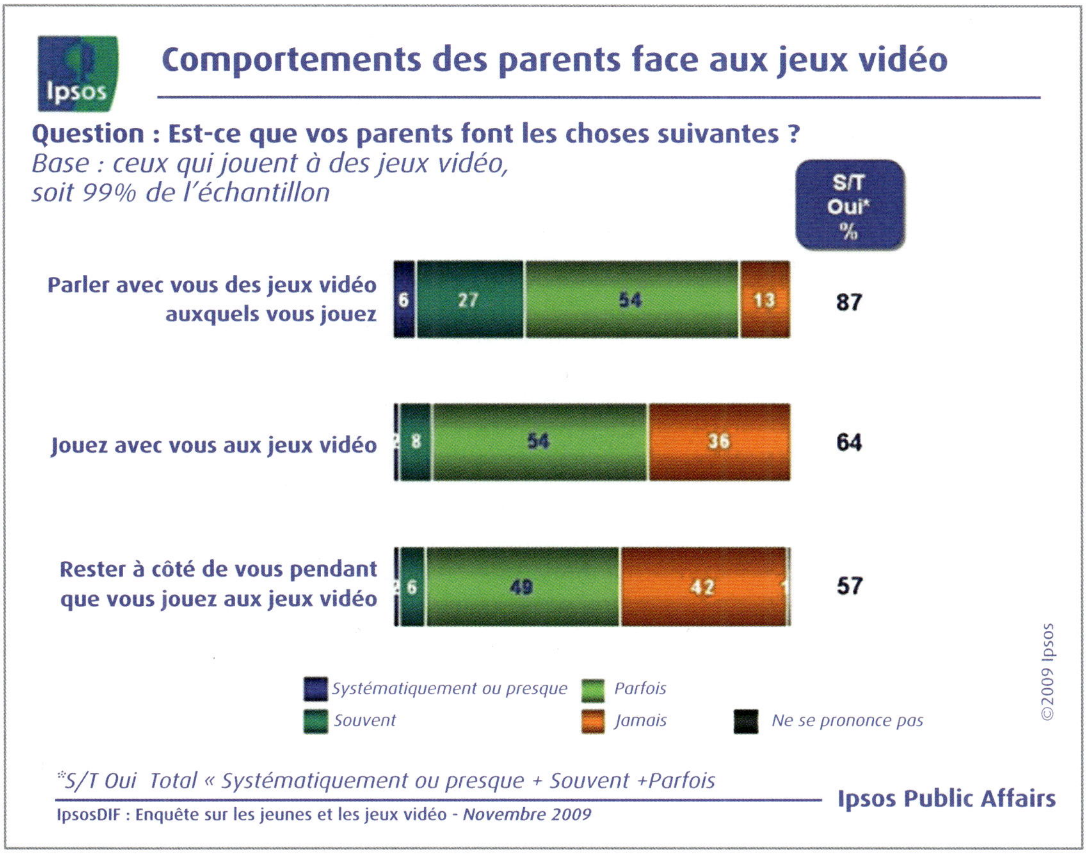

Sondage effectué auprès de jeunes de 11 à 17 ans, ipsos.fr

COMPRENDRE LES DOCUMENTS

1. Document 1 Quel est le pourcentage de jeunes qui jouent aux jeux vidéo moins d'une fois par semaine ? Vous paraît-il élevé ou non ? Expliquez pourquoi.

2. Document 2 Quel est le pourcentage de parents qui jouent avec leur enfant à un jeu vidéo ? Comment pouvez-vous interpréter ce résultat sur le comportement des parents ?

Jeux vidéo : lien social ou addiction ?

Texte 1

Après trois jours de débats à la Fédération française d'addictologie, Cynthia Fleury, psychanalyste, analyse, dans cet entretien, comment la société instrumentalise nos manques.

Comment expliquer cette inflation de gens « addicts » à quelque chose ?
Se dire « addict », c'est d'abord souvent une manière d'amoindrir le problème. « Toxico », « drogué », ce serait tout de suite plus violent. *Addict*, c'est presque un *gimmick*, le prix de la modernité. Si on est « addict », c'est qu'on suit la tendance. Pour certains, c'est presque « fashionable ». Prenons le cas des jeux électroniques : on n'est pas « addict » seul mais parmi une tribu, à l'intérieur de réseaux amicaux, en revendiquant une appartenance à un groupe. C'est de la sociabilisation, alors que la drogue, c'est la marginalisation. Dans notre société de l'hyperconsommation, l'addiction devient donc la norme et non plus la marge. Et être addict, c'est le symptôme de tous ceux qui veulent être aimés, intégrés, reconnus socialement. Le symptôme de ceux qui veulent appartenir à la norme. Mais au final, bien sûr, l'addiction révèle des jours très sombres.
Qu'est-ce qui a changé depuis les années 1970 ?
Ces années-là avaient sans doute une relation aux « substances » bien moins utilitariste. L'ère n'était ni à la performance, ni à la rentabilité. Il s'agissait de vivre des « expériences », jusqu'au-boutistes certes, mais liées aussi à l'idée de découverte et de fantaisie. Aujourd'hui, nous sommes dans l'hyperconsommation.
Mais cette société de l'hyperconsommation, de la profusion, du « tout, tout de suite », dénonce dans le même temps les addictions. N'est-ce pas un peu contradictoire ?
Effectivement, il y a là une double injonction, contradictoire, presque schizophrénique. Le cahier des charges est intenable. Il faut être à la fois performant tout en étant d'un calme olympien ; savoir respecter des délais tout en étant pris dans des rythmes qui s'emballent ; être dans l'activité permanente, sinon on passe pour ennuyeux, voire paresseux, ce qui est totalement mal vu dans une société de la performance. Bref, avec un tel cahier des charges, personne ne peut être à la hauteur. Et c'est très angoissant. Alors pour couper à cette angoisse, on prend des substances, on choisit la voie de la jouissance. Mais cette jouissance n'est qu'un simulacre.

CYNTHIA FLEURY, « L'addiction devient la norme », *Libération*, 13 juin 2011.

COMPRENDRE LE TEXTE

1. Dans le premier paragraphe, **relevez** la thèse de l'addictologue, son argument et l'exemple.
2. Quelle différence y a-t-il, d'après le médecin, entre l'addiction d'aujourd'hui et celle des années 1970 ?
3. Relevez la série de paradoxes énumérés dans le troisième paragraphe et **donnez**, pour chacun d'eux, des exemples de domaines qui illustrent ces contradictions.

ÉCRIRE

Rédigez un paragraphe argumentatif qui reprend la même thèse et le même argument que l'auteur mais **développez** un autre exemple.

Texte 2

Si les usages passionnés du jeu vidéo se développent le plus souvent à l'adolescence, c'est que cette période est plus propice aux comportements excessifs, selon Serge Tisseron. Les circuits cérébraux permettant le contrôle de nos impulsions – soit la résistance à une envie *a priori* irrépressible – ne s'établissent que vers la fin de cet âge. Un garçon de 14 ans qui passe plusieurs heures par jour sur les jeux vidéo n'est donc pas forcément un « addict », rappelle S. Tisseron, mais « tout simplement un adolescent normal », passionné par ce qu'il fait et encore peu capable de réguler ses envies. Les usages excessifs des jeux vidéo à l'adolescence sont souvent un « état transitoire », ajoute le psychanalyste.

Par ailleurs, les jeux vidéo participent de la construction identitaire des adolescents d'aujourd'hui. L'univers du jeu implique de surmonter des épreuves, de remplir des missions, de prendre des décisions qui conditionnent parfois la suite de l'aventure : ainsi dans le jeu *Fable*, il faut diriger un personnage tout au long de sa vie, en faisant des choix qui orientent la destinée de ce double virtuel. Le jeu vidéo permet donc à l'adolescent de « tester » virtuellement certains aspects du monde adulte, avant de « muer » réellement vers celui-ci et de quitter définitivement l'enfance.

Un usage prolongé des jeux vidéo n'est donc pas forcément pathologique. Les usagers compulsifs demeurent d'ailleurs minoritaires. Comment les repérer ? Une perturbation importante de l'emploi du temps quotidien chez un joueur (au point de ne plus sortir, de ne plus manger) constitue un « signe d'alerte » pour l'entourage remarque le psychanalyste Michel Stora. La dépendance vient alors révéler un mal-être, une souffrance, voire un trouble psychique, en somme un trouble préexistant, comme le soulignent la plupart des psychologues.

JUSTINE CANONNE, *Sciences Humaines*, août-septembre 2011.

COMPRENDRE LE TEXTE

1. Quel est le thème de cet article de presse ?
2. Quelle est la thèse de Serge Tisseron ?
3. Relevez les deux arguments qui défendent cette thèse.
4. Recopiez le premier paragraphe de l'article et remplacez les pointillés par des connecteurs logiques. Qu'en déduisez-vous ?
5. Dans le deuxième paragraphe, quel rapport logique la conjonction de coordination « donc » (l. 21) souligne-t-elle ? (Voir chapitre 1 pour le sens des conjonctions de coordination.)

ÉCRIRE

Sujet : Pensez-vous que certains jeux vidéo ont un pouvoir addictif ?
Répondez à cette question en choisissant une thèse à défendre.
Quelle que soit la thèse défendue, veillez à :
- **formuler** au moins deux arguments qui pourront s'appuyer sur les textes 1 et 2,
- **les illustrer** avec des exemples très précis.

Vous vous attacherez à articuler votre pensée en utilisant des connecteurs logiques et en évitant les répétitions.

ENTRAÎNEMENT GUIDÉ

Jeux vidéo : lien social ou addiction ?

Texte 3

« *La pratique de certains jeux vidéo, jugés violents ou choquants, par des jeunes – public sensible et fragile – pose question. Ces contenus sont d'autant plus problématiques qu'ils font souvent l'objet d'une consommation solitaire, fragmentée, répétée et active, qui favoriserait une imprégnation plus forte et l'induction de comportements agressifs. Certains redoutent que l'intensification des pratiques ne débouche sur des formes d'addiction.* » Cet extrait d'une note datée de novembre 2010 du Centre d'analyse stratégique, organisme rattaché à Matignon, résume en quelques mots les principaux reproches faits aux jeux vidéo : violence, désocialisation, addiction... Au point que l'organisme d'État se questionne sur une possible régulation de ce loisir.

Pourtant, certains psychologues et psychanalystes estiment que les jeux vidéo ont des effets thérapeutiques bénéfiques pour leurs patients, enfants ou adultes. Tisser une relation de confiance entre le thérapeute et le patient, recréer de l'estime de soi, faire parler l'enfant renfermé, ou bien accéder à une partie de l'inconscient... Alors que certaines structures hospitalières, comme l'hôpital Marmottan à Paris, ouvrent des consultations pour soigner les « *drogués du jeu vidéo* », ces professionnels ont fait le pari inverse : celui du jeu vidéo qui fait du bien.

« Une voie royale d'accès à l'inconscient »

François Lespinasse, aujourd'hui à la retraite, a été le premier psychologue en France à utiliser les jeux vidéo en thérapie, en partenariat avec l'infirmier José Perez, et ce dès 1995 à l'hôpital de jour de Bordeaux. Il s'occupait d'enfants inhibés voire autistes, ayant des difficultés de communication. « *Il faut les voir comme des enfants dans une bulle, mais avec des hublots. On ne va pas forcer l'ouverture de ces hublots, mais l'enfant peut décider de les ouvrir.* » Les jeux vidéo sont une manière d'y arriver. « *Les jeux vidéo sont une source d'échange avec les autres, ils peuvent en parler avec d'autres camarades. On peut les socialiser par ce biais-là.* »

Si François Lespinasse utilisait les jeux *Super Mario 2* et *3* pour créer un lien et socialiser l'enfant replié, Yann Leroux, psychologue à Périgueux, se sert de la console comme d'autres usent du dessin ou de la pâte à modeler pour « *faire parler* » le jeune patient. « *Dans les thérapies avec les enfants, les jeux vidéo deviennent de plus en plus l'équivalent des rêves : une voie royale d'accès à l'inconscient* », écrit-il. Une approche similaire à celle de Michael Stora, psychanalyste à Paris, pour qui « *le jeu vidéo est un prétexte pour affronter des représentations* ».

Pour cela, les deux psychologues se servent principalement du jeu *Ico*, jeu japonais sorti en 2001 sur PlayStation 2. Dans ce dernier, un enfant, Ico, est enfermé dans une forteresse isolée par les habitants de son village, persuadés que les cornes sur sa tête sont signe

COMPRENDRE LE TEXTE

1. Dans le deuxième paragraphe, **expliquez** le lien logique créé par l'adverbe « pourtant » et la conjonction de subordination « alors que ».

2. Énumérez les bienfaits apportés par certains jeux vidéo, d'après François Lespinasse.

ÉCRIRE

Sujet : Le jeu vidéo aide à prendre confiance en soi, il permet de vivre des choses extraordinaires sans rien risquer.

- Dans un paragraphe, **dites** si vous êtes d'accord avec cette thèse et **défendez-la** avec un argument illustré d'exemples précis.
- Pour expliciter votre démonstration, **utilisez** au moins quatre termes/**connecteurs logiques** parmi les suivants : « parce que », « car », « c'est pourquoi », « donc », « par conséquent », « par ailleurs », « en outre », « ainsi », « en effet », « donc »...

de malheur. Ico rencontrera Yorda, une jeune fille mystérieuse et fragile, qu'il devra protéger à tout prix des ombres qui tentent de l'empêcher de fuir de l'édifice.

«*La trame narrative d'Ico est inspirée du conte,* explique Yann Leroux. *L'abandon et la mise au ban du personnage principal permettent une identification facile pour l'enfant.*» Lors d'une séance, un jeune patient de Yann Leroux, qui souffre de troubles de l'apprentissage dus à de l'inhibition intellectuelle et affective, essaiera par tous les moyens de jeter dans le vide Yorda, qu'il ne supporte plus de devoir protéger tout le temps. En discutant avec lui après la séance de jeu, l'enfant évoque son petit frère et sa petite sœur dont il doit s'occuper. «*Il m'explique alors qu'il a mieux à faire que de jouer au parent avec eux...*» Yann Leroux met cependant en garde : «*Ce n'est pas parce qu'on donne un jeu que l'on lit dans l'inconscient à livre ouvert. L'usage du jeu vidéo ne facilite pas forcément les choses.*»

Le jeu vidéo ne guérit pas à lui tout seul

Les professionnels qui utilisent ce média posent plusieurs garde-fous à l'utilisation du jeu vidéo en thérapie. Le premier, et probablement le plus important, est de casser l'idée selon laquelle le jeu vidéo va guérir à lui seul. Il fait partie d'un panel de supports thérapeutiques, dont l'ensemble va permettre au patient d'aller mieux. «*Ce n'est pas le jeu vidéo tout seul qui va soigner, c'est un tout,* affirme Philippe Gérard, infirmier en hôpital psychiatrique. *Le jeu vidéo aide à la confiance, il permet de vivre des choses extraordinaires sans rien risquer.*»

«Quand le jeu vidéo fait du bien», Le Monde.fr, 11 février 2011.

ENTRAÎNEMENT GUIDÉ

BILAN DE L'ÉTUDE DU CORPUS D'ENTRAÎNEMENT

COMPÉTENCES TRAVAILLÉES

- Lire et interpréter un document graphique.
- Repérer trois étapes du paragraphe argumentatif : thèse/argument/exemple.
- Utiliser des liens logiques pour articuler les étapes du paragraphe.
- Éviter les répétitions en utilisant des reprises nominales et pronominales.

METTRE EN ŒUVRE LES COMPÉTENCES

Sujet d'écriture personnelle : Antoine Frankart, co-fondateur de Gamersband.com. affirme « Être connecté ne rend pas asocial. Au contraire, les français les plus connectés ont aussi l'activité sociale et culturelle la plus intense. [...] » cité par mobifrance.com. Partagez-vous ce point de vue ?
Vous répondrez à cette question de manière argumentée en vous appuyant sur les éléments du corpus.

Étapes à suivre

1. Présentez votre thèse, un argument et au moins un exemple.
2. Chacune de ces étapes doit être reliée à la précédente par un connecteur logique.
3. Vous éviterez les répétitions en ayant recours à des reprises nominales et pronominales.

CHAPITRE 11 La ville

Culture générale
- Qu'est-ce qu'une ville ?
- Vivre en banlieue

Améliorer l'expression écrite
Langue : L'expression de l'opposition de la concession
Lexique : Nom propre et nom commun

Méthode/Compétences à acquérir
Comment construire le plan de l'écriture personnelle et rédiger des transitions ?

SOMMAIRE

Compétences sollicitées dans ce chapitre

Comment construire un plan d'écriture personnelle ?
- Choisir une ou deux thèses.
- Organiser sa pensée en parties et sous-parties.

Comment rédiger des transitions ?
- Faire une transition entre deux paragraphes.
- Écrire une transition entre deux parties.

ANALYSER LE DOCUMENT

1. À quoi voit-on, dans les deux premières vignettes, que l'intrigue de la bande dessinée de Tardi se déroule en 1956 ?
2. Dans quelle ville l'action se déroule-t-elle ? Quels sont les indices qui vous permettent de répondre à cette question ?
3. À quels indices voit-on que le quartier est un quartier bourgeois ?
4. **Vignettes 3 et 4**. Quel décalage relève-t-on entre l'extérieur de l'immeuble et l'intérieur ? Qu'en déduisez-vous ?

RELIER LE DOCUMENT À DES QUESTIONNEMENTS

Voici une liste de mots-clés à introduire dans un questionnement sur la ville : pauvreté/liberté/aliénation/exclusion/masse/travail/activités culturelles/activités sportives/SDF/transports/rapidité/voisinage/accueil/ghetto/agglomération/stress/bruits/centre/périphérie/banlieue.

ORAL

1. Auxquels de ces mots associez-vous la ville (choisissez-en trois) ? **Illustrez** vos réponses par des exemples précis.
2. À quels champs lexicaux les mots de cette liste appartiennent-ils ?
3. **Comment définissez-vous les mots :** « ville », « métropole », « mégapole », « mégalopole » ?

SOLLICITER SA CULTURE GÉNÉRALE

1. Que savez-vous des travaux d'Haussmann à Paris ?
2. Savez-vous par qui et comment une ville est gérée ? Quel est le mode de fonctionnement du conseil municipal ? Quelles sont ses prérogatives ?
3. **Nommez** dix capitales d'Europe.

Tardi, *M'as-tu vu en cadavre ?* Casterman, 2000

Qu'est-ce qu'une ville ?

SUJET D'ÉCRITURE PERSONNELLE

**Pensez-vous que la ville soit un lieu propice à la violence ?
Vous répondrez à cette question en vous appuyant sur les documents du corpus.**

Jacques Tati, *Playtime*, 1967.

Texte 1

Excusez-moi, je suis un peu essoufflé ! Je viens de traverser une ville où tout le monde courait… Je ne peux pas vous dire laquelle… je l'ai traversée en courant. Lorsque j'y suis entré, je marchais normalement, mais quand j'ai vu que tout le monde courait… je me suis mis à courir comme tout le monde sans raison ! À un moment je courais au coude à coude avec un monsieur…

Je lui dis : « Dites-moi… Pourquoi tous ces gens-là courent-ils comme des fous ? »

Il me dit : « Parce qu'ils le sont ! ».

Il me dit : « Vous êtes dans une ville de fous ici… Vous n'êtes pas au courant ? »

Je lui dis : « Si, si, des bruits ont couru ! »

Il me dit : « Ils courent toujours ! »

Je lui dis : « Qu'est-ce qui fait courir tous ces fous ? »

Il me dit : « Tout ! Tout ! Il y en a qui courent au plus pressé. D'autres qui courent après les honneurs… Celui-ci court pour la gloire… Celui-là court à sa perte ! »

Je lui dis : « Mais pourquoi courent-ils si vite ? »

Il me dit : « Pour gagner du temps ! Comme le temps, c'est de l'argent, plus ils courent vite, plus ils en gagnent ! »

Je lui dis : « Mais où courent-ils ? »

Il me dit : « À la banque ! Le temps de déposer l'argent qu'ils ont gagné sur un compte courant… et ils repartent toujours courant, en gagner d'autre ! »

Je lui dis : « Et le reste du temps ? »

Il me dit : « Ils courent faire leurs courses… au marché ! »

Je lui dis : « Pourquoi font-ils leurs courses en courant ? »

Il me dit : « Je vous l'ai dit... parce qu'ils sont fous ! »
Je lui dis : « Ils pourraient tout aussi bien faire leur marché en marchant... tout en restant fous ! »
Il me dit : « On voit bien que vous ne les connaissez pas ! D'abord le fou n'aime pas la marche... »
Je lui dis : « Pourquoi ? »
Il me dit : « Parce qu'il la rate ! »
Je lui dis : « Pourtant, j'en vois un qui marche !? »
Il me dit : « Oui, c'est un contestataire ! Il en avait assez de courir comme un fou. Alors il a organisé une marche de protestation ! »
Je lui dis : « Il n'a pas l'air d'être suivi ? »
Il me dit : « Si mais comme tous ceux qui le suivent courent, il est dépassé ! »
Je lui dis : « Et vous, peut-on savoir ce que vous faites dans cette ville ? »
Il me dit : « Oui ! Moi j'expédie les affaires courantes. Parce que même ici, les affaires ne marchent pas ! »
Je lui dis : « Et où courez-vous là ? »
Il me dit : « Je cours à la banque ! »
Je lui dis : « Ah ! ... Pour y déposer votre argent ? »
Il me dit : « Non ! Pour le retirer ! Moi je ne suis pas fou ! »
Je lui dis : « Mais si vous n'êtes pas fou, pourquoi restez-vous dans une ville où tout le monde l'est ? »
Il me dit : « Parce que j'y gagne un argent fou !... C'est moi le banquier !!! »

RAYMOND DEVOS, « où courent-ils ? »

COMPRENDRE LE TEXTE

1. Quel est, d'après le sketch, l'effet de la vie en ville sur ses habitants ?
2. Partagez-vous ce point de vue ? Pourquoi ?
3. **Relevez** deux jeux de mots et expliquez-les.

Lire un poème

La poésie est un genre littéraire (tout comme le roman, le théâtre, le conte...). À l'épreuve de Culture générale et Expression, le corpus peut proposer un poème ou le texte d'une chanson. On n'attend pas que vous fassiez une analyse littéraire approfondie du poème. Néanmoins, votre devoir sera valorisé si vous êtes en mesure de convoquer, dans votre écriture personnelle, des références précises (voir chapitre 9). Parmi ces références, peuvent figurer : des titres de poèmes avec le nom de leurs auteurs, des figures de style/images et leur rôle...

Texte 2

Je suis un enfant de la ville
Je ressens le cœur de la ville qui cogne dans ma poitrine
J'entends les sirènes qui résonnent mais est-ce vraiment un crime ?
D'aimer le murmure de la rue et l'odeur de l'essence
J'ai besoin de cette atmosphère pour développer mes sens
Je suis un enfant de la ville, je suis un enfant du bruit
J'aime la foule quand ça grouille, j'aime les rires et les cris.

GRAND CORPS MALADE, *Enfant de la ville*, 2008.

COMPRENDRE LE TEXTE

1. **Relevez** dans ce texte ce qui pourrait être perçu comme des désagréments propres à la ville.
2. Quels sentiments le poète éprouve-t-il à l'égard de la ville ? **Justifiez** votre réponse en citant le texte.
3. Sur quel paradoxe ce poème repose-t-il ?
4. « Je suis un enfant de la ville, je suis un enfant du bruit
J'aime la foule quand ça grouille, j'aime les rires et les cris. »
Quelle est la figure de style utilisée dans ces deux vers ? Que souligne-t-elle ?

Qu'est-ce qu'une ville ?

Texte 3

La ville apparaît ainsi comme un refuge, un havre de paix – au moins partiellement. Selon un adage du Moyen Âge : « L'air de la ville rend libre[1] ». Alors que la campagne peut être perçue comme un lieu naturellement contraignant – *a fortiori* à l'époque du servage –, la ville se présente volontiers comme le symbole de l'affranchissement et de la liberté. À la campagne, l'homme semble encore exposé au despotisme de la nature et de ses cycles, tout comme il reste sous l'emprise d'un ordre traditionnel qui se veut immuable. En revanche, la ville se présente comme le creuset de la liberté. C'est effectivement à l'époque médiévale qu'une nette rupture s'est consommée entre la ville et la campagne. Les serfs pouvaient acquérir dans la cité médiévale le statut de citoyens libres. Les éléments les plus hardis de la population rurale étaient attirés par les centres urbains : rejetant les liens d'allégeance féodale, ils entraient alors dans une communauté de citoyens libres. Les bourgeois – d'abord au sens étymologique du terme : les habitants du bourg – avaient conquis leur autonomie par rapport aux féodaux et inventé le système de la commune. Celle-ci jouissait de l'autonomie administrative, militaire, juridique et politique : les bourgeois relevaient d'un droit qui leur était commun et qui n'était accessible qu'à eux seuls. L'assemblée des bourgeois [...] était considérée comme l'organe souverain de la commune.

ALAIN CAMBIER, *Qu'est-ce qu'une ville ?*, 2005.

1. « L'air de la ville rend libre c'est-à-dire qu'après un certain délai, généralement relativement court, le maître d'un esclave ou d'un serf perdait le droit d'avoir recours à lui comme individu soumis à son pouvoir », M. Weber, *La Ville*, Aubier, 1982.

COMPRENDRE LE TEXTE

1. Quelle thèse au sujet de la ville l'auteur du texte défend-il ? **Relevez** les termes mélioratifs qui renvoient à la ville.

2. Quels sont ses arguments ? Quels sont les exemples qui illustrent ces arguments ?

3. À quelle époque relève-t-on une rupture entre la campagne et la ville ? Quelles sont les raisons de cette rupture ?

Texte 4

Si la ville a pu être le berceau de la démocratie, elle est devenue aujourd'hui le symbole de la massification qui n'en est que la caricature. La ville a grandi en se développant comme une machine thermo-dynamique ne fonctionnant qu'à partir de différences de potentiel thermique : celles-ci prennent la forme de la discrimination et de l'exclusion sociales. Chaque époque de la ville a été confrontée à de nouveaux parias[1] : les esclaves dans l'Antiquité, la plèbe ensuite, les tiers-état, les prolétaires et le *Lumpen-prolétariat*[2], les femmes, et aujourd'hui les chômeurs, les SDF ou les « sans-papiers »... L'expansion du milieu urbain contemporain semble même régie par une logique d'absorption excluante. Aussi ne faut-il pas s'étonner qu'il soit encore

1. les exclus.

2. textuellement : « prolétariat en haillons », une forme de « sous-prolétariat ».

Fritz Lang, *Métropolis*, 1926.

la scène de flambées de violence. Quand celle-ci est considérée comme une fin en soi, elle prend une tournure exclusivement nihiliste. En raison même de la promiscuité qu'elle crée entre les hommes, du déficit de médiations établies entre eux, du côtoiement incessant et brutal qu'elle induit, une ville peut être criminogène et favoriser délinquance et incivilités. Elle génère la corruption. En ce sens, toute ville peut devenir une jungle, hantée par une faune hybride. Les forces de la dispersion, de la dégradation l'emportant alors. La ville contemporaine est tellement devenue le symbole de conduite hors-la-loi que certains de ses quartiers sont considérés comme des zones de non-droit.

ALAIN CAMBIER, *Qu'est-ce qu'une ville ?*, 2005.

COMPRENDRE LE TEXTE

1. « Si la ville a pu être le berceau de la démocratie, elle est devenue aujourd'hui le symbole de la massification qui n'en est que la caricature » (l. 1 à 3).
- **Relevez** dans cette phrase les deux propositions.
- Quel lien logique la conjonction « si » marque-t-elle entre ces deux propositions ?
- **Reformulez** cette phrase, en deux phrases, en montrant le lien entre les termes : « démocratie », « massification », « caricature ».

2. Expliquez l'expression « différences de potentiel thermique » (l. 4 - 5).

3. Relevez tous les termes dévalorisants qui qualifient la ville et les activités qui s'y pratiquent.

4. Quelles sont, d'après l'auteur, les origines des flambées de violence qui ont lieu dans les villes ?

5. Qu'appelle t-on des « zones de non-droit » ?

Textes en écho

ÉCRIRE
TEXTES 3 ET 4

Sujet : Pensez-vous que l'on vit plus librement à la ville ou à la campagne ?
- **Formulez** la thèse que vous défendez.
- **Rédigez** deux paragraphes et, dans chacun d'eux, développez un argument et deux exemples.
- **Faites le lien**, au début du 2e paragraphe, avec le 1er en utilisant un mot de liaison.

Qu'est-ce qu'une ville ?

Texte 5

En raison même de la multiplicité des contacts occasionnés par la vie en ville, les relations sociales tendent à y être anonymes, superficielles et éphémères. La réserve dans l'échange, la préservation de l'intimité deviennent des conditions de l'interaction. Par opposition aux liens interpersonnels qui unissent étroitement les membres du «groupe primaire» de type villageois, les citadins entretiennent plutôt des rapports «secondaires», c'est-à-dire segmentés, transitoires et empreints d'utilitarisme. En effet, chaque citadin se trouve pris dans un jeu complexe de rôles et d'appartenances. [...]
[À] *l'échelle individuelle*, chaque citadin est conduit à partager son temps et ses différents lieux de vie entre des interactions spécialisées, qui n'engagent à chaque fois qu'une dimension particulière de son être (travail, vie familiale, engagement politique, etc). [...] L'épanouissement de l'individu, valorisé dans sa singularité, a pour contrepartie une tendance à la massification des opinions et des conduites, qui n'est pas contradictoire avec le risque d'isolement des personnes. Cette massification n'est pas, non plus, contradictoire avec la diversification des références normatives : la pression du groupe est moins forte, les critères de valeurs sont davantage pluriels.

YVES GRAFFMEYER, *Sociologie urbaine*, 2000.

COMPRENDRE LE TEXTE

1. Comment s'explique, d'après l'auteur, la superficialité des relations entre les citadins ?

2. Donnez des exemples de liens interpersonnels et de rapports "secondaires".

3. « Chaque citadin est conduit à partager son temps et ses différents lieux de vie entre des interactions spécialisées, qui n'engagent à chaque fois qu'une dimension particulière de son être. » (l. 10-13)
- **Expliquez** dans cette phrase le groupe nominal « interactions spécialisées » et **donnez** des exemples.
- **Reformulez** cette phrase.

ÉCRIRE

Sujet : En ville, la pression du groupe est moins forte, les critères de valeurs sont davantage pluriels.
Que pensez-vous de cette affirmation ?

Traitez le sujet en suivant ces étapes :
- Que signifie le groupe nominal « critères de valeurs » ? **Donnez des exemples.**
- **Formulez** les deux thèses induites par cette phrase.
- **Énoncez** deux arguments pour défendre chacune des thèses.
- **Rédigez** deux paragraphes (une thèse). **Vous introduirez** le second paragraphe par un mot de liaison.

BILAN DE L'ÉTUDE DU CORPUS DE DÉCOUVERTE
COMPÉTENCES TRAVAILLÉS
- Comprendre un plan et ses articulations.
- Formuler une thèse.
- Rédiger deux paragraphes argumentatifs.
- Faire le lien entre deux paragraphes.

Comment construire un plan d'écriture personnelle et rédiger des transitions ?

1. Choisir une ou deux thèses ?

Un sujet d'écriture personnelle vous invite à répondre à une question en prenant position.
Vous pouvez **développer une seule thèse** ou **deux thèses.**
Il est préférable de développer les deux thèses car cela vous permet de **nuancer** votre propos et de l'**enrichir** en présentant un autre point de vue.
Cependant, s'il vous reste moins d'une demi-heure lors de l'épreuve, on vous conseille de développer, de manière claire, complète une seule thèse plutôt que d'en rédiger deux de manière superficielle.

2. Faire le plan de votre écriture personnelle au brouillon

- **Rédiger une écriture personnelle,** c'est organiser une réflexion et élaborer la progression de votre raisonnement.

Vous élaborerez votre plan au brouillon **en formulant clairement chaque étape** :

- **Structure du plan** (voir introduction et conclusion au chapitre 12) :

I. Thèse 1	**II. Thèse 2**
A. Argument 1	A. Argument 1
Exemples	Exemples
B. Argument 2	B. Argument 2
Exemples	Exemples

Rappellez-vous que chaque ensemble [argument+exemples] fait l'objet d'un paragraphe. Le premier paragraphe de chaque partie présentera la thèse défendue. Il n'est pas utile de répéter celle-ci au début du second paragraphe.

Il est recommandé de formuler la thèse et l'argument en début de paragraphe même si vous êtes libre de les mentionner plus loin dans le paragraphe.

Ordre des thèses ?

Si vous choisissez de traiter les deux thèses, présentez en premier celle que vous ne partagez pas, cela vous permettra de conclure dans le sens de votre thèse.

Ordre des arguments ?

On présente les arguments du moins fort au plus convaincant.

Exemple

Sujet : La ville est-elle un lieu qui détruit l'être humain ?

Plan proposé

I. Certes, la ville peut nuire à l'être humain

A. Elle peut le réduire à l'état de machine

Exemple : La fatigue engendrée par les transports entraîne des automatismes dans les comportements.

B. La masse d'individus entraîne l'anonymat

Exemple : Les grands ensembles immobiliers ne favorisent pas les contacts.

C. La promiscuité peut entraîner des comportements violents

Exemple : les favelas, bidonvilles au Brésil.

II. Mais la ville peut aussi être un lieu d'épanouissement

A. Elle permet des rencontres avec des gens très variés

Exemple : diversité des groupes culturels, tissu associatif dense

B. Elle offre une variété très nombreuse de lieux culturels

Exemple : théâtre, cinéma, musées

3. Rédiger des transitions

Faire le lien entre deux paragraphes.

Au sein d'une même partie, vous devez introduire le second paragraphe (voire le troisième) par un mot de liaison : « par ailleurs », « de plus », « d'autre part », « en outre »... car vous ajoutez un nouvel argument.

Faire le lien entre deux parties.

Si vous développez une seconde thèse, vous devez penser à rédiger une ou deux phrases de transition entre les deux parties.
Cette transition doit permettre de conclure la première partie et d'introduire la seconde.

Exemple

Sujet : Une ville peut être criminogène et favoriser délinquance et incivilités. Partagez-vous cette opinion ?
Plan proposé :
I. La ville peut favoriser la délinquance.
Transition entre les deux parties :
Si certains facteurs intrinsèques à la ville favorisent les actes violents, la ville est également un lieu de rencontres et d'enrichissement mutuel.
II. La ville : un lieu de rencontres et d'enrichissement

- **Présentez un plan d'écriture personnelle à partir du sujet suivant. Vous respecterez la structure proposée dans la partie Méthode (2).**
Sujet Pensez-vous que la ville soit un lieu propice à la violence ?
Répondez à cette question en vous appuyant sur les documents du corpus.

- **Reprenez le plan proposé dans la partie Méthode pour le sujet :** La ville est-elle un lieu qui détruit l'être humain ?
Rédigez une transition entre les deux parties (I et II).

Améliorer l'expression écrite

L'expression de l'opposition et de la concession

1. L'opposition

L'opposition juxtapose deux faits qui sont opposés mais ne se contredisent pas nécessairement.

Exemple
Les villes européennes s'étendent de moins en moins vite alors qu'en Afrique, elles s'étendent très rapidement.

2. La concession

La concession fait coexister deux faits dont l'un devrait entraîner l'autre mais ne l'entraîne pas. La concession s'exprime de plusieurs manières :
- elle peut être introduite par une préposition : « malgré », « en dépit de »... ;

Exemple
Malgré la diversité des activités offertes par la ville, elle reste souvent un lieu d'exclusion.

- elle peut s'exprimer par une conjonction de subordination : « bien que » (+ subjonctif), « quoique » (+ subjonctif), « même si » (+ indicatif)...

Exemple
Bien que la ville soit le lieu de toutes les pollutions, l'état sanitaire y est souvent très bon.

Quand utiliser l'expression de la concession ?
La concession vous permet de faire une transition entre deux parties. Elle évite de présenter un second point de vue qui s'oppose radicalement au premier, donnant l'impression d'une contradiction dans votre pensée.

EXERCICES

1. COMPRENDRE

- **Relevez dans ces phrases les propositions qui expriment l'opposition ou la concession.**

- Bien qu'ils considèrent que la qualité de vie soit meilleure à la campagne qu'en ville, une majorité de gens, en France, vivent dans de grandes agglomérations.
- Même si la vie en immeuble présente souvent des contraintes, elle permet des rencontres.

2. S'ENTRAÎNER

- **Complétez ces phrases par une proposition exprimant la concession.**

- La France compte de nombreux SDF...
- ..., on trouve, en ville, des ateliers clandestins.

3. PROGRESSER

• Rédigez un texte dans lequel vous défendez un projet de rénovation de votre ville (architecture, transports...) qui doit tenir compte de l'environnement (énergies renouvelables...).

• Vous montrerez, en ayant recours à l'expression de la concession, que malgré les difficultés, rénovation et respect de l'environnement doivent coexister.

Lexique

1. Nom commun et nom propre

Comme vous le savez, il existe deux catégories de noms : les noms communs et noms propres.

2. Minuscule et majuscule

Le nom commun commence par une minuscule et le nom propre par une majuscule (noms de personnes, de lieux...).
En ce qui concerne les acronymes (mots formés par la première lettre de chaque mot d'un groupe de mots), chaque lettre doit être écrite en majuscules. Par exemple, EDF, SIDA...

3. Noms propres/adjectifs : majuscule ou minuscule ?

Certains noms propres ont un adjectif « correspondant ». Si le nom propre s'écrit avec une majuscule, l'adjectif commence par une minuscule.

Exemples

Une Anglaise mais une personne anglaise ;
L'Espagne mais les régions espagnoles.

4. Les noms propres employés comme noms communs

Certains noms propres sont passés dans le langage courant. Ce sont souvent des noms de personnes ou de lieux très connus. Le nom commun ainsi dérivé d'un nom propre peut avoir plusieurs sens. Il commence par une minuscule.

Exemple

Tartuffe est le titre d'une pièce de théâtre de Molière (Tartuffe est un faux dévot, un hypocrite), il est devenu un nom commun : le « tartuffe » est une personne hypocrite.

5. D'autres noms

Cachemire (région) → cachemire (tissu)
Roquefort (ville) → roquefort (fromage)

Vivre en banlieue

COMPÉTENCES VISÉES
- Choisir une ou deux thèses à défendre.
- Construire le plan de l'écriture personnelle.

SUJET D'ÉCRITURE PERSONNELLE

La ville est-elle, selon vous, le lieu où l'être humain s'accomplit le mieux ?
Vous répondrez à cette question en vous appuyant sur les documents du corpus.

Textes en écho : textes 1, 2 et 3

Texte 1

Aujourd'hui, 40 millions de personnes vivent en banlieue, à la périphérie de moyennes ou de grandes villes. Les banlieues déshéritées, les zones urbaines sensibles (ZUS), concernent 4,7 millions de personnes, arrivées par vagues successives.

Ruraux et travailleurs

Dès le XIXe siècle, les grandes cités industrielles attirent des migrants « de l'intérieur » : Bretons, Alsaciens, Languedociens, etc. Ces arrivées de ruraux s'accélèrent au XXe siècle : entre 1954 et 1962, un paysan sur quatre abandonne la terre pour travailler dans les usines et les administrations. Dans ces mêmes années, un million de personnes quittent les colonies d'Afrique du Nord devenues indépendantes et se fixent en France. La plupart d'entre elles sont démunies, à la recherche d'un emploi et d'un logement. C'est aussi le cas des Parisiens les plus pauvres, délogés par la rénovation massive du Nord-Est de la capitale. Ces populations seront les premières à habiter les grands immeubles construits en urgence dans les banlieues.

Changements d'habitants

De nouveaux migrants arrivent du Sud : Portugais, Espagnols, Algériens, Marocains, Tunisiens… appelés par une économie française en pleine croissance. Les hommes viennent d'abord seuls, puis la politique de regroupement familial des années 1970 les autorise à faire venir leurs familles. Peu à peu, les familles qui en ont les moyens quittent les cités, en quête d'une maison, d'un travail, ou, pour leurs grands enfants, d'un accès au centre-ville ou à l'université. De même, aujourd'hui, les habitants qui le peuvent cherchent à quitter les quartiers dégradés, mal desservis ou de mauvaise réputation, même s'ils y sont attachés. Seuls restent les plus pauvres et ceux que les discriminations racistes empêchent de s'installer ailleurs. Les nouveaux arrivants (Antillais, Maghrébins, Africains, Indiens, Chinois, Européens des Balkans, Turcs…) n'ont guère de choix et rejoignent leurs connaissances là où elles sont déjà installées.

La cité des Courtillières à Pantin (Seine-Saint-Denis).

Plus pauvres, plus jeunes

La pauvreté existe dans toutes les campagnes et les villes françaises, mais il y a trois fois plus d'habitants pauvres (27 %) dans les ZUS que dans le reste du pays (10,4 %). Les 730 000 familles résidant en ZUS connaissent bien sûr des situations variées, mais en moyenne leur revenu est à peine plus de la moitié de celui des autres ménages. Et seule une famille sur cinq y est propriétaire de son logement, contre une sur deux ailleurs. La population en ZUS est aussi plus jeune, les familles de plus de trois enfants y sont deux fois plus nombreuses que la moyenne nationale. Un tiers de ces familles est de surcroît à la charge d'un seul parent, une mère sans emploi dans la très grande majorité des cas.

FLORENCE THINARD, *Les Banlieues*, 2008.

Texte 2

La séparation physique de groupes socialement distincts n'est pas une loi universelle, mais le résultat de processus spécifiques dont il convient précisément de rendre compte. À Paris, par exemple, le déplacement vers l'ouest des catégories supérieures est un mouvement historiquement daté, qui s'amorce au cours du XVIIIe siècle. Aux anciennes habitudes de cohabitation se substitue alors, dans

l'aristocratie et la bourgeoisie, «non plus une simple velléité d'isolement, mais une émigration effective loin des quartiers où la population est mélangée, vers des quartiers neufs construits pour soi, où l'on est entre soi, loin du commun, avec des prétentions de confort et d'intimité inaccessibles au cœur des densités fortes et pouilleuses du centre» (Philippe Arès).
Réciproquement, la présence de populations hétérogènes dans un même espace ne préjuge pas des modalités de leur cohabitation. Selon les cas, la proximité spatiale peut aussi bien favoriser les relations qu'aviver les tensions.

YVES GRAFFMEYER, *Sociologie urbaine*, 2000.

Texte 3

La répartition physique des catégories sociales dans l'espace parisien ne doit rien au hasard. Explications de Monique Pinçon-Charlot et Michel Pinçon, directeurs de recherche au CNRS, membres du Laboratoire « Cultures et sociétés urbaines ».

Tout piéton arpentant les 87 km^2 – à peu près circulaires – de Paris a vite fait de s'en apercevoir : malgré un processus d'embourgeoisement qui fait tache d'huile, l'Est et, surtout, le Nord de la ville continuent d'abriter une majorité de quartiers populaires, quand l'Ouest s'octroie la plupart des quartiers chics. Une distribution sans aucun rapport, quoi qu'en dise la rumeur, avec les vents dominants qui soufflent sur la capitale et rabattraient les « miasmes des nantis » sur les défavorisés !
«*Cette répartition physique des catégories sociales dans l'espace parisien, qui se prolonge d'ailleurs en banlieue (les communes bourgeoises sont essentiellement à l'ouest et les villes ouvrières forment un arc de cercle qui va du nord au sud en passant par l'est), tient au fait que le flanc occidental de la capitale a été tardivement urbanisé,* expliquent Monique Pinçon-Charlot et Michel Pinçon. *Le village de Monceau, par exemple, fut annexé en 1860. Sur des terrains encore agricoles, on construisit ce quartier où l'opulence s'étala sans complexe de part et d'autre de l'enceinte des Fermiers Généraux (construite peu avant la Révolution, cette enceinte fiscale – et non militaire – avait pour vocation d'empêcher la contrebande et d'assurer la perception de l'octroi sur les denrées comestibles) dans la fièvre immobilière impulsée par Haussmann* ». À quoi s'ajoute le fait «*que les grands bourgeois ne se réapproprient quasiment jamais un habitat qui n'a pas été conçu pour eux*».

www.cnrs.fr.

Vivre en banlieue

COMPRENDRE LES TEXTES 1, 2 ET 3

1. Texte 1 : Quelles sont les raisons qui on poussé certaines populations à habiter dans les ZUS ?
2. Texte 2 : Pour quelles raisons aristocratie et bourgeoisie ont-elles migré vers l'ouest de Paris et ce, dès le XVIIIe siècle ?
3. Texte 3 : Comment s'explique, d'après Monique Pinçon-Charlot et Michel Pinçon, le déplacement des quartiers bourgeois vers l'ouest de Paris ?

ÉCRIRE

Sujet : Vivre en banlieue procède t-il d'un choix ou d'une contrainte ?
Vous pourrez choisir un des deux parcours suivants :

1. Parcours 1
- **Formulez** les deux thèses induites par le sujet (I et II).
- **Choisissez** une des deux thèses ou les deux thèses. Vous devrez, en quelques phrases, justifier votre choix (difficulté à choisir une des deux thèses, à trouver des arguments pour une seconde thèse).
- **Si vous avez choisi une seule thèse** : trouvez deux arguments pour la défendre ; si vous avez choisi de défendre les deux thèses, **donnez** un argument par thèse.

2. Parcours 2
- **Formulez** les deux thèses induites par le sujet (I et II).
- Pour chacune des deux thèses, **énoncez** deux arguments (A et B).
- **Illustrez** vos arguments avec au moins un exemple.
- **Construisez** un plan d'écriture personnelle.

CORRIGÉ

Plan proposé :
I. Vivre en banlieue peut procéder d'une contrainte
A. Des raisons économiques poussent des personnes à vivre dans des banlieues éloignées du centre-ville.
Exemple : La réfection de certains centres-villes a fait flamber les prix des loyers et les prix d'achat des appartements.
B. Les phénomènes d'exclusion peuvent aussi inciter des gens à s'installer en banlieue.
Exemple : Les formes de rejet comme le racisme ou l'exclusion sociale
II. Vivre en banlieue peut être également un choix
A. Certaines personnes veulent s'éloigner des centres-villes pour vivre une vie plus sereine, moins bruyante.
Exemple : La redécouverte des vertus d'une vie plus saine (jardins...)
B. Le refus de la mixité sociale peut inciter à quitter la ville.
Exemple : Le déplacement des populations bourgeoises dans l'ouest parisien depuis le XVIIIe siècle.

La banlieue

Le nom commun « banlieue » est composé, étymologiquement, de « ban », qui signifie « exil imposé par proclamation » et « lieue » qui est une distance. Au Moyen Âge, la banlieue est la frange de territoire qui entoure la ville d'une lieue. Le substantif désigne maintenant les agglomérations qui entourent une ville.

Le Corbusier et les grands ensembles des années 1950.

En 1953, l'architecte Le Corbusier imagine et fait bâtir un immeuble de 294 appartements dans la banlieue de Nantes. C'est l'époque des premières « villes nouvelles » qui se développent à la périphérie des grandes villes. L'ensemble imaginé par Le Corbusier est parcouru d'allées intérieures et d'équipements collectifs comme un parc, une bibliothèque, une école...
Ses habitants l'appellent « La Maison radieuse ».

BILAN DE L'ÉTUDE DU CORPUS D'ENTRAÎNEMENT

COMPÉTENCES TRAVAILLÉES

- Choisir une ou deux thèses.
- Construire un plan d'écriture personnelle.

METTRE EN ŒUVRE LES COMPÉTENCES

Sujet d'écriture personnelle : La ville est-elle, selon vous, le lieu où l'être humain s'accomplit le mieux ?
Vous répondrez à cette question en vous appuyant sur les documents du corpus.

Étapes à suivre

1. Lisez les textes des deux premiers corpus.
2. Relevez les mots-clés dans l'intitulé du sujet.
3. Dressez une liste de termes auxquels vous associez chaque mot-clé.
4. Formulez les deux thèses induites par le sujet (I et II).
5. Pour chacune des deux thèses, énoncez deux arguments (A et B).
6. Illustrez vos arguments avec au moins un exemple ; chaque exemple sera rédigé.
7. Construisez un plan d'écriture personnelle (1 page environ).

DU PETIT AU GRAND PARIS

Si Paris pouvait parler, elle aurait beaucoup de choses à raconter. Au fil des siècles, la ville n'a cessé de s'agrandir. Pour la visite du chantier, c'est par ici...

DE LUTÈCE À PARIS

Du temps de Jules César, il existe un port sur les rives de la Seine, habité par les Parisii. Bienvenue à Lutèce, que l'on va rapidement appeler Paris. Le fleuve permet de développer le commerce, et donc la ville. Au Moyen Âge, le cœur du pouvoir royal et religieux se trouve sur l'île de la cité. Tout autour, sur les rives gauches et droites, les quartiers se développent. Les immeubles envahissent même les ponts ! Sur ces ponts habités, les commerçants ouvrent leur boutique au rez-de-chaussée, et construisent leur maison juste au-dessus. Mais ces habitations en bois prennent feu facilement. Sous Louis XIII, on remplace les constructions médiévales par des maisons en pierre de taille. La ville continue de s'étendre dans toutes les directions, et en 1860 l'enceinte de la ville correspond à l'actuel périphérique. Paris reste cependant une ville insalubre, qui n'est plus adaptée à une population qui ne cesse de s'accroître. Il faut agir, et vite !

Theodor Josef Hubert Hoffbauer, ***Vue du pont des Meuniers (actuel pont au Change) et du Grand Châtelet à Paris en 1580***, XIXe siècle.
Aquarelle. Paris, musée Carnavalet.

Le pont au Change et la Conciergerie. Au premier plan : la place du Châtelet, Paris, vers 1860. Détail d'une vue stéréoscopique.

MERCI MONSIEUR HAUSSMANN

L'homme le plus célèbre de l'histoire de Paris, c'est le baron Haussmann. Sa mission ? Nommé par l'empereur Napoléon III, il doit réaménager complètement la capitale. C'est le début d'un grand ménage. Il fait raser les rues pittoresques du vieux Paris et fait ouvrir plus de 160 kilomètres de voies pour mieux relier les quartiers et les gares. Il crée de grandes percées comme la rue de Rivoli et l'avenue de l'Opéra. Pour les aménager, on construit des immeubles dits « haussmanniens ». Les façades doivent être harmonisées : dans une même rue, tous les balcons du premier et du dernier étage devront être alignés. On ne rigole pas avec l'esthétique urbaine ! Haussmann fait également développer les égouts pour évacuer les eaux sales, et installer l'éclairage public pour que les rues soient plus sûres la nuit. Dans chaque quartier, on construit une mairie, des écoles et des marchés. Le Paris d'aujourd'hui, c'est à lui qu'on le doit.

Atelier Castro Denissof, ***Île de Vitry, projet pour le Grand Paris,*** 2008.

TOUJOURS PLUS LOIN

Au XXe siècle, on multiplie les expériences architecturales pour changer un peu de l'architecture classique en pierre de taille. En 1913, Henri Sauvage construit un immeuble dont la façade est entièrement recouverte de carreaux de céramique blancs et bleus. En 1937, les frères Perret bâtissent le musée des Travaux publics en béton armé ! Au milieu des années 1950, la population augmente encore et toujours. Poussent alors les premières barres de H.L.M. : puisqu'il n'y a plus de place pour construire en largeur, il faut maintenant construire en hauteur. C'est également ainsi que naissent la tour Montparnasse, avec ses 52 étages, ou celles du centre de La Défense, à l'ouest de Paris. Malgré cela, la place manque encore. En 2007, on lance le projet du « Grand Paris », pour étendre encore les frontières de la capitale. Jusqu'où ira-t-on ?

CHAPITRE 12 Canular, fraude et imposture

Culture générale
- La fraude et ses moyens dans les milieux scolaire et universitaire
- La fraude sur Internet

Améliorer l'expression écrite
Langue : Formuler l'interrogation directe et l'interrogation indirecte
Lexique : Quelques règles d'orthographe

Méthode/Compétences à acquérir
Comment rédiger l'écriture personnelle ?

SOMMAIRE

Compétences sollicitées dans ce chapitre
Comment rédiger l'écriture personnelle ?
- Rédiger une introduction et une conclusion
- Rédiger intégralement l'écriture personnelle

OBSERVER ET COMPRENDRE LE DOCUMENT

1. En observant l'affiche et en lisant attentivement la première partie du slogan – « Toujours se méfier d'une petite voix qui conseille de frauder » –, dites ce que représente chacun des deux personnages.
2. Quels sont les éléments qui rendent l'homme vulnérable par rapport au personnage de droite ? Expliquez ces choix.
3. En quoi le slogan en entier constitue-t-il un énoncé argumentatif ?
4. Cette affiche vous paraît-elle efficace ? Pourquoi ?
5. « Parce qu'agir contre la fraude c'est agir contre/pour.... » : vous trouverez d'autres slogans pour illustrer cette affiche.

RELIER LE DOCUMENT À DES QUESTIONNEMENTS

Voici une liste de mots clés à introduire dans un questionnement sur la fraude : triche/arnaque/sanction/infraction/débrouille/travail au noir/impôts/argent/exclusion/dénonciation/immoralité/papiers/chômage/politique/économique/arnaque /corruption
1. À quels mots associez-vous la fraude ? Illustrez vos réponses par des exemples précis.
2. Selon vous, la fraude peut-elle parfois s'expliquer ?

ORAL

Organisez un débat dans la classe à partir de cette question :
Tricher, vous paraît-il immoral ? Pourquoi ? Pour répondre à cette question, donnez des arguments et illustrez-les par des exemples précis.

SOLLICITER SA CULTURE GÉNÉRALE

1. Quelles différences faites-vous entre les termes suivants : fraude, triche, arnaque, imposture ? Vous direz à quels domaines on les associe habituellement.
2. Donnez une définition pour chacun des mots puis vérifiez leur sens dans un dictionnaire.
3. Connaissez-vous les moyens mis en place, en France, pour lutter contre certains types de fraudes : fraude aux examens, fraude fiscale, contrefaçon... ? Ces moyens vous paraissent-ils efficaces ?

Campagne d'information contre la fraude, ministère du Budget des comptes publics et de la Réforme de l'État, 2009.

La fraude dans les milieux scolaire et universitaire

SUJET D'ÉCRITURE PERSONNELLE

Existe-t-il des moyens efficaces, selon vous, de lutter contre la fraude aux examens ? Vous répondrez à cette question en vous appuyant sur les documents du corpus.

Texte 1

Examens : vers une interdiction des smartphones ?

Le gouvernement envisage d'interdire les smartphones dans les salles d'examen pour éviter la triche, a indiqué [...] sur Radio J la ministre de l'Enseignement supérieur, Valérie Pécresse.

L'usage de ces téléphones pour tricher a notamment été récemment évoqué pour annuler une épreuve du BTS en Ile-de-France, dont la reprogrammation a suscité [...] le mécontentement de centaines d'étudiants devant le centre des examens d'Arcueil (Val-de-Marne).

«*Aujourd'hui, avec Internet, on a le risque de voir se propager les fraudes dans le grand public, donc il va falloir qu'on réfléchisse*», a expliqué la ministre. Avec le ministre de l'Éducation nationale, *«nous réfléchissons à des mesures concrètes, peut-être l'interdiction des smartphones dans les salles d'examen*», a-t-elle poursuivi.

Hausse des fraudes liées au téléphone portable

«*Nous aurons des réponses à ces questions en septembre-octobre quand nos inspections auront rendu leur rapport*», a-t-elle assuré, ajoutant qu'elle savait «*que Luc Chatel a engagé une réflexion à la suite des fraudes qui viennent d'être constatées*».

«*Il y a une hausse des fraudes liées à l'usage des téléphones portables : 32 cas de plus au baccalauréat général et technologique en 2009 par rapport à 2008*», avait indiqué Jean-Michel Blanquer, directeur général de l'enseignement scolaire. Des centres d'examens ont opté pour le brouillage des téléphones portables, mais cela pose un «*problème technique et juridique*», avait mis en garde M. Blanquer.

Oreillette intra-auriculaire

La circulaire du ministère datée du 26 mai, en pleine période d'examens et de concours, indique que «*l'utilisation des téléphones portables et, plus largement, de tout appareil permettant des échanges ou la consultation d'informations, est interdite*». Dès lors, ils «*doivent être impérativement éteints*» et rangés dans le sac du candidat ou remis aux surveillants de salle.

Amar Zendik, président de la société Mind-Technologies, a confirmé à l'AFP que «*les techniques deviennent de plus en plus sophistiquées*» citant «*la montre-téléphone, le stylo-téléphone ou encore l'oreillette intra-auriculaire*».

Par ailleurs, interrogée sur le contrôle continu, Mme Pécresse a expliqué qu'elle n'avait «*pas à se prononcer sur le sujet*», qui est du ressort de Luc Chatel, mais a jugé que le bac était «*une étape indispensable*», «*la sanction de la fin d'études*», «*c'est notre vision de l'éducation à la française*».

Le Monde.fr, 26 juin 2011.

DÉCOUVERTE

Texte 2

0,05 % : c'est le pourcentage de fraudeurs au bac dénombrés par l'Éducation nationale en 2010. Problème : 70 % des élèves reconnaissent avoir déjà triché au cours de leur scolarité. Difficile de croire que les mauvaises habitudes prises n'aient pas cours le jour de l'examen... L'administration est-elle aveugle ? Une chose est sûre : pour les candidats pris la main dans le sac, que ce soit au bac, à la fac ou aux concours d'entrée des grandes écoles, la mansuétude est de mise, comme le révèle notre enquête.

Lutte contre la triche : comment les autres pays s'en sortent

Tricher n'est pas un problème franco-français ! Mais si la triche est universelle, la façon de la considérer et de la sanctionner ne l'est pas. Letudiant.fr vous propose un tour du monde de la fraude aux examens, en s'appuyant sur des cas récents. [...]

Danemark : Internet autorisé pendant les examens.

Comment prendre à contre-pied les tricheurs qui utilisent leur téléphone portable ou leurs livres pendant les épreuves ? En autorisant l'accès à Internet pendant les examens, y compris pour le A-Level. C'est une solution expérimentée par le Danemark, où l'on considère que le Net est indissociable de la vie des jeunes d'aujourd'hui. Ainsi, le pays nordique a choisi une autre façon d'évaluer, basée davantage sur la réflexion, la recherche et l'utilisation d'informations replacées dans un contexte que sur le par-cœur.

Pas fou, le ministère de l'Éducation danois a toutefois posé des limites. Les mails, les messages instantanés, le plagiat sont interdits. Des contrôles aléatoires sont effectués sur les postes pendant l'épreuve. Quand celle-ci est terminée, l'historique de la navigation est étudié. Peu enclins à la tricherie les élèves danois ? «*La principale précaution est que nous leur faisons confiance*», a déclaré Sanne Yde Schmidt, responsable du projet au lycée Greve High School de Copenhague (l'un des lycées pilotes), lors de son lancement en 2010 dans 6 matières. «*En 2011, l'expérience a été étendue à tous les établissements : 6 000 élèves sont concernés, contre 1 300 en 2010. Nous poursuivrons en 2012*», précise Steen Lassen, du ministère de l'Éducation danois. En attendant, l'idée a fait du chemin. Ainsi, l'University of Southern Denmark prévoit de transférer tous ses examens écrits en examens sur plateforme numérique d'ici à janvier 2012.

VIRGINIE BERTEREAU, L'etudiant.fr, juin 2011.

DÉBAT

Vous partagerez la classe en deux groupes.

L'un défendra les solutions envisagées par les autorités françaises pour lutter contre la fraude aux examens et l'autre celles appliquées au Danemark.

Textes en écho

COMPRENDRE LES TEXTES

TEXTE 1

1. Quels nouveaux types de fraudes aux examens ont été constatés ?

2. Quelles sont les solutions proposées par les autorités françaises pour empêcher ces types de fraudes ?

TEXTE 2

3. Quelles sont les solutions apportées par les autorités danoises aux nouveaux risques de fraudes ?

Texte 3

Tentant. Le mot revient également souvent dans la bouche des élèves. Encore faut-il franchir le cap et courir le risque de se faire prendre. «*Faut être courageux, quand même ! Moi je pourrais pas, je deviendrais tout rouge, les surveillants me grilleraient en deux secondes*», assure Julien, qui passe le bac cette année. Cette peur explique sans doute le fait que, malgré le boom des téléphones portables chez les adolescents, le nombre de cas de suspicion de fraude au bac reste stable : un peu plus de deux pour cent chaque année au niveau national. La triche high-tech augmente, certes, mais pas le nombre de tricheurs. Les candidats savent que l'enjeu est fort et les sanctions dissuasives – jusqu'à cinq ans d'interdiction de passer tout examen.

La Direction générale de l'enseignement scolaire (Dgesco) a toutefois demandé une enquête plus précise depuis l'an dernier. «*On a ajouté la triche au smartphone à notre typologie des fraudes. Les résultats devraient être connus dans quelques semaines*», précise Cyril Moreau, chef de la mission du pilotage des examens à la Dgesco. Il se dit pourtant «*dubitatif*» sur ces histoires de fraude au téléphone portable. «*La triche a toujours existé avec ou sans smartphone*», rappelle t-il. L'antisèche high-tech a surtout mis en lumière une pratique aussi ancienne que répandue selon l'une des rares études françaises sur la question, 85,1 % des étudiants reconnaissent avoir déjà triché pendant leur scolarité, en particulier au collège et au lycée. Le chiffre impressionne, mais s'explique par la pression à la réussite scolaire. Sans diplôme, point de salut. Le téléphone portable, même «intelligent», n'est qu'un outil de plus pour grappiller quelques points.

Sauf que, parfois, l'objet du litige est précisément ce qui permet de démasquer les fraudeurs. L'an dernier, au bac de philo, quatre élèves ont rendu la même copie, presque mot pour mot. Un joli copier-coller d'un corrigé déniché sur Internet, selon les correcteurs. Une classique antisèche n'aurait jamais permis une coïncidence aussi étrange. Et si la technologie menait les tricheurs à leur perte ?

ELSA RAVEL, *Télérama*, 15 juin 2011.

COMPRENDRE LE TEXTE

1. Pourquoi de nombreux élèves trichent-ils ?

2. Le nombre de tricheurs a-t-il augmenté ? Pour quelles raisons ?

3. Pourquoi le smartphone pourrait-il, d'après la journaliste, mener les tricheurs à leur perte ?

ÉCRIRE

Après avoir répondu aux questions, **rédigez** :
- la thèse de la journaliste ;
- ses arguments ;
- les exemples qui les illustrent.

Présentez votre travail sous forme de paragraphes.

Texte 4

Dans de nombreuses universités, les examens de «rattrapage» (ou de «troisième session») battent leur plein juste avant la rentrée académique. C'est peut-être opportun de parler d'un phénomène dont tout le monde parle, enseignant(e)s comme étudiant(e)s, mais qui reste très méconnu dans son ampleur et ses multiples formes : la triche. Une étude internationale a été publiée récemment sur le sujet par Aurora Teixeira et Maria Rocha (Teixeira & Rocha, 2010). Ces deux chercheuses portugaises ont eu pour objectifs dans leur article de circonscrire ce qu'on entend généralement par «la triche» à l'université puis de mener une vaste étude internationale pour comparer les pratiques et attitudes des étudiant(e)s face à ce phénomène. [...] Tout d'abord, de quoi parle-t-on ? Teixeira et Rocha citent la définition suivante de la triche : «*il s'agit d'actes qui recouvrent des domaines définis comme illégaux, non éthiques, immoraux ou qui vont à l'encontre des règlements en vigueur dans les cours ou les universités*», par exemple, la copie lors des examens écrits, l'utilisation de «pougnons» (ou «copions» en Belgique, ou encore «pompes», «anti-sèches», «bidoches», «tusts», «papiers de triche», etc.) lors des examens, l'utilisation frauduleuse d'un téléphone portable ou d'un ordinateur pour échanger des réponses, le vol de questions d'examens, le fait de se faire représenter par un(e) autre étudiant(e) à un examen oral, etc. Cela peut aller jusqu'à la corruption d'un examinateur ou d'un(e) enseignant(e) pour passer une session d'examens plus facilement. On admet cependant généralement que si la triche peut être délibérée, elle peut être aussi pratiquée par ignorance des règles ou des pratiques scientifiques habituelles comme par exemple dans de nombreux cas de plagiat. Elle peut aussi se produire «sous l'effet de la panique», lorsque par exemple un(e) étudiant(e) se rend compte à un examen écrit qu'il/elle n'arrive pas à répondre à certaines questions. [...]

Quelle est l'ampleur du phénomène dans le monde ? Sur la base de nombreuses recherches, dont les plus anciennes remontent aux années 1920, les auteures de l'article soulignent que les pays où la triche est la plus répandue sont des pays fortement corrompus à différents niveaux de la société. [...]

Pour prévenir ces comportements, il semble qu'un outil efficace soit la rédaction d'un «code d'honneur» ou d'une charte de bonne conduite au sein des universités qui préciserait les comportements adaptés, les pratiques interdites et les sanctions prévues en cas de non-respect des règles. Pour diminuer le stress lié aux évaluations, il semble aussi que le recours à des stratégies d'évaluation moins anxiogènes et réparties tout au long de l'année constitue une bonne solution à long terme.

AMAURY DAELE, «*La triche*», 15 septembre 2010,
pedagogieuniversitaire.wordpress.com.

COMPRENDRE LE TEXTE

1. Premier paragraphe : quels sont les objectifs de l'article rédigé par Aurora Teixeira et Maria Rocha ?

2. Comment la triche aux examens est-elle définie dans le rapport des deux chercheuses ?

3. Quelles formes cette triche peut-elle prendre ?

4. «si la triche peut être délibérée» (l. 24) Que signifie ici le participe passé «délibérée» ?

5. Quelles sont les raisons qui peuvent pousser un étudiant à tricher ? Comment ces comportements pourraient-ils être prévenus ?

6. D'après les deux auteurs, quel est le lien entre le pourcentage d'étudiants qui trichent et la société dans laquelle ils vivent ?

ÉCRIRE

Quels moyens pourriez-vous imaginer pour prévenir la fraude aux examens ?
En deux paragraphes, **développez deux de ces moyens et illustrez-les** par des exemples précis.

BILAN DE L'ÉTUDE DU CORPUS DE DÉCOUVERTE

COMPÉTENCES TRAVAILLÉS

- Reformuler thèses et arguments d'un texte.
- Énoncer une ou deux thèses ainsi que des arguments et exemples personnels.
- Rédiger un paragraphe argumentatif.
- Comprendre l'enjeu de l'introduction d'un texte.

Comment rédiger l'écriture personnelle ?

1. Rédiger l'introduction

L'introduction de l'écriture personnelle peut être **très brève** et se réduire à **la problématique** (voir chapitre 7).
Pourtant, s'il vous reste du temps, vous pouvez la développer en respectant les étapes suivantes :
- **une (ou deux) phrase(s) d'appel** qui proposent une idée générale en lien avec le sujet ;
- **la problématique**, qui reprend le sujet, sous forme interrogative (directe ou indirecte),
- **l'annonce du plan** de l'écriture personnelle, c'est-à-dire la thèse et les deux arguments si vous avez choisi de ne traiter qu'une seule thèse, ou les deux thèses si vous présentez les deux.

L'introduction commence par **un alinéa.**
Elle doit être soigneusement rédigée au brouillon.
Ne commencez jamais votre introduction par un connecteur logique, par exemple : « Nous allons donc nous demander... »

Exemple d'introduction rédigée

Sujet : L'évolution technologique va entraîner une recrudescence des fraudes aux examens. Partagez-vous cet avis ?
Vous répondrez à cette question en vous appuyant sur les textes du corpus et vos connaissances personnelles.

Chaque année, des fraudes aux examens sont constatées, tant au niveau du secondaire, au baccalauréat notamment, que dans l'enseignement supérieur. Elles sont largement relayées par les médias qui mettent en avant l'inventivité des tricheurs et leur recours aux outils technologiques les plus récents : téléphones portables, Iphone... Peut-on pour autant dire que l'évolution technologique entraîne une augmentation des risques de fraudes ? Nous tenterons de répondre à cette question en montrant, dans une première partie, que les nouvelles technologies peuvent certes rendre la fraude plus facile mais, dans une seconde partie, nous verrons qu'elles ne risquent pas, malgré cela, d'entraîner une recrudescence du nombre de fraudeurs.

1. **Repérez** les étapes de l'introduction rédigée.
2. **Rédigez** d'autres phrases d'appel.

2. Rédiger la conclusion

La conclusion de l'écriture personnelle **répond à la question posée** par la problématique. Elle reprend, en une ou deux phrases, les **étapes de votre argumentation**. La conclusion peut **s'achever sur une phrase qui est une ouverture** par rapport à la question posée ; elle permet d'ouvrir la réflexion sur le sujet, tout en restant dans le thème traité. Elle peut prendre la forme d'une question.
Si vous avez choisi de présenter deux thèses, présentez en second celle que vous partagez, ce qui vous permettra de conclure sur ce point de vue.
Vous pouvez expliciter le lien entre la conclusion et le reste de l'écriture personnelle en utilisant une formule telle que : « pour conclure » ; « en conclusion » ; « on pourra donc » ; « ces éléments montrent donc » ; « en conséquence »...

La conclusion commence par **un alinéa**.
Veillez à la rédiger avec soin – d'abord au brouillon– car c'est la dernière partie de votre travail que le correcteur va lire. L'impression doit être positive.

Exemple de conclusion rédigée

Sujet : L'évolution technologique va entraîner une recrudescence des fraudes aux examens. Partagez-vous cet avis ?
Vous répondrez à cette question en vous appuyant sur les textes du corpus et vos connaissances personnelles.

On a montré que certains appareils sophistiqués, grâce notamment à leur format, peuvent faciliter l'accès à l'information, favorisant ainsi la fraude. C'est le cas, entre autre, de ceux qui permettent un accès à Internet. Cependant, la peur de se faire prendre et les sanctions ont un effet dissuasif et empêchent l'accroissement du nombre de fraudeurs et de la triche aux examens. Pour éviter une éventuelle multiplication des fraudes, ne faudrait-il pas rendre inutilisables les appareils de communication ultra-sophistiqués dans les salles d'examen en ayant recours à des systèmes de brouillage, par exemple ?

COURS / MÉTHODE

3. Rédiger intégralement l'écriture personnelle

À cette étape du travail, vous avez :
- le plan détaillé de votre écriture personnelle ;
- l'introduction et la conclusion rédigées.

Vous pouvez vous lancer dans la rédaction, au propre, de votre écriture personnelle.
Au préalable, vérifiez que vous avez respecté toutes les compétences à l'aide de cette grille :

	OUI	NON
J'ai respecté **les trois étapes de l'introduction :** ▪ phrase d'appel ; ▪ formulation claire de la problématique ; ▪ annonce du plan.		
Ma conclusion répond à la question posée par le sujet et reprise par la problématique.		
Mon plan est cohérent et construit : ▪ thèse(s) ; ▪ arguments ; ▪ exemples.		
Les **arguments** choisis ont une **portée générale.**		
Les **exemples :** ▪ **illustrent** clairement les arguments ; ▪ sont **précis** et **développés.**		
J'ai utilisé des **connecteurs logiques.**		

En rédigeant votre travail, veillez à sauter une ligne entre :
- l'introduction et le développement ;
- les deux thèses ;
- le développement et la conclusion.

- Prêter attention à la syntaxe, pas de phrases sans verbes conjugués, et à l'orthographe. Tout compte !

EXERCICES

1. Rédiger une introduction

A. Je repère les étapes d'une introduction

Ce texte est l'introduction d'un article sur la triche à l'école. Après l'avoir lu, relevez le plan de l'article annoncé.

L'Université ou l'école de la triche

Dans la Chine ancienne, les examens impériaux appliquaient une politique stricte de prévention de la triche : candidats fouillés, isolés dans des cabines individuelles et menacés de peine de mort en cas de fraude. Il arrivait pourtant que certains candidats resquillent malgré tout ; vouloir éradiquer la triche relève donc du pur fantasme.

Tout faire pour la limiter est en revanche une nécessité, une obligation. Sinon les fondements de la méritocratie s'en voient dangereusement attaqués.

GUILLAUME GIRARD, Le Monde.fr, 30 mai 2010.

B. Je rédige une phrase d'appel

Voici une introduction à laquelle manque la (les) phrase(s) d'appel. Rédigez-la (ou les).

Sujet : Le recours à la fraude dénote une attitude individualiste. Partagez-vous ce point de vue ?

Frauder est-il toujours le signe d'un comportement individualiste ? Pour répondre à cette question, nous verrons, dans une première partie, que certes, la fraude dénote souvent une attitude individualiste mais, dans une seconde partie, qu'elle peut parfois manifester le souci de la défense d'intérêts collectifs.

C. Je rédige une introduction

À partir de ce sujet, rédigez une introduction d'écriture personnelle.

Sujet : L'infraction aux lois (aux examens, dans la vie quotidienne...) entraîne une rupture de l'égalité entre les individus. Partagez-vous ce point de vue ?

Elle devra inclure trois étapes :

- une (ou deux) phrase(s) d'appel ;
- la problématique ;
- l'annonce du plan de l'écriture personnelle.

2. Rédiger une conclusion

A. Je comprends l'enjeu d'une conclusion

Ce texte est la conclusion d'un article intitulé : « L'administration ou la dernière corporation ». Elle répond à une question. **Après avoir lu cette conclusion, rédigez la question à laquelle elle répond.**

Instrument privilégié de l'intérêt général, l'administration peut avoir pour seule stratégie la défense de ses intérêts particuliers. Depuis cinquante ans, la magnifique idée de gestion publique a été progressivement disqualifiée : concevons que si les attaques qui lui ont été portées n'ont pas été toujours innocentes, elle y a largement prêté la main par ses carences, son absence d'imagination. [...] La gestion publique, dépouillée des oripeaux du corporatisme, peut retrouver sa vocation originelle et réinventer l'intérêt collectif.

JEAN CHOUSSAT, « L'administration ou la dernière corporation », *Le civisme. Vertu privée d'utilité publique*, Autrement, Collection Morales, 1996.

B. Je rédige une conclusion

Rédigez une conclusion à partir du plan proposé.

Sujet : La fraude est toujours un acte délibéré. Partagez-vous cet avis ? Répondez à cette question en vous appuyant sur les textes du corpus et vos connaissances personnelles.

Plan proposé

I. Certes, la fraude est souvent commise de manière délibérée...

II. Pourtant, elle est parfois commise sans que l'auteur sache qu'elle en est une.

Améliorer l'expression écrite

L'interrogation directe et l'interrogation indirecte

On peut poser une question de deux manières :

- **directe :** il s'agit de l'interrogation directe. Par exemple : « Tricher est-il immoral ? »
- **indirecte :** il s'agit de l'interrogation indirecte. Par exemple : « On se demandera si tricher est immoral. »

1. L'interrogation directe

▶ **La phrase interrogative** pose une question. Elle se termine par **un point d'interrogation**.
Il existe deux types de phrase interrogative directe :

a. La phrase interrogative totale porte sur l'ensemble de la phrase. On ne peut y répondre que par « oui » ou par « non ».

Exemple
La triche est sanctionnée au bac ?

b. La phrase interrogative partielle ne porte que sur une partie de la phrase.

Exemple
Quelles sont les sanctions en cas de fraude au bac ?

2. L'interrogation indirecte

▶ C'est une **phrase déclarative complexe**, ponctuée par un point final.
a. Elle se compose d'**une proposition principale**. Celle-ci contient un verbe qui exprime :
- une interrogation : « se demander » ; « demander »...
- une connaissance/non connaissance : « savoir » ; « apprendre » ; « ignorer »...

b. Elle se compose **d'une proposition subordonnée indirecte complément d'objet direct**. Cette proposition est introduite par un mot interrogatif : « si » ; « ce que » ; « ce qui » ; « qui » ; « quel/quelle » ; « lequel/laquelle » ; « où » ; « comment ; « pourquoi »...

▶ **On ne met pas de point d'interrogation à la fin de la phrase interrogative indirecte.** On n'inverse pas le sujet et le verbe.
La phrase du type « On se demande qu'est-ce que c'est*. » est incorrecte.

Exemple
- On se demandera quelles sanctions la fraude au brevet entraîne.
- On ignore comment les *hackers* font pour s'introduire dans des sites très sécurisés.

EXERCICES

1. COMPRENDRE

- **Parmi ces phrases interrogatives, quelles sont celles qui sont partielles et celles qui sont totales ?**

1. Qui est venu ?
2. Veux-tu venir ?
3. Pourquoi ne viens-tu pas ?
4. Quand viens-tu ?

2. S'ENTRAÎNER

- **Transformez ces phrases interrogatives directes en interrogatives indirectes.**

1. Que s'est-il passé ? → Je me demande...
2. Qui est là ? → Je me demande...
3. Que veut-il ? → Je me demande...

La fraude sur Internet

COMPÉTENCE VISÉE

- Rédiger une introduction.
- Rédiger une conclusion.

SUJET D'ÉCRITURE PERSONNELLE

En quoi la cybercriminalité présente-t-elle des dangers spécifiques ? Vous répondrez à cette question en vous appuyant sur les documents du corpus.

Texte 1

Les fraudes sur Internet se multiplient

Combattre les fraudes à la consommation sur Internet est une tâche ardue, alors que la coopération transfrontalière et entre les différents interlocuteurs reste balbutiante et que les régulateurs sont à la traîne des cybercriminels, selon les acteurs de la lutte eux-mêmes.

« *Profitant des lacunes de l'espace judiciaire européen, qui devient un véritable* no man's land *dans un contexte transfrontalier, la fraude s'exerce en tout lieu et a un champ d'action mondial* », s'alarme la directrice générale d'Euro-Info-Consommateurs, Martine Mérigeau. Cette association franco-allemande basée à Kehl, sur la rive droite du Rhin, organisait [...] à Strasbourg un colloque sur le thème « Criminalité sur Internet, le consommateur est-il bien protégé en Europe ? ».

Les fraudes commises contre les consommateurs en Europe se « *multiplient* », souligne Mme Mérigeau. Selon l'étude « *The European Marketplace : Consumer Complaints 2008-2009* », le réseau des Centres européens de consommateurs, présents dans les 27 États membres de l'Union européenne, en Islande et en Norvège, a enregistré, en 2007, 2 583 plaintes concernant le e-commerce, 3 356 en 2008 (+ 30 %) et 4 921 en 2009 (+ 47 %). Cette augmentation se nourrit de plusieurs facteurs : la croissance des échanges sur Internet, leur caractère transfrontalier quand la régulation de la Toile ne l'est guère et le manque de coopération entre acteurs privés et publics. « *On a affaire à un système dont la plupart des opérateurs, des centres nerveux à la distribution aux consommateurs, sont des acteurs privés. [...] Il est parfois tentant pour les opérateurs de ne pas divulguer l'ensemble des informations, des difficultés sur le réseau* », explique Hervé Dupuy, membre du cabinet de la commissaire européenne pour la Stratégie numérique Nelly Kroes.

Le sentiment d'insécurité nuit à l'envol des échanges transfrontaliers : seuls 8 % des Européens interrogés lors d'une enquête « Eurobaromètre » de mars 2010 avait effectué lors des 12 derniers mois un achat en ligne auprès d'un autre pays de l'UE. Non que l'Union européenne soit restée inactive : la Commission a présenté en octobre 2008 une proposition de directive renforçant les droits des consommateurs et prenant en compte les nouvelles problématiques liées au « e-commerce ».

Une plate-forme de recueil des informations relatives à la cybercriminalité a été créée, hébergée par l'agence de coopération policière Europol, et est en train de « *développer ses capacités* », affirme Carlo van Heuckelom, chef du bureau criminalité financière de l'organisme.

Le Figaro.fr, 27 novembre 2010.

Lexique pour comprendre le monde des *hackers*.

Botnet : ordinateur infecté par un logiciel malveillant.

Chapeau noir, chapeau blanc : on classe les *hackers* en deux catégories : les chapeaux noirs attaquent des systèmes informatiques avec une intention crapuleuse (voler des données confidentielles ou de l'argent) ; les chapeaux blancs – *hackers* « éthiques » – agissent pour signaler des failles de sécurité dans un système informatique ou pour contrer les attaques criminelles.

Cheval de Troie : logiciel qui a l'air inoffensif mais qui peut cacher un programme malveillant.

Hack : du verbe anglais *to hack* « trancher », action qui consiste à infiltrer un système informatique. Le *hacking* n'est pas nécessairement mauvais.

Hacktiviste : de l'anglais *hacktivist*, contraction de *hacker* et d'*activist*. Il s'agit d'un *hacker* dont les actions sont motivées par des convictions politiques.

Phishing : en anglais, le terme signifie « hameçonnage » ; technique qui permet à des cybercriminels de se faire passer pour une banque ou une société et de récupérer des données informatiques personnelles.

ORAL

Organisez un débat en classe à partir de ce sujet :

Faites-vous une différence entre les *hackers* dits « éthiques » et les autres *hackers* ? Pourquoi ?

Texte 2

La révolution des télécommunications, de l'information et des communications se traduit désormais en valeur marchande. La dernière étude menée par McKinsey montre qu'Internet représente en France 3,2 % de croissance du PIB (60 milliards d'euros) et plus d'un million d'emplois (2009).

Jamais Sun Tsu, général et stratège chinois du VIe siècle avant J.-C. qui décrivait l'information comme le nerf de la guerre, n'avait été autant d'actualité. À l'origine de création de richesses (25 milliards d'euros de chiffre d'affaires pour le e-commerce en 2009), l'information fait l'objet de plus en plus convoitises, souvent illégales : le rapport de Symantec mentionne plus de 286 millions de programmes malveillants en 2010. Les formes d'attaques se développent : *phishing* (hameçonnage), pourriel, déni de service, défiguration de sites Web, cybersquattage, *hoax*, virus, ver, cheval de Troie, *botnet*, bombe logique, *scareware*, espiogiciel... (pour plus d'informations, voir le 4e forum international sur la cybercriminalité, 2010).

Les pirates du XXIe siècle ne sont plus les *hackers* ou *white hat* d'autrefois. Ces passionnés d'informatique dont l'objectif était d'explorer les limites des systèmes informatiques ou logiciels pour révéler, améliorer et résoudre leurs failles. Aujourd'hui, nous faisons face à des *black-hats*, des cybercriminels qui cherchent à nuire, à détruire et surtout à profiter frauduleusement de la création de valeurs issue des NTIC[1]. La cybercriminalité, soit l'ensemble des infractions pénales commises *via* les réseaux de communication électronique et les systèmes d'information ou contre ces derniers, est désormais une menace prise très au sérieux par les autorités publiques. Les États, et notamment la France, se dotent de moyens législatifs pour lutter contre ces nouvelles menaces (LOPPSI II), tentent d'anticiper les évolutions (Plan de développement de l'économie numérique 2012), renforcent leurs organismes de lutte contre la cybercriminalité (ANSSI, OCLCTIC)... Ces actions menées par les États seront-elles suffisantes ou auront-ils toujours un temps de retard sur les pirates, comme c'est déjà le cas avec HADOPI ? Ce qui est certain, c'est que rien ne sera possible sans une prise de conscience du grand public et des entreprises. Il est important de sensibiliser tous les acteurs de la vie économique. En France, les CCI et les gendarmeries proposent ce genre de formations gratuitement.

Pour autant, il ne faut pas tomber dans une paranoïa exagérée. La recrudescence de la concurrence, induite par la mondialisation de l'économie, conduit souvent à une disproportion dans l'utilisation de certains termes. Ainsi, il n'est pas rare de parler de guerre économique ou de cyberguerre.

Cependant, en droit international, le terme de « guerre » est restreint à une opposition entre deux États. Or, en ce qui concerne la cyber-

1. nouvelles technologies de l'information et de la communication.

criminalité, dans la très grande majorité des cas, les États ne sont pas mis en cause directement. Même en 2007, lorsque les systèmes d'information des institutions publiques et bancaires estoniennes ont été la cible d'attaques, aucune preuve n'a permis d'incriminer directement un autre État.

«Pas encore la cyberguerre, quoique ?», Le Monde.fr, 22 avril 2011.

Textes en écho

COMPRENDRE LES TEXTES

TEXTE 1

1. Qu'est-ce qu'un cybercriminel ?

2. Quels sont les facteurs qui encouragent la cybercriminalité ? Quels sont ceux qui nuisent à sa prévention ?

3. À qui nuit la fraude sur Internet ?

4. **Reproduisez** sous la forme d'un schéma les informations données (dates et pourcentages) dans le troisième paragraphe.

TEXTE 2

1. **Reformulez la proposition :** « l'information fait l'objet de plus en plus de convoitises, souvent illégales » pour en expliciter le sens.

2. Quelles différences l'auteur fait-il entre les *hackers* (*white-hats*) d'avant, et les *cybercriminels* (*black-hats*) d'aujourd'hui ?

ÉCRIRE

Quelles différences y a-t-il entre la cybercriminalité décrite dans le texte 1 et celle décrite dans le texte 2 ? **Répondez** à cette question dans un paragraphe de quelques lignes.

RECHERCHE

Choisissez, dans la liste suivante, trois types d'attaques informatiques. Cherchez leur définition exacte. **Vous pourrez les illustrer par des exemples :** *phishing* (hameçonnage), pourriel, déni de service, défiguration de sites web, cybersquattage, *hoax*, virus, ver, cheval de Troie, *botnet*, bombe logique, *scareware*, espiogiciel.

Texte 3

Pratiqué par des groupes comme Anonymous et LulzSec, le *sit-in* virtuel, qui consiste à bloquer un site en l'attaquant, séduit de plus en plus.

L'irruption de la police à son domicile aux Pays-Bas n'a pas suffi à ébranler la foi de Martjin Gonlag, 19 ans, en Anonymous, le cyber-collectif polymorphe qui terrorise les gouvernements et les grandes multinationales sur cinq continents. Interrogé pendant deux jours en 2010, avant d'être relâché dans l'attente d'un jugement qui pourrait le condamner à six ans de prison, le jeune homme n'en a pas moins décidé de télécharger un logiciel pirate pour participer aux attaques informatiques menées contre les sociétés Visa, MasterCard et autres ayant suspendu tous les transferts d'argent au bénéfice de WikiLeaks, qui venait de publier les câbles de la diplomatie américaine.

Il existe tellement de failles de sécurité dans les systèmes informatiques que les services de renseignements considèrent les *hackers* comme l'une des principales menaces pour les pays occidentaux. S'ils redoutent avant tout les attaques orchestrées par des États, la frontière entre militants, criminels et espions devient de plus en plus floue. Gonlag, par exemple, fait partie de ces milliers de militants d'un nouveau genre qui soutiennent le mouvement dit « hacktivisme », mot formé à partir de *hacking* [piratage] et d'*activism* [militantisme]. Le plus connu des groupes de cette mouvance est Anonymous, un collectif virtuel permettant à des internautes relativement peu aguerris de participer à des mouvements de contestation souvent illégaux. [...]

Pour ses partisans, le mouvement des hacktivistes reflète la place croissante de la technologie dans notre quotidien. Internet démocratise à la fois l'expression politique légitime et les opérations de piratage, de la même manière qu'il a démocratisé les médias en permettant à chacun de tenir un blog ou de publier un livre électronique. Pour ses opposants, parmi lesquels figurent les sociétés victimes de fuites sur Internet ou de vols de fichiers clients par des hacktivistes, Anonymous crée un dangereux précédent. Même du côté des sympathisants, certains craignent que l'entêtement du collectif ne provoque un retour de bâton législatif qui pourrait aboutir à un renforcement de la surveillance sur le réseau au détriment de la vie privée, si chère à Anonymous. [...]

En théorie, la divulgation [d']informations privées avait pour but de faire l'actualité et de gêner les sociétés visées afin de les obliger à améliorer leurs systèmes de protection. Il s'agissait également de révéler la complicité de certaines sociétés de sécurité avec les autorités en matière de surveillance et de répression. [...]

Toutefois, bon nombre d'Anonymous qui avaient soutenu les attaques de déni de service n'ont pas approuvé [d]es opérations antisécurité. D'autres ont manqué s'étouffer après la divulgation délibérée d'informations bancaires et de mots de passe de citoyens ordinaires. Certains membres se sont mis à penser que leurs chefs ne cherchaient qu'à accroître leur influence et étaient effectivement de mèche avec les réseaux du crime organisé, qui auraient pu exploiter les informations bancaires récupérées chez Sony après la neutralisation par Anonymous du système de sécurité.

Extrait du *Financial Times*, *Courrier international*, 27 octobre – 2 novembre 2011.

Juan Osborne réalise des œuvres en datavisualisation. Ce procédé informatique permet de traduire au moyen de représentations graphiques, en deux ou trois dimensions, des données abstraites. Voici la démarche de l'artiste à propos de cette représentation du groupe Anonymous : « Sont-ils diaboliques ? Ou sont-ils héroïques ? Je ne saurais dire, c'est à vous d'y réfléchir... Personnellement, j'aime ce masque, extrait du *comic V for vendetta* et la façon dont il s'intègre à la démarche du groupe Anonymous. Pour traduire ce concept, j'ai pris sur un site de recherche de prénoms (babynamesworld.parentsconnect.com), les 1 000 prénoms les plus choisis aux États-Unis en 2010, garçons et filles, et je les ai projetés sur l'image du masque. Ceux qui apparaissent en gros sont ceux que l'on retrouve le plus souvent. »

COMPRENDRE LE TEXTE

1. Quelle est l'activité affichée d'Anonymous ? En quoi consistent les actions de ses membres ?
2. Pourquoi les *hackers* sont-ils considérés comme une menace importante ?
3. Quels sont les arguments des membres d'Anonymous pour justifier leurs actions ?
4. Quelles sont les critiques qui leur sont adressées ?

ÉCRIRE

Étape 1 : introduction rédigée

Vous rédigerez une introduction à l'écriture personnelle dont le plan vous est proposé.
Sujet : Les activités des groupes d'« hacktivistes » comme Anonymous sont-elles condamnables ?

Plan proposé :
I. Les objectifs affichés par ces groupes de hackers sont motivés par des convictions politiques
II. Pourtant, les activités de ces collectifs peuvent entraîner des dérives inacceptables.

Étape 2 : suite de l'écriture personnelle

À partir de l'introduction rédigée et du plan proposé, **vous pourrez rédiger** une ou deux parties de l'écriture personnelle. **Vous vous appuierez** sur les documents et vos connaissances personnelles pour formuler des arguments et des exemples.
Vous rédigerez également la conclusion de l'écriture personnelle.

La fraude sur Internet

Pour vous aider à argumenter, voici l'extrait d'un entretien accordé par Sam Bowne à Radio Free Europe (à Prague). Il enseigne les technologies de l'information au City College de San Francisco.

RFE : Pensez-vous que, si cela relevait de l'intérêt public, il pourrait être éthiquement acceptable de violer la loi pour révéler une information ?
Sur ce plan, les pirates de LulzSec sont totalement irresponsables et n'ont aucune excuse pour ce qu'ils font. Ils ont mis en ligne des mots de passe de l'armée américaine, ce qui est complètement fou et n'aide personne. Quant à ceux du groupe Anonymous, je n'ai aucune sympathie pour ce qu'ils font aux États-Unis, car ils semblent se contenter de détester toutes les personnes investies d'une autorité et s'adresser à des adolescents qui n'y connaissent rien et dont ils font des criminels avec leurs mensonges.

Extrait de *Courrier international*, 27 octobre – 2 novembre 2011.

BILAN DE L'ÉTUDE DU CORPUS D'ENTRAÎNEMENT

COMPÉTENCES TRAVAILLÉES

- Mettre en perspective deux textes et en reformuler les idées pour enrichir son argumentation.
- Rédiger une introduction.
- Rédiger une conclusion.

METTRE EN ŒUVRE LES COMPÉTENCES

Sujet d'écriture personnelle : En quoi la cybercriminalité présente-t-elle des dangers spécifiques ?
Vous répondrez à cette question en vous appuyant sur les documents du corpus.

Étapes à suivre

1. Formulez deux thèses induites par le sujet (I et II).
2. Pour chacune des deux thèses, énoncez deux arguments (A et B).
3. Illustrez vos arguments avec au moins un exemple ; chaque exemple sera rédigé.
4. Construisez un plan d'écriture personnelle (1 page environ).
5. Rédigez une transition entre les deux parties.
6. Rédigez une introduction en respectant les étapes suivantes : phrase d'appel, problématique de l'article, annonce du plan.
7. Rédigez une conclusion.

Sujets d'entraînement à l'examen de CGE

CORPUS 1

Nouvelles technologies : des relations sociales modifiées ?

CORPUS

1. Affiche publicitaire, Esmenta.
2. Martine Laronche, « Le portable, doudou envahissant des grands », *Le Monde,* 5 septembre 2010.
3. « Je n'ai plus de smartphone, j'ai tué mon compte Facebook... et je revis ! », Le Monde.fr, 4 juin 2011.
4. Marie-Joëlle Gros, Catherine Mallaval, « Ultramoderne solitude », *Libération*, 16 mai 2011.

1re PARTIE

Vous rédigerez une synthèse concise, objective et ordonnées des documents du corpus.

2e PARTIE

Sujet d'écriture personnelle

Les nouveaux supports de communication modifient-ils le rapport aux autres ?
Vous répondrez à cette question en deux paragraphes argumentatifs, en vous appuyant sur les documents du corpus et vos connaissances personnelles.

Document iconographique

Esmenta se présente comme un centre de « médecine naturelle » et propose de soigner certains types de dépendances par l'acupuncture.

Texte 1

Pour les psychologues, le danger guette quand le téléphone vient prendre la place de la relation à l'autre.

Quand il s'est offert son iPhone, Bruno, 47 ans, réalisateur de documentaires, est retombé en enfance. «*Après avoir amené mes fils à l'école, je prenais un café avec des copains et je leur faisais des démonstrations. On rigolait, ça nous excitait beaucoup. Je trouvais toujours de nouveaux arguments pour les persuader que c'était un appareil révolutionnaire.*»

Son enthousiasme a poussé quelques amis à faire l'acquisition de ce joujou. Pour lui, l'appareil représente bien plus qu'un téléphone, plutôt un ordinateur de poche qui lui ouvre des possibilités «*incroyables*». «*Mon iPhone m'est devenu indispensable, il est entré dans ma vie. C'est un prolongement professionnel de mon travail.*»

Bruno est à l'affût de la moindre innovation. «*J'ai téléchargé une fonctionnalité qui permet de se servir de son iPhone comme télécommande pour allumer son ordinateur*», s'émerveille-t-il. Chaque fois qu'Apple met au point une nouvelle application gratuite, il reçoit un message. «*Avec la dernière génération, je vais pouvoir faire des vidéoconférences, avoir, en quelque sorte, le don d'ubiquité. C'est une vraie démocratisation de l'image, de la vidéo*», poursuit-il.

Dans le métro, il joue sans miser d'argent à des jeux de cartes, le poker souvent, la roulette. Ce qu'il aime aussi, c'est la notion de partage instantané. «*Tu fais une photo et tu l'envoies aussitôt.*» La gestuelle aussi est «*révolutionnaire*». «*Tu peux envoyer des photos d'un simple geste du poignet, pêcher des poissons virtuels en te servant de ton iPhone comme d'une canne à pêche, descendre des pistes de ski.*»

Objet ludique, éminemment sensuel, le smartphone se caresse, répond au doigt et à l'œil et révèle son intimité (carnet d'adresses, courriels, photos, musique, agenda, notes personnelles...). Révélateur de soi-même et promesse des autres (on y consulte ses amis sur Facebook, on communique sur Twitter, etc.). «*On va retrouver une gestuelle quasiment toxicomaniaque avec le mobile*, considère Michael Stora, psychanalyste, cofondateur de l'Observatoire des mondes numériques. *Il y a un enjeu de maîtrise très fort. D'autant plus qu'il tient dans la main comme la souris d'ordinateur. La révolution tactile assouvit nos fantasmes de l'enfance.*»

Cette époque où le bébé avait une relation d'emprise avec sa mère, faisait corps avec elle, où tous les besoins étaient satisfaits comme par magie.

Le smartphone a cette capacité instantanée de combler les désirs grâce à un toucher magique. On peut faire apparaître des images à volonté, des contacts. Tel Harry Potter qui d'un coup de baguette voit ses désirs intérieurs prendre corps.

«*On retrouve l'illusion de toute-puissance du bébé, celle de créer le monde. Le fait de pouvoir toucher l'image va renforcer la possibilité de pouvoir s'approprier quelque chose de lointain*», poursuit le psychanalyste. Le mobile serait en quelque sorte «*un substitut à la relation maternelle, un objet transitionnel*», à l'instar du doudou conceptualisé par le pédiatre britannique Donald Winnicott, qui permet au petit enfant de supporter l'absence de sa mère. Mais à la différence du doudou, dont le nourrisson va apprendre à se passer, le smartphone nous fait entrer dans la dimension du lien permanent. De la capacité à être seul sans se sentir seul. Qu'on l'oublie et c'est la panique. On s'endort avec (il nous donne l'occasion d'envoyer un dernier SMS ou de raconter sa journée à ses amis sur un réseau social), on s'agace de ne pouvoir joindre son interlocuteur. L'espace-temps est aboli au profit de l'immédiateté.

«*Je n'ai jamais eu de demandes de gens qui souhaitaient décrocher du mobile*, remarque Marc Valleur, addictologue et médecin-chef de l'hôpital Marmottan, à Paris. *C'est une vraie dépendance, mais tout à fait acceptable, utile et plutôt positive.*» Avec un bémol cependant. «*Il peut y avoir un abus d'usage, mais comme pour l'ordinateur avec les jeux en réseau*», précise-t-il.

Cet abus d'usage viendrait révéler, chez les plus accros, une forme de fragilité. Comme chez Ivan, 25 ans, qui refusa, après une soirée arrosée, de dormir chez une amie et préféra faire un long trajet pour recharger son iPhone. Comme Benoît, la quarantaine, qui, «*pour ne plus être captif de son besoin de communiquer, ne plus être dans l'attente*», l'a laissé volontairement chez lui durant huit heures, à grand-peine. Justine Desbouvrie, psychologue clinicienne, a consacré son mémoire de maîtrise au thème du téléphone portable et des angoisses de séparation. «*Ce n'est pas parce qu'on a besoin de son mobile que c'est une addiction, c'est quand il vient prendre la place de la relation à l'autre*», explique-t-elle. On préfère sa communauté virtuelle à la vraie rencontre. «*Avec son téléphone à côté de soi, on se sent plus fort, c'est un autre partiel qui vous rassure.*»

Mais qu'il n'y ait personne à l'autre bout et la panique s'installe. «*Il se développe une intolérance à la frustration. Les limites deviennent floues entre être là et pas là. Certaines personnes ne supportent pas que leurs interlocuteurs ne répondent pas. Du coup, eux-mêmes se sentent obligés de répondre à chaque appel*», développe la psychologue. Et le téléphone se transforme en tyran de l'autre et de soi-même. Cet objet apparemment sécurisant peut provoquer, paradoxalement, une «*grande insécurité affective en fragilisant l'engagement à l'autre*», poursuit Justine Desbouvrie. Avant, on se donnait un rendez-vous dans un endroit précis, à une heure convenue, et on s'y tenait. Avec le mobile, on annule plus facilement un rendez-vous au dernier moment, profitant d'une meilleure occasion.

« *Ça accompagne un mouvement global de société à chercher la satisfaction ailleurs que dans une relation aux autres qui soit solide et fiable* », considère la psychologue Sylvie Craipeau, sociologue à l'Institut Télécom Sud Paris, à Évry, fait remarquer que le téléphone tient un peu la place d'un chapelet. On s'assure de sa présence. Dès qu'on a un moment, on le consulte. Dans les transports, on joue avec. « *Il a une fonction presque existentielle. Et permet de nous réunifier dans une société morcelée et qui nous morcelle* », considère-t-elle. Mais il génère aussi une certaine intolérance à la solitude. « *On n'apprend plus à être seul et à rêver* », déclare la sociologue. Et certains chercheurs vont jusqu'à considérer que cette merveille technologique menace l'imaginaire, prenant subrepticement la place des moments de rêverie, propice à la création.

MARTINE LARONCHE, « Le portable, doudou envahissant des grands »,
Le Monde, 5 septembre 2010.

Texte 2

Avez-vous été tenté un jour de déconnecter ? D'étouffer sous un oreiller smartphone ou iPad pour ne plus vérifier vos mails ni au coucher ni au lever ? Si cette envie vous effleure, sachez... que vous n'êtes pas seul. 53 % des Français ont répondu par l'affirmative à la question : « Avez-vous eu envie de ne pas vous connecter à Internet pendant plusieurs jours ? » posée par l'Ifop fin 2010. Un comble alors que les smartphones, qui permettent de naviguer sur Internet en tout lieu devraient équiper un Français sur deux d'ici à la fin de l'année selon la société d'études GFK.

Ce paradoxe n'est pas uniquement français. Tandis que l'équipement technologique ne cesse de se démocratiser dans le monde, l'Australienne Susan Maushart vient de publier un livre témoignage sur ses six mois sans technologie avec trois adolescents (*The Winter of Our Disconnect*).

Dans la même veine a été organisée aux États-Unis, les 4 et 5 mars, le second « *national day of unplugging* » (« la journée nationale où l'on se débranche ») imaginée par l'association Sabbath manifesto. Le Monde.fr a lancé un appel à témoignages sous la formule : « Et vous, vous faites quoi pour déconnecter ? » Nous avons sélectionné quelques-unes des 166 réponses qui nous sont parvenues en quelques heures.

• Je sors plus, je lis plus, je m'intéresse plus à ce que je fais..., par Azeleen

Je n'ai pas d'iPhone, j'ai tué mon compte Facebook, je n'ai pas d'iPad. Je n'ai plus qu'un simple téléphone portable qui ne sert qu'à téléphoner, avec une mobicarte. Du coup je reste joignable mais comme je n'ai jamais de crédit, je ne peux ni appeler ni envoyer des SMS...

Ainsi d'une consommation de plus de 200 SMS par jour j'en suis à 2 ou 3 par mois... Résultat des courses : je sors plus, je lis plus, je m'intéresse plus à ce que je fais... Par contre, j'ai un peu de mal à décrocher du PC (fixe) quand je m'y mets... J'aime bien les jeux vidéo. Le plus dur a été de décrocher de *World of Warcraft*, mais j'y suis également arrivé... Et je revis...

L'extérieur est finalement bien plus agréable que l'intérieur de mon appart', et ne pas passer ses journées scotché à un écran, avec les yeux qui coulent et les maux de tête (je suis migraineux) est vraiment agréable... Plus que la clope et je serai libéré ! [...]

• Mon suicide Facebook fut d'abord un handicap

Avant d'être une libération, mon suicide Facebook fut d'abord un handicap. J'avais conscience qu'une bonne partie de l'Internet social y avait déjà été absorbé, mails, photos, échanges de bons sites, carnet d'adresses... Rester en marge impliquait d'être hors des circuits d'information, ceux des proches. Et de rater ainsi le week-end organisé par l'un, les nouvelles d'un autre.

Pourtant sans vie sociale en pixels, la force qui pousse à sortir pour cotoyer de vrais gens est plus forte en semaine. Une demi-heure à tergiverser entre 3 profils et 2 liens vidéo se solde généralement par un enracinement des doigts sur le clavier, voire sur la télécommande.

19h45... Cet échappatoire incompris ne m'a pas pour autant permis de vivre incognito. Même sans y être « tagué », mes incontrôlables apparitions sur la photo d'un proche repérée par tel autre trahissent mes fréquentations, mes allers et venues. J'ai seulement perdu l'œil sur ces informations tronquées qui me concernent. Elles me passent donc au-dessus. Ou en-dessous. [...] Allez, déconnectez un peu et vous verrez comme tout s'apaise !

« Je n'ai plus de smartphone, j'ai tué mon compte Facebook... et je revis ! »,
Le Monde.fr, 4 juin 2011.

Texte 3

Low-tech : mobiles, connexions, wi-fi, tablettes... Dépassés par la technologie, certains essaient de ne pas perdre pied. Quand d'autres ont tout simplement renoncé.

« *J'en ai marre que mes enfants se foutent de moi en me demandant systématiquement si j'ai pensé à rembobiner le DVD* », avoue Didier, instituteur. « *Salut, mon mec m'a dit que tu m'avais envoyé un mail il y a quelque temps, mais je ne l'ai pas reçu car j'ai changé d'adresse, et je suis trop nulle pour te l'envoyer par SMS* », confesse Stéphanie, avocate. « *Le problème c'est quand je garde mon petit neveu. Il veut regarder* Dumbo *sur l'ordinateur, et ça, ça me dépasse. Je suis obligée d'appeler ma sœur au secours quand le gosse se met à hurler. Quand je pense que j'ai même pas 40 ans*», se lamente Claire, esthéticienne. «*Un collègue voulait absolument me montrer son film préféré. Pour ça, il fallait d'abord télécharger un logiciel. J'ai jamais réussi. J'ai dû apporter mon ordi au boulot. Il a fait ça en trois minutes. J'avais la honte. Je comprends toujours pas comment il a fait*», s'esclaffe Joanne, éditrice.

Eh oui... Si la France peut s'enorgueillir de la présence de 3,3 appareils technologiques (télé, ordi, téléphone mobile...) par foyer et de recenser 53 % de multi-équipés (au moins deux appareils technologiques par foyer), y en a qui ont du mal à suivre. Combien ? Impossible de les compter en ces temps d'«émerveillement technologique», pour reprendre les termes de l'Institut GFK, la société d'études de marché qui claironne un fabuleux bilan de ventes de mobiles, tablettes, appareils photo numériques et autres joujoux modernes, en 2010.

Et pourtant, on en connaît tous, des largués du high-tech. Ils ont d'ailleurs droit au surnom de «low-tech», inverse absolu du *geek*. Qu'on ne se méprenne pas. Ce ne sont pas des opposants au progrès (ils seraient même plutôt partants), eux aussi s'équipent (parfois même d'un iPhone 4), leur problème, c'est de faire fonctionner les engins. Du moins tel que prévu par le mode d'emploi. Une question d'âge ? Faux. Le *low-tech* est transgénérationnel. Des ramollis du neurone ? Rien à voir. Le diplômé n'est pas forcément mieux connecté. Et certains peuvent être crasses en mobile mais fulgurants en TNT. Alors quoi ? Peut-être simplement que ça va trop vite pour certains. Les tablettes, par exemple, ont à peine débarqué qu'on annonce déjà la deuxième génération. À ce rythme, les low-tech n'en peuvent plus de s'accrocher. Certains finissent par débrancher. Voire se regrouper quand de plus en plus souvent, dans les soirées, l'apéro démarre par un rituel tour de table sur cette question cruciale : «Et au fait, tu tweetes toi ?» Témoignages recueillis à l'aide d'un bon vieux kit papier-crayon.

MARIE-JOËLLE GROS, **CATHERINE MALLAVAL**, «Ultramoderne solitude»,
Libération, 16 mai 2011.

ÉCRITURE PERSONNELLE

Pour vous aider

1. Observez le document iconographique et sa légende. Lisez les trois textes.

2. Quel est le thème commun aux quatre documents ?

3. Recopiez le sujet et **soulignez** les mots-clés. Associez au moins trois termes à chacun de ces mots (voir Méthode au chapitre 2).

4. Formulez deux thèses puis, pour chacune d'elles, donnez deux arguments (voir Méthode au chapitre 8).

5. Chaque argument sera illustré par deux exemples (chapitre 9).

6. Vous présenterez votre travail sous la forme d'une argumentation rédigée en veillant à (chapitre 10 et 11) :

- rythmer votre démonstration par des mots de liaison ;
- introduire vos arguments en ayant recours à l'expression de la cause ;

7. N'oubliez pas l'introduction et la conclusion (chapitre 12).

CORPUS 2

Ville, environnement et qualité de vie

CORPUS DE DOCUMENTS

1. *Ecoquartiers, mode d'emploi*, cnrs.fr.
2. Séverine Frère, Isabelle Roussel et Aymeric Blanchet, « Les pollutions atmosphériques urbaines de proximité à l'heure du Développement Durable », developpement durable.revues.org
3. Éric Duchemin, Fabien Wegmuller et Anne-Marie Legault, « Agriculture urbaine : un outil multidimensionnel pour le développement des quartiers », vertigo.revues.org - la revue électronique en sciences de l'environnement
4. Jean-Marc Bouillon et Emmanuel Mony, « Une voie pour réduire les dépenses de santé », Le Monde.fr, 28 juillet 2011.
5. *Villes cyclables, villes d'avenir*, étude de la Commission européenne, ec.europa.eu.

1re PARTIE

Vous rédigerez une synthèse concise, objective et ordonnées des documents du corpus.

2e PARTIE

Sujet d'écriture personnelle

La ville est un lieu de projets innovants et liés à l'amélioration de la qualité de vie. Vous direz ce que vous pensez de ce point de vue. Vous vous appuierez sur les textes étudiés, les documents du corpus et vos connaissances personnelles pour répondre à cette question.

Texte 1

Souvent présentés comme la solution pour des villes durables, les écoquartiers ne répondent pas à une définition précise. «*Ce mot résulte de la diffusion à un large public de projets précurseurs, déjà réalisés*», analyse Taoufik Souami, maître de conférences à l'Institut français d'urbanisme et auteur d'un ouvrage sur le sujet. Ces projets, nés en Europe du Nord, dans les années 1990, prenaient en compte l'énergie, les déchets, les transports ou encore les ressources en eau, mais rarement la biodiversité. «*À ma connaissance, deux seulement, sur une bonne dizaine, avaient intégré des actions pour la préserver : Vikky, à Helsinki, en Finlande, et le quartier Kronsberg, à Hanovre, en Allemagne. Dans les deux cas, le chantier a été précédé d'une étude d'impact sur les habitats et les espèces, et des mesures compensatoires ont été appliquées.*» Depuis vingt ans, le mouvement a pris de l'ampleur, notamment en France, où l'État s'est récemment emparé de la question. La loi Grenelle Environnement 1 oblige en effet les agglomérations ayant «un programme significatif de développement de l'habitat» à créer un écoquartier d'ici 2012. Afin de repérer les projets les plus prometteurs et de mettre en place un référentiel, le ministère de l'Environnement a lancé, en 2008, un concours annuel.

Le quartier du Raquet, entre Douai et Sin-le-Noble, dans le département du Nord, est l'un des trois projets primés dans la catégorie « Biodiversité », lors de la dernière édition. « *Il a été pensé dans la continuité écologique de deux espaces naturels protégés : le parc naturel régional Scarpe-Escaut, au nord, et la vallée de la Censée, au sud* », explique Florent Chappel, chargé de mission à la direction de l'Urbanisme, de l'Habitat et des Paysages du ministère de l'Environnement. « *Pour cela, une cinquantaine d'hectares d'espaces verts y seront aménagés, structurés en cinq parcs, entretenus en "gestion différenciée".* » L'un d'eux sera dédié aux activités sportives, un autre, espace forestier, aura un rôle dans la préservation des zones humides, avec valorisation énergétique de la biomasse, et un parc horticole comportera plusieurs parcelles réservées au maraîchage biologique. Un inventaire des espèces, préalable à la construction, est programmé en vue de développer un suivi de la biodiversité. Le quartier devrait également héberger une maison de l'éducation à l'environnement. Enfin, ce projet porte une attention particulière au traitement des eaux pluviales, qui sera effectué sur place, par un lagunage végétal. Débuté en 2008, il devrait être terminé aux alentours de 2015.

Écoquartiers, mode d'emploi, cnrs.fr/bioville/
Extrait du site cnrs/sagascience « La ville-nature »

Texte 2

La gestion de la pollution perçue[1] est inséparable de la gestion de la pollution nocive qui forme le cœur de la santé environnementale. À travers la question des plaintes, on voit s'esquisser toute la politique municipale de l'environnement avec ses hésitations et, en même temps, ses interrogations fortes, renforcées par la mise en œuvre des principes du Développement Durable. En effet, la prise en charge des nuisances de proximité par les instances locales se heurte au caractère plus global et invisible des pollutions. Toutefois, cette démarche qui consiste à donner la parole aux habitants et à leur mécontentement présente des limites qu'il convient de cerner pour ne pas voir la pollution atmosphérique uniquement à travers le prisme de l'individu.

En braquant le projecteur sur le mécontentement individuel, l'habitant est considéré comme une victime puisque la plainte suppose une agression. Or, la victime est souvent également acteur de la pollution. Ceux qui se plaignent des odeurs émises par la carrosserie voisine sont aussi des utilisateurs de la voiture et des consommateurs pressés de pouvoir disposer de leurs achats rapidement.

1. par l'odorat, par exemple.

La ville durable se réfère davantage à la précaution qu'à la prévention. En effet, pour des questions aussi peu stabilisées scientifiquement que les impacts de la qualité de l'air, les décisions à prendre s'appuient sur une éthique de la responsabilité du futur. Ceci implique, pour les autorités municipales, non pas d'imposer des obligations mais de sensibiliser les habitants afin qu'ils adhèrent, par eux-mêmes, à des politiques parfois contraignantes. Cette éthique partagée du futur représente tout l'enjeu du Développement Durable et de la mutation culturelle qu'il implique par rapport à l'hygiénisme passé plus autoritaire. Une réelle politique de la qualité de l'air dépend aussi d'une concertation réussie avec les habitants de manière à satisfaire leurs aspirations en matière d'urbanisme et de mobilité tout en veillant à maintenir les intérêts collectifs (réduction de la mobilité motorisée et de l'étalement urbain, économies d'énergie, maîtrise des dangers industriels, mixité urbaine).

Cette gestion correspond aux aspirations de la ville durable et à toutes ses difficultés d'application puisqu'elle doit concilier des aspirations qualitatives locales et des enjeux globaux. Dans cette perspective, la vision du bien-être limité à la santé humaine est insuffisante. De plus en plus, il importe de réaliser que la santé de l'homme et celle de la planète sont imbriquées à une échelle jamais connue jusqu'à maintenant. Les impacts de l'effet de serre additionnel sont attendus au cours de la prochaine génération, ce qui n'a rien à voir avec l'échelle du temps géologique qui, jusqu'à maintenant, était considéré comme celui de la planète.

SÉVERINE FRÈRE, **ISABELLE ROUSSEL** et **AYMERIC BLANCHET**,
« Les pollutions atmosphériques urbaines de proximité à l'heure du Développement Durable », developpementdurable.revues.org.

Texte 3

Parmi les mesures qui tendent à réduire la pauvreté et favoriser le développement social et économique, il a été démontré que l'agriculture urbaine joue un rôle important dans les pays en développement. Bien que celle-ci soit encore souvent considérée comme une activité temporaire ou marginale ne conduisant pas à un développement urbain durable, l'agriculture urbaine (AU) améliore la situation économique ainsi que la santé de familles pauvres et vulnérables, et plus spécifiquement des femmes et des enfants.

D'après Smit (1996), 800 millions de personnes pratiquent l'AU à l'échelle mondiale. 200 millions d'entre elles feraient de la production marchande et 150 millions seraient employées à plein temps. Celles-ci produiraient approximativement 15 % des denrées alimentaires mondiales. Bien que fortement présentes dans les pays en développement, les personnes pratiquant l'AU sont aussi présentes dans les grandes villes des pays industrialisés tel que New York, Chicago, Berlin, Montréal, Toronto et Vancouver. À Berlin, elles seraient 80 000, tandis qu'à New York il y aurait 1 000 jardins communautaires sur des terres publiques. À Boston, le *Boston Natural Areas Network* quant à lui s'occupe de plus de 150 jardins communautaires regroupant plus de 10 000 personnes (*Boston Natural Areas Network*, 2008).

L'AU, combine les questions agricoles et celle relevant de l'aménagement de la ville. Elle influence directement ou indirectement différents aspects de la qualité de vie des habitants. L'agriculture en zone urbaine est généralement perçue comme une ressource qui contribue à la sécurité alimentaire à l'échelle familiale et communautaire et à l'amélioration des conditions dans les quartiers défavorisés dans les pays en développement et dans les pays industrialisés.

[...] L'un des objectifs des programmes d'agriculture est de diminuer l'insécurité alimentaire dans les quartiers défavorisés. Cette réalité est très bien illustrée par le cas de Moscou où le nombre de familles produisant des fruits et légumes est passé de 20 % en 1965 à 70 % en 1990, en lien avec les bouleversements politiques et économiques de cette époque. L'insécurité alimentaire réfère à l'accès des fruits et légumes en quantité mais aussi en qualité. En outre, l'étude de Daclon Bouvier (2001) relève que l'apport alimentaire représente la motivation principale pour 30 % des personnes ayant un revenu de moins de 20 000 $.

En ce qui concerne la qualité, les jardins collectifs promeuvent l'agriculture biologique, en excluant les intrants chimiques, tant au niveau des engrais que de la gestion des insectes et maladies. Pour le programme des jardins communautaires, une approche d'agriculture biologique est souhaitée. Mais uniquement les intrants chimiques pour la lutte aux insectes et maladies sont bannis. Quoi qu'il en soit, dans ce dernier cas, la qualité des légumes ne peut être moindre que celle se trouvant dans les marchés ou supermarchés (nonobstant la question des sols contaminés sur laquelle nous reviendrons en discussion). Mais que ce soit pour les jardins collectifs ou les jardins communautaires un suivi, à ce niveau, est effectué et cette question représente surtout un enjeu pour le développement d'initiatives en AU.

[...] Un bon nombre de projets visant la sécurité alimentaire veulent aussi favoriser la participation sociale des personnes démunies (Bergeron, 2002). Cet objectif, qui fait l'objet de l'analyse qui suit, concerne le pouvoir de sociabilisation que l'activité de jardinage en milieu urbain engendre. En effet, selon certaines personnes impliquées dans les jardins collectifs, outre les résultats observés liés à la santé avec une meilleure alimentation et un accès à une saine alimentation à coût réduit, la participation à ce genre de jardins offre des moments privilégiés pour développer des capacités en relations humaines (Bergeron, 2002). Bien que le désir de socialisation ne semble pas être la raison première de pratiquer le jardinage communautaire (Daclon-Bouvier, 2001), il découle de cette activité des interactions qui, à la longue, finissent par apporter un cadre social enrichissant l'activité elle-même, en offrant ainsi un réseau social aux participants dont l'importance est pertinente lorsque ces derniers font face à l'isolement.

ÉRIC DUCHEMIN, **FABIEN WEGMULLER** et **ANNE-MARIE LEGAULT**,
« Agriculture urbaine : un outil multidimensionnel pour le développement des quartiers », vertigo.revues.org.

Texte 4

Pourra-t-on espérer un jour combler le trou de la Sécurité sociale par la création de jardins et espaces verts ? Aussi utopique soit-elle, cette proposition pourrait bien être la clé de l'un des défis majeurs du XXIe siècle. Et une source d'inspiration pour nos futurs candidats à l'élection présidentielle !

Début juin, une étude commandée par le gouvernement britannique, associant plus de 700 scientifiques des universités les plus prestigieuses du pays, a établi une échelle de valeurs pour l'ensemble des composantes de l'écosystème environnemental, des forêts aux abeilles en passant par les parcs et jardins. Avec une question en ligne de mire : que rapporte la nature à nos sociétés développées ?

L'exemple le plus frappant de ces « *bénéfices cachés* » est le rôle primordial des espaces verts sur la santé publique. L'étude évalue ainsi à 340 euros par an et par personne le fait de disposer d'une habitation avec vue sur un espace vert. Or, 15 millions de Français n'ont ni jardin ni terrasse ! Verdir leur cadre de vie permettrait d'économiser 5 milliards d'euros de dépenses de santé chaque année, soit la moitié du déficit de l'assurance-maladie…

Les pays scandinaves l'ont compris de longue date : en investissant dans la préservation des écosystèmes naturels, ils ont fait la part belle aux arbres et aux espaces verts et ont créé un cadre de vie favorable au bien-être et à la santé. À Stockholm, 95 % des habitants vivent à moins de 300 mètres d'un parc. Sans surprise, la Suède arrive au premier rang européen pour « l'espérance de vie en bonne santé », qui s'établit à 69 ans (contre 63 en France). Cette corrélation, que l'on ne pouvait que soupçonner, est devenue mesurable.

On connaissait déjà les bienfaits des arbres et des végétaux en ville : captage du CO_2, rôle de « climatiseurs urbains », filtration des microparticules polluantes, diminution du stress... Mais personne n'était jusqu'à présent allé jusqu'à déterminer la valeur économique et sociale de ces bénéfices, au point de leur attribuer un montant monétaire.

Or l'enjeu est trop important pour que l'on continue à se contenter de mots : il s'agit ni plus ni moins de réussir la transition tant annoncée vers une économie et une civilisation « vertes ».

Tout le monde rêve d'un monde plus respectueux de la nature, de villes plantées d'arbres et de parcs, d'habitations qui font la part belle aux jardins et au végétal. Nos enquêtes annuelles montrent que neuf Français sur dix expriment un besoin croissant de nature et sont convaincus de la nécessité de préserver l'environnement et de développer les espaces verts. Au-delà de ces aspirations sociales fortes, les effets concrets des espaces verts sur la santé (et donc les coûts évités pour la Sécurité sociale) sont désormais établis.

Une étude bibliographique de Plante & Cité, plate-forme nationale d'échanges et d'expérimentations sur le végétal, révèle le lien direct entre la présence de vert en ville et l'amélioration de la santé physique et mentale des habitants. [...]

Tant que les bilans financiers, qu'il s'agisse des comptes de l'État ou de ceux des entreprises, voire des individus, ne tiendront pas compte des coûts induits par la dégradation de l'environnement, ou au contraire des bénéfices apportés par la préservation de la nature et le développement des espaces végétalisés, il n'y a aucune raison que les responsables politiques en fassent une priorité. Si le grand emprunt destiné à la relance du pays avait pris en compte cet aspect des choses, l'équilibre entre béton et verdure, parmi l'ensemble des projets financés, aurait peut-être été mieux respecté... Avis aux candidats à la présidentielle : avez-vous pensé à mettre les espaces verts au cœur de votre programme ?

JEAN-MARC BOUILLON et **EMMANUEL MONY**, « Une voie pour réduire les dépenses de santé », Le Monde.fr, 28 juillet 2011.

Texte 5

Villes et vélos

Les transports publics ne constituent pas la seule alternative à la voiture. L'Automobile Association au Royaume-Uni est tout à fait favorable à ce qu'on pousse ses membres à utiliser plus souvent le vélo et a réalisé une étude sur les automobilistes qui sont aussi cyclistes (*Cycling motorists*). En combinant les mesures en faveur du vélo et des transports publics, des villes parviennent à une baisse du taux d'utilisation de la voiture. À taux de motorisation généralement similaire, le taux d'utilisation de la voiture individuelle devient inférieur à celui d'autres villes. On constate donc que des automobilistes acceptent d'utiliser régulièrement le vélo – tout en conservant la voiture familiale – ou que des personnes qui se faisaient transporter en voiture deviennent autonomes à vélo.

À Ahrus (Danemark), une opération baptisée «*Bikebusters*» (les «cyclibussistes») l'a démontré : même dans un pays où les alternatives à la voiture sont déjà bien développées, il y a encore un potentiel de changement des habitudes des automobilistes en faveur de modes de transport plus respectueux de l'environnement.

Une récente étude portant sur les déplacements à courte distance, financée par l'Union européenne, met le doigt sur la très forte proportion des déplacements effectués aujourd'hui en voiture qui pourraient parfaitement être effectués par un autre mode sans différence significative dans le temps de déplacement de porte-à-porte («Walcyng», projet de recherche du quatrième programme-cadre de l'UE, DG VII, 1997).

Les améliorations techniques ont rendu les vélos modernes performants et commodes. Non polluant, silencieux, économique, discret, accessible à tous les membres de la famille, le vélo est surtout plus rapide que la voiture sur de courts trajets urbains (5 km, et même plus au fur et à mesure que les embarras de circulation augmentent).

Villes cyclables, villes d'avenir, étude de la Commission européenne, ec.europa.eu.

Sujets d'entraînement à l'examen de CGE

Document iconographique

Dans son cabinet virtuel, Vincent Callebaut Architectes, Vincent Callebaut et ses confrères travaillent sur les villes de demain.

Projet de ferme métabolique pour l'agriculture urbaine (New York, Roosevelt Ireland).
Il s'agit d'un gratte-ciel de 700 mètres de haut (*Dragonfly*) qui accueillerait à la fois des bureaux, des logements et une unité de productions agricoles sur 350 000 m².

ÉCRITURE PERSONNELLE

Pour vous aider

1. Observez le document iconographique et sa légende et lisez les cinq textes.
2. Quel est le thème commun aux six documents ?
3. Recopiez le sujet et **soulignez** les mots-clés. Associez au moins trois termes à chacun de ces mots (voir Méthode au chapitre 7).
4. Formulez deux thèses puis, pour chacune d'elles, donnez deux arguments (voir Méthode au chapitre 8).
5. Chaque argument sera illustré par au moins deux exemples (chapitre 9).
6. Vous présenterez votre travail sous la forme d'une argumentation rédigée en veillant à (chapitre 10 et 11) :
- rythmer votre démonstration par des mots de liaison ;
- introduire vos arguments en ayant recours à l'expression de la cause.

7. N'oubliez pas l'introduction et la conclusion (chapitre 12).

CORPUS 3

De la fraude individuelle à la fraude organisée

CORPUS DE DOCUMENTS

1. Christophe Nadaud, « Triche et incivilités : un mauvais exemple français ? » *Le civisme. Vertu privée d'utilité publique*, Autrement, Collection Morales, 1996.
2. Florence Weber, *Le travail au noir : une fraude parfois vitale ?*, édtions ENS, 2008.
3. Catherine Fournier, « L'évasion Fiscale », 20minutes.fr, 1er septembre 2009.

1re PARTIE

Vous rédigerez une synthèse concise, objective et ordonnée des documents du corpus.

2e PARTIE

Sujet d'écriture personnelle

De la triche individuelle à la fraude à grande échelle, les mécanismes en jeu et les infractions à la loi sont-ils toujours les mêmes ?

Pour répondre à cette question, vous vous appuierez sur les textes du corpus et ceux des corpus précédents.

Les textes 1 et 2 sont extraits de l'article : Christophe Nadaud « Triche et incivilités : un mauvais exemple français ? », dans* Le civisme. Vertu privée d'utilité publique*, Autrement, Collection Morales 1996.

Texte 1

Si l'on descend d'un cran dans l'observation sociale, en abordant le niveau […] des pratiques avouées de la fraude, le pessimisme reste de rigueur : près d'un Français sur cinq avoue ainsi avoir travaillé au noir ou voyagé sans billet dans le train, le bus ou le métro ; 11 % de nos concitoyens reconnaissent s'être déjà exemptés de redevance télé et 7 % avoir fraudé le fisc […].
La construction d'un indice de tricherie à partir des déclarations des interviewés quant à leur attitude à l'égard de dix-neuf cas testés de fraude (du fait de doubler dans une file d'attente à la tricherie sur les notes de frais en passant par la fraude au fisc ou le travail au noir) renforce la perception d'un relâchement certain par rapport aux règles ; près d'un Français sur deux relève en effet d'un indice de tricherie élevé : 15 % très élevé (six cas déclarés ou davantage), 30 % assez élevé (trois, quatre ou cinq cas), contre 32 % pour lesquels l'indice de tricherie est peu élevé (un ou deux cas) et 23 % nul. La distinction entre les différents niveaux de fraudes, celles mettant plutôt en jeu des convenances sociales[1], celles relevant du milieu familier[2] et celles ayant trait au rapport de l'individu à la collectivité tout entière[3], montre de surcroît une extrême perméabilité entre les différents échelons de pratiques.

SUJETS D'ENTRAÎNEMENT À L'EXAMEN DE CGE

Autrement dit, le cloisonnement paraît loin d'être établi entre ce qui serait un manquement aux règles usuelles de la politesse et de la sociabilité et ce qui enfreindrait plus gravement des fondements collectifs de notre société ; prendre des libertés avec les premières règles, considérées comme moralement moins contraignantes, conduit de fait à une prédisposition plus grande pour refuser les autres : ainsi, alors que 74 % des Français ne citent aucun acte de tricherie dans leur milieu familier et que 64 % d'entre eux ne pratiquent jamais de fraudes mettant en jeu la collectivité, ils ne sont déjà respectivement que 60 % et 46 % parmi ceux qui avouent un niveau élevé de non-respect des convenances.

1. Doubler dans une file d'attente, se garer sur un parking pour handicapés, tricher sur son âge, tricher dans une partie de sport...

2. Tricher sur les horaires de travail, tricher sur les notes de frais, faucher chez un petit commerçant, voler dans un grand magasin, un supermarché, tricher aux examens, tricher sur les assurances...

3. Ne pas payer dans les transports en commun, frauder le fisc, la Sécurité sociale, les allocations familiales, travailler au noir, toucher le chômage et travailler en même temps [...]

Texte 2

Le texte qui suit est la conclusion de l'article de Christophe Nadaud.

On accède ainsi à une dimension ultime du rapport à la fraude qui réside dans les moyens dont les individus disposent pour jouer la règle ou s'en jouer. Dans une société où les différences de revenus n'ont cessé d'augmenter depuis quinze ans, une véritable fracture semble s'opérer sur les délits d'ordre économique entre les jugements portés par les plus jeunes et ceux de leurs aînés, entre ceux émis par les catégories populaires et par les catégories supérieures, les premiers étant systématiquement plus indulgents que les seconds. Assiste-t-on à l'apparition d'une nouvelle éthique du besoin, à l'élargissement imperceptible de l'interprétation des besoins de subsistance [...], dans un pays qui voit de plus en plus fréquemment se confronter la vision d'une offre abondante de consommation et celle de l'indigence ?

Texte 3

Le travail au noir, ce sont toutes les activités, avec ou sans patron, salariées ou indépendantes, qui sont exécutées sans être déclarées, c'est-à-dire qui échappent au contrôle par l'État et aux règles qui encadrent les activités économiques. C'est donc par définition un continent qui échappe à la mesure puisque, pour mesurer le travail, mesurer les emplois, mesurer les heures de travail, il faut avoir un appareil de mesure. Et cet appareil de mesure, c'est l'appareil d'État dans sa complexité, avec des enquêtes auprès des employeurs, des enquêtes auprès des particuliers et des statistiques officielles qui viennent de l'INSEE et qui reposent sur des déclarations : déclarations de travail, d'heures de travail, de salariés et d'activités économiques. [...] Autour de ces activités, il y a deux grands pans de l'économie, l'économie illégale d'un côté, l'économie domestique de l'autre. Je ne parlerai pas du tout ici de la première, sinon pour évoquer son existence. L'économie illégale, c'est l'ensemble des activités dont l'objet même est sous le coup d'une interdiction légale. Ces activités illégales – que ce soient les activités criminelles de toutes sortes (du tueur à gages ou du proxénète par exemple), les trafics de produits illicites comme la drogue, ou les trafics illicites de produits licites comme les objets volés, les bébés ou les organes humains – donnent lieu par définition à du travail au noir. [...]

La frontière entre les activités criminelles et les activités au noir est très importante aux yeux des personnes concernées. Quand on interviewe des gens qui travaillent au noir, leur première réaction est de dire que ce qu'ils font n'est pas illégal puisque leur activité elle-même n'est pas illégale. Ils ne font pas du trafic d'objets volés, ils ne sont pas en train de vendre de la drogue. Si on leur dit que, puisque leur travail n'est pas déclaré, il est illégal, ils répondent que non, qu'ils ne font rien de mal, qu'ils se contentent de ne pas déclarer leur activité économique qui est légale.

[...] Si on regarde cette fois les choses en termes d'inégalités sociales, la partie non déclarée des revenus du travail, c'est-à-dire le travail au noir, est relativement faible par rapport à d'autre formes d'inégalités fiscales (en particulier si on compare l'imposition des revenus du capital ou des revenus du patrimoine à l'imposition des revenus du travail). Le travail au noir, c'est uniquement la non-déclaration de certains revenus du travail.

FLORENCE WEBER, *Le travail au noir : une fraude parfois vitale ?*, 2008.

Texte 4

Onze pays, dont la France, vont signer vendredi 28 octobre la nouvelle convention du Conseil de l'Europe sur la contrefaçon de médicaments. Les trafiquants seront punis de peine de prison et de fortes amendes.

« *Pour le moment, le problème est limité. Mais c'est, à terme, une menace sur la santé publique.* » Roy Vancauwenberghe, de l'agence belge du médicament, est l'un des experts des 47 États membres du Conseil de l'Europe réunis cette semaine en congrès à Moscou pour promouvoir la lutte contre la contrefaçon de produits médicaux. Celle-ci représente en Europe 1 % de la consommation totale de médicaments, loin des 50 % en Afrique.

Avec la mondialisation, la traçabilité est de plus en plus difficile à mettre en œuvre : la chaîne de distribution est davantage fragmentée, avec une multiplication des intervenants depuis la conception jusqu'à la vente. 80 % des substances pharmaceutiques utilisées pour la fabrication des médicaments viennent désormais de Chine et d'Inde où les contrôles de qualité sont peu rigoureux.

Quels sont les risques sur Internet ?

« *Le problème va empirer avec la poussée des ventes par Internet,* prévient Roy Vancauwenberghe. *Car, sur le Web, c'est le plus souvent du n'importe quoi et, potentiellement, du très dangereux !* »

Les sites Internet ont d'abord permis aux patients d'acheter, pour moins cher et en toute discrétion, divers produits pour perdre du poids, arrêter de fumer, améliorer la vie sexuelle, stopper la chute des cheveux, etc. Mais, de plus en plus, cela s'étend : anti-cholestérol, traitements contre le cancer... D'où les potentiels dangers.

Car, sur le Web, près des quatre cinquièmes des produits vendus par les sites illégaux sont contrefaits. Et comme bien souvent, il est difficile de faire la différence entre sites légal et illégal, le patient prend bel et bien des risques.

Quelles sont les protections mises en place par l'Europe ?

Pour permettre aux consommateurs de s'y retrouver, l'Union européenne prévoit la création d'un logo commun aux vendeurs autorisés sur le Web. Est également prévu un registre de grossistes.

Autant de mesures visant à mieux contrôler les réseaux légaux de distribution. Incluses dans la directive que l'Union européenne a adoptée en juillet, ces mesures complètent le dispositif mis au point par le Conseil de l'Europe.

Sa nouvelle convention Médicrime, signée aujourd'hui (vendredi) par la France et dix autres États, criminalise les activités de contrefaçon de médicaments. Elle oblige les États signataires à ériger en infraction pénale la fabrication et la distribution de ces faux produits.

Concrètement : les trafiquants seront punis de peine de prison et de fortes amendes. « *C'est une urgence. Car, aujourd'hui pour les organisations criminelles, le trafic de médicaments contrefaits est beau-*

coup plus lucratif et nettement moins risqué que le trafic de drogue», regrette Susanne Keitel, à la tête de la direction européenne de la qualité du médicament et des soins de santé.
Objectif de cette convention : mieux prévenir le public, sensibiliser la police et les tribunaux et renforcer la coopération internationale.

BENJAMIN QUÉNELLE, « L'Europe lutte contre la contrefaçon de médicaments», la-croix.com, 27 octobre 2011.

Texte 5

Un inspecteur des impôts dresse pour 20minutes.fr les scénarios type rencontrés au cours de sa carrière...

Les combines pour monter son évasion fiscale

Qui se cache derrière les 3 000 noms de contribuables français visés par Bercy ? La question est sur toutes les lèvres, alors que certains mettent en doute l'authenticité de cette liste. 20minutes.fr a demandé à un inspecteur des impôts de la région parisienne de dresser les profils et les scénarios type de l'évasion fiscale en France, rencontrés au cours de sa carrière.

Pour commencer, Jérôme* rappelle quelques principes de base : pour être soumis à l'impôt sur l'ensemble de ses revenus, il faut résider au moins 183 jours sur le territoire français. Les sommes concernées par l'évasion fiscale tournent toujours autour de millions d'euros. Le transfert d'argent d'un compte français à un compte hébergé dans un paradis fiscal n'est bien sûr pas le scénario le plus malin. Et chaque paradis fiscal (Suisse, Luxembourg, Lichtenstein, Gibraltar...) a ses spécificités.

L'héritier d'une somme placée dans un paradis fiscal

Les affaires de succession reviennent souvent dans les cas d'évasion fiscale. «*Des capitaux en millions d'euros transitent de génération en génération dans des paradis fiscaux*», explique Jérôme. Une personne qui réside en France peut par exemple hériter de sommes préalablement placées à l'étranger et échapper ainsi aux contrôles du fisc. D'autres mettent en place un «trust» (montage financier). «*Monsieur Dupont se rend à Jersey et signe un contrat avec Monsieur Durand, un mandataire local (un avocat, un banquier...) chargé de placer et gérer les capitaux de M. Dupont au nom d'une troisième personne, un fils caché ou reconnu. Parfois, la troisième personne n'est autre qu'une société, un autre trust ou monsieur Dupont lui-même. Plus on empile les structures, plus c'est opaque.*»

L'actionnaire ou le salarié d'une société basée dans un paradis fiscal

Dans le premier cas de figure, une personne qui réside en France a des participations dans une société basée dans un paradis fiscal. Elle perçoit ses dividendes sur un compte lui-même hébergé dans un pays qui préserve le secret bancaire et le tour est joué. Dans le second cas de figure, Jérôme cite l'exemple d'une entreprise qui avait proposé à un de ses consultants de lui ouvrir un compte en Belgique, sur lequel une de ses filiales lui aurait versé ses primes. Avec un conseil : n'utiliser la carte de ce compte qu'à l'étranger.

Le people dont le merchandising est produit dans un paradis fiscal

Un footballeur, un chanteur ou un acteur perçoivent d'une part des revenus issus de leur activité directe (salaire du club, vente de disques, entrées d'un film...) mais aussi, quand ils sont très connus, des sommes issues de la vente de produits dérivés. «*Parfois, les sociétés qui se chargent de ce merchandising sont hébergées dans un paradis fiscal. Les gains perçus par la personnalité sont déclarés mais sous-imposés, une façon d'optimiser ses revenus tout en restant dans un cadre légal*», explique Jérôme.

L'entrepreneur ou l'artiste qui «fraude» à la résidence

Certaines personnes maquillent leur lieu de résidence pour ne plus être soumises à la fiscalité française. Elles affirment ainsi habiter la plupart du temps (plus de 183 jours donc) dans un paradis fiscal alors qu'elles vivent toujours en France. Jérôme évoque le cas d'un entrepreneur du Nord de la France qui avait déclaré habiter en Belgique afin d'échapper à l'impôt sur la fortune et à une taxe sur la plus-value tirée de la vente de son entreprise. Le fisc a découvert qu'en réalité, il vivait tout le temps en France, dans ce qu'il appelait sa résidence secondaire. *Idem* avec le cas d'un artiste, dont la maison de disques avait loué une chambre d'hôtel à l'année en France et dont la famille résidait toujours dans la maison dite «secondaire». Les impôts en ont déduit que sa résidence était bel et bien toujours en France.

* Le prénom a été modifié.

CATHERINE FOURNIER, «L'évasion fiscale», 20minutes.fr, 1er septembre 2009.

ÉCRITURE PERSONNELLE

Pour vous aider

1. **Lisez** les cinq textes.
2. Quel est le thème commun aux cinq documents ?
3. **Recopiez** le sujet et soulignez les mots-clés. Associez trois termes, au moins, à chacun de ces mots (voir Méthode au chapitre 7).
4. **Formulez** deux thèses, puis pour chacune d'elles, donnez deux arguments (voir Méthode au chapitre 8).
5. Chaque argument sera illustré par au moins deux exemples empruntés aux documents du corpus et des corpus précédents (chapitre 9).
6. **Vous présenterez** votre travail sous la forme d'une argumentation rédigée en veillant à (chapitre 10 et 11) :
   - rythmer votre démonstration par des mots de liaison ;
   - introduire vos arguments en ayant recours à l'expression de la cause ;
7. **N'oubliez pas** l'introduction et la conclusion (chapitre 12).

CRÉDIT TEXTES

13 © Le Monde ; **14** © Serge Tisseron ; **15** © Libération ; **23** © Sciforma ; **25** © Actes Sud Junior ; **30** © Le Monde ; **31** © Editions Gallimard ; **36** © Plon ; **37** © Valeurs actuelles ; **40** © Le Monde ; **49** © Sciences Humaines ; **51** © Le Monde ; **53** © Le Point ; **54** © Philosophie Magazine ; **56** © Editions du Seuil ; **58** © J'ai Lu ; **64** © Editions de l'Olivier, 2008, pour la traduction française, Point, 2009 ; **65** © Larousse ; **66** © Editions du Seuil, 2001, coll. Points documents, 2002 ; **72** © Le Monde ; **75** © Gallimard Jeunesse ; **78** © Télérama ; **80** © Valeurs actuelles ; **88** © La Documentation française ; **98** © Flammarion ; **103** © Editions du Seuil, 2007 ; **104** © La Documentation française ; **111** © Le Figaro Madame ; **113** © Gala ; **118** © Le Parisien ; **122** © Les Editions de Minuit ; **127** © Télérama ; **128** © Albin Michel ; **136** © Philosophie Magazine ; **137** © Editions Gallimard ; **143** © Le Journal de Montréal ; **145** © Nouvelle agence ; **146** © Alternatives économiques ; **148** © Flammarion, coll. Café Voltaire ; **150** © Le Monde Magazine ; **159** © Libération ; **160** © Suite101.fr ; **161** © Télérama ; **168** © Le Monde ; **170** © Le Monde diplomatique ; **171** © PUF ; **177** © Plon ; **178** © cafe-geo.net ; **180** © Sfar-Dargaud 2012 ; **186** ; © Editions Gallimard ; 1910 © INRP ; **197** © Librairie Philosophique J. Vrin, 1993 ; **207** © La Revue pour l'histoire du CNRS ; **208** © arts-up-info ; **217** © Sciences et Avenir ; **218**, © Inserm ; **219** © La dernière heure ; **226** © Libération ; **227** ; © Sciences Humaines ; **229** © Le Monde ; **231** © Casterman ; 232 © Avec l'aimable autorisation de la fondation Raymond Devos, © Matière à rire, Plon ; **233** © Anouche productions ; **234** © Librairie Philosophique, Chemin philosophique, **241**, © Gallimard Jeunesse ; **250** © Le Monde ; **251** © L'Etudiant ; **252** ; © Télérama ; **253** © Pédagogie universitaire ; **259** © Le Figaro ; **260** © Le Monde ; **262** © Courrier International ; **266** © Le Monde ; **269** © Libération ; **271** © CNRS ; **272** © Développement durable ; **273** © Vertigo Revue ; **276** © Le Monde ; **277** © Communautés européennes 1999 ; **279** © Editions Rue d'Ulm ; **282** © La Croix ; **283** © 20minutes.fr.

CRÉDITS ICONOS

Couverture : ©BPK, Berlin, Dist. RMN/Volker-H. Schneider

Pages :
11 : LE DAUPHINE LIBERE/Angélique Surel, **12** : RMN (Musée du Louvre)/Jean-Gilles Berizzi, **14** : 2012 Microïds/Anuman Interactive. Tous droits réservés, **16** : FOTOLIA/Richard Villalon, **27** : Droits Réservés, **28** : LIBERATION, **31** : REUTERS/King Kyung Haon, **32bd** : CHRISTOPHE L, **32bg** : CHRISTOPHE L, **32ht** : CHRISTOPHE L, **33d** : CHRISTOPHE L, **33g** : CHRISTOPHE L, **35** : CHRISTOPHE L, **36** : CHRISTOPHE L, **41** : SHUTTERSTOCK/Newphotoservice, **42** : REUTERS/Michael Dalder, 50d : BRIDGEMAN-GIRAUDON, **50g** : Comité Consultatif National d'Ethique, **57** : Sonntags Zeitung, **61d** : Editions J'AI LU, **61g** : Editions J'AI LU, **63b** : ALTITUDE/Yann Arthus-Bertrand, **63ht** : ALTITUDE/ Yann Arthus-Bertrand, **64** : CHRISTOPHE L, **66** : SIPA PRESS/Koichi/Kamoshida/Liaison, **77** : WWF/ Ogilvy & Mather France, Paris, **78** : REUTERS/Yves Herman, **81** : WARNER Carl, 2008, **82bd** : Durand Florence/SIPA, **82bg** : James A. Finley/AP/SIPA, **82ht** : TCD/ BOUTEILLER, **83b** : Durand Florence/ SIPA, **83htd** : NOSSANT/SIPA, **83htg** : Ng Han Guan/AP/SIPA, **85** : COMMISSION EUROPEENNE, **86** : COMMISSION EUROPEENNE, **88** : Gérard Cerles/Afp, **99b** : BNF, Ms Français 6465, **99ht** : RMN/C. Jean, **104** : GETTY IMAGES France/Sean Gallup, **106bd** : CHRISTOPHE L, **106bg** : CHRISTOPHE L, **106ht** : CHRISTOPHE L, **107b** : CHRISTOPHE L, **107ht** : CHRISTOPHE L, **109** : ISTOCK/Anita Stizzoli, **111** : SHUTTERSTOCK/Nadezda, **113** : Collection Georges Pompidou, Dist. RMN/Jean-Claude Planchet/© ADAGP, Paris 2012, **123** : CHRISTOPHE L, **128** : SIPA PRESS/IBO, **130** : EDITIONS MAGNARD/Brigitte Enguerrand , **131** : ARTCOMART/Pascal Victor, **133** : LEEMAGE/Electa/Osterreichische Museum, Vienne, **135b** : CHRISTOPHE L, **135ht** : CHRISTOPHE L, **148** : Collection Christophe L, **151** : Droits Réservés, **157b** : Huawei, 157ht : RADIO France/France Info, **159** : Wikileaks, **160** : Twitter, **161** : Peter Macdiarmid/GETTY IMAGES/AFP, **167** : Bianchetti/Leemage, **168** : Henny Ray Abrams/AP/ SIPA, **171** : SIPA PRESS/Jonathan Hordle, **175** : SIPA PRESS/Frédéric Stevens, **176** : LEEMAGE/Photo Josse, **178** : RMN/Thomas Le Mage, **187** : ARCHIVES NATHAN, **188** : URBA IMAGES/H. Server, **192** : RMN-GP(Domaine de Chantilly)/Harry Bréjat, **193b** : RMN-GP (Musée du Louvre)/Gérard Blot, **193ht** : RMN-GP (Musée du Louvre)/Hervé Lewandowski ; **195b** : BIS/Ph. Coll. Archives Larbor © Succession Picasso, Paris 2012, **195ht** : RMN/Gérard Blot, **197** : LEEMAGE/Bianchetti, **198** : BIS/Ph. Coll. Archives Nathan, **207g** : Estate of Brassaï-RMN©Centre Pompidou, MNAM-CCI, Dist. RMN-GP/ Adam Rzepka, **207m** : Estate of Brassaï-RMN©Centre Pompidou, MNAM-CCI, Dist. RMN-GP/Jacques Faujour, **207d** : Estate of Brassaï-RMN©Centre Pompidou, MNAM-CCI, Dist. RMN-GP/Adam Rzepka, **208** : MISS TIC, **210b** : CIT'IMAGES/Maylo, **210ht** : CIT'IMAGES/Jérome Guillemain, **213** : Lisa Kahane, **215** : www.deconnecter.com, **216** : BIS/Ph.© Archives Nathan, **217** : REA/Pascal Sittler, **218** : RMN-GP/Droits réservés, **22**0 : ANDIA PRESSE/Art Partner, **232** : TCD/ BOUTEILLER, **235** : AKG-Images, 242 : AIR IMAGES/Philippe Guillard, **245** : COLORISE/LABBE/Adagp, Paris 2012., **246b** : Léon et Lévy/Roger-Viollet, **246ht** : Photo Josse/Leemage, **247** : Atelier Castro Denissof., **249** : Ministère du budget, des Comptes publics, de la Fonction publique et de la Réforme de l'Etat, **250** : PHOTONONSTOP/Mauritius, **259** : FOTOLIA/Yahia Loukkal, **263** : Juan Osborne, **265** : Esmenta et **278** : VINCENT CALLEBAUT ARCHITECTURES -WWW.VINCENT.CALLEBAUT.ORG

MIXTE
Papier issu de
sources responsables
FSC® C022030
FSC
www.fsc.org

N° de project : 10183786 - NC
Dépôt légal : mai 2012
Imprimé en Espagne par Dédalo Offset, S. L.